LÊNIN ANTICOLONIAL

AS LUTAS DOS POVOS COLONIZADOS CONTRA O IMPERIALISMO

AUTONOMIA
LITERÁRIA

Coordenação editorial
Cauê Seignemartin Ameni, Hugo Albuquerque, Manuela Beloni
Organização e tradução: Pedro Silva
Revisão: Marcio Cardoso
Capa: Rodrigo Côrrea
Diagramação: Biana Fernandes

Dados Internacionais de Catalogação na Publicação (CIP)
(eDOC BRASIL, Belo Horizonte/MG)

L566l

Lênin, Vladímir Ilitch Ulianov.
Lênin anticolonial: as lutas dos povos colonizados contra o imperialismo / Vladímir Ilitch Ulianov Lênin; organizador Pedro Silva. – São Paulo, SP: Autonomia Literária, 2024.
14 x 21 cm

ISBN 978-65-54970-19-8

1. Anticolonialismo. 2. Comunismo. 3. Socialismo. I. Silva, Pedro. II. Título.
CDD 325.3

Elaborado por Maurício Amormino Júnior – CRB6/2422

Autonomia Literária
Rua Conselheiro Ramalho, 945
CEP: 01325-001 São Paulo – SP
autonomialiteraria.com.br

ORG. PEDRO SILVA

LÊNIN ANTICOLONIAL

AS LUTAS DOS POVOS COLONIZADOS CONTRA O IMPERIALISMO

Autonomia Literária
2024

SUMÁRIO

1917 – 1923

O FIO DA HISTÓRIA: LÊNIN E A LUTA ANTICOLONIAL

Por Jones Manoel

No dia 07 de outubro de 2023, o Movimento de Resistência Islâmica (Hamas), realizou uma ação militar que se tornou assunto mundial. Depois da ação do Hamas, a questão palestina voltou ao centro das atenções. Nos últimos anos, o Governo de Benjamin Netanyahu levou a cabo uma agressiva política de expansão dos assentamentos colonialistas israelenses. Todas as formas de violência contra os palestinos – desde prisões ilegais até agressões, estupros e mortes – cresciam em escala bestial sem nenhuma repercussão global. Para piorar o cenário, Israel buscava normalizar as relações com países muçulmanos como a Arábia Saudita, e a clássica oposição (nos últimos anos, mais retórica que efetiva) entre o Estado israelense e os demais países da região estava sendo superada no trato com algumas nações.

Tudo mudou depois do dia 07 de outubro de 2023. Israel, com a clássica arrogância do colonizador, resolveu usar a ação militar do Hamas para justificar a sua *Solução Final*: acabar com a simulação de que uma Autoridade Palestina governa a Cisjordânia, intensificar massacres, prisões, assassinatos e bombardeios e realizar uma das maiores limpezas étnicas da história humana em Gaza, matando o máximo possível de palestinos e destruindo absolutamente toda infraestrutura civil do território para expulsar em direção ao Egito mais de 1 milhão de pessoas.

Não faltam requintes de crueldade no plano colonial e genocida de Israel. Quase cem jornalistas, mais de cem funcionários da ONU e mais de 25 mil mulheres e crianças foram assassinadas pelas forças israelenses. O grau de barbárie gerou atos de solidariedade ao povo palestino por todo o mundo. Em todos os continentes vimos ações na casa dos milhares – às vezes até dos milhões –, atos genuínos e sinceros de solidariedade, apoio, revolta, dor e incredulidade frente à barbaridade genocida contra o povo palestino.

Nesse momento, enquanto escrevo essas linhas, a matança continua. O regime sionista, tal qual qualquer outro projeto colonialista – como o nazifascismo – não vai descansar até matar a história, a cultura, a alma e a vontade de viver de cada um dos palestinos. Essa matança em curso nos convida a reflexões urgentes, como a covardia generalizada dos intelectuais do Brasil e do mundo e a capacidade política dos debates atuais sobre "teoria decolonial" e "eurocentrismo" de responder aos dramas dos povos explorados e oprimidos do nosso tempo. Afinal, seja na universidade, em ambientes políticos e de militância ou na indústria cultural, é comum que se debata teorias decoloniais, a recusa do eurocentrismo, epistemologias do Sul e abordagens correlatas. Todo esse sucesso e glamour deveria se converter em um amplo movimento cultural e político de solidariedade ao povo palestino e condenação da barbárie sionista totalmente respaldada pelo imperialismo estadunidense e pela União Europeia.

Mas não é isso que estamos vivendo. O silêncio, a omissão, declarações protocolares, as falsas equivalências ("sou contra o Hamas e contra o governo de Benjamin Netanyahu") e a recusa de enfrentar a questão central – o colonialismo, o genocídio, o apartheid etc. – é o que caracterizam os campos acadêmicos e intelectuais no Brasil e no mundo. Com desgosto, devo afirmar que não estou surpreso. A razão da ausência de espanto para essa covardia generalizada está na própria condicionante teórica desses debates acadêmicos e políticos sobre "teoria" decolonial.

Salvo nobres e valiosas exceções como a obra de Aníbal Quijano, a produção teórica decolonial caminhou numa estrada tranquila e sem sangue, onde o debate sobre eurocentrismo e colonialidade não tocou no diferencial de poder militar, econômico, tecnológico e destrutivo entre as nações. Assuntos como OTAN, CIA, Complexo Industrial-militar dos Estados Unidos, SNA, bloqueios e sanções econômicas, monopolização da produção de ciência, tecnologia e inovação ou o papel das empresas transnacionais saíram de cena. Em um mundo fantástico, o colonialismo cultural e o eurocentrismo têm sua existência e fundamento apenas a partir do aparato categorial e de linguagem usado pelo pesquisador ou pesquisadora, bastando então "descolonizar" o pensamento, o imaginário e a linguagem.

Nessa gramática teórica, basta fazer a busca por outras epistemologias ou algum saber ancestral, recusando formalmente e na retórica a modernidade burguesa em bloco, dado seu caráter colonial e eurocêntrico – falo de recusa formal e retórica, dado que tais abordagens não têm consequência prática nas relações de produção e estruturas de poder dos países dependentes e periféricos.

Neste paraíso fantástico, a destruição do Afeganistão, Iraque, Síria e Líbia não perturbava ou condicionava a rever as modas acadêmicas do momento. O aprofundamento acelerado da dependência e do subdesenvolvimento no Brasil, com a soja por cima de tudo e boi por cima de todos, também não. A expansão da OTAN no leste europeu, o cerco militar contra a China e o acirramento da disputa entre Washington e Pequim pelo papel de vanguarda no desenvolvimento de novas tecnologias que vão estruturar a próxima "revolução industrial" (5G, Big data, inteligência artificial, semicondutores, novos materiais, internet da coisas etc.) não perturbam os salões acadêmicos de Paris, Londres, Nova Iorque, São Paulo e afins.

Não é de surpreender que transformações aceleradas e dramáticas possam ser lidas, a depender do ambiente institucional, cultural e político dos acadêmicos, como ternas e doces mudanças. Tudo pode ser tranquilo para quem tem boas condições materiais, segurança, plenos direitos civis e liberdades negativas e a certeza – consciente ou não – de que sua condição de classe média não está ameaçada pelo risco da proletarização.

Mas quando falamos da questão palestina, falamos de um acontecimento de dramaticidade inocultável. É um genocídio, tal qual aqueles que estudavamos nos livros e vemos nos documentários. É um apartheid da mesma família daquele imposto na África do Sul, que mobilizou tanta luta e solidariedade no século XX. Trata-se do colonialismo, da dominação político-militar, da expropriação de terras e riquezas, e da desumanização total do colonizado. Frantz Fanon, tão recuperado e celebrado na atualidade, usou de muita tinta para tratar do colonialismo e da luta dos condenados da terra: tudo que ele escreveu, teorizou e condenou podemos observar hoje no dia a dia do povo palestino.

Como é possível tamanho silêncio, cálculo mesquinho do interesse pessoal e incapacidade de compreender a dimensão econômica, militar, geopolítica e imperialista do sionismo no Oriente Médio? Como é possível tanto desarme crítico, tanta covardia, esse espetáculo de meias palavras frente a um genocídio? Alguns podem falar da força do sionismo e do seu poder econômico, institucional e de pressão no ambiente cultural-acadêmico brasileiro e em todo mundo, o que é inegável.

Mas olhando em perspectiva histórica, parece ridícula a autocensura por medo de perder financiamentos, favores e espaços na mídia burguesa frente aos homens e mulheres que pegaram em armas na Argélia, Vietnã, Congo, Angola, Moçambique, África do Sul, Coreia, Cuba, Quênia e tantos lugares do mundo para de fato derrotar o colonialismo e o neocolonialismo.

O povo palestino precisa de muita solidariedade. Precisamos condenar e lutar contra o sionismo em todas as frentes. Boicotar, denunciar e enfrentar todo tipo de intercâmbio com Israel

– comercial, militar, acadêmico, turístico, artístico etc. E nessa luta, é indispensável repensar os paradigmas teóricos, culturais e políticos que animam o debate acadêmico e a prática política nos últimos anos. O mundo capitalista continua sendo determinado por uma dinâmica colonial com regiões e povos desumanizados, inferiorizados e considerados matáveis em nome de algum valor (democracia, direitos humanos, liberdade, contra o terrorismo etc.) produzindo e difundido pelos centros hegemônicos globais, os polos de comando da cadeia imperialista.

E o imperialismo, com sua necessária dinâmica colonial, expressa sim complexos culturais, teóricos e acadêmicos fundamentados no eurocentrismo, falso universalismo e destruição de saberes, culturas e experiências milenares de povos não hegemônicos. Mas tais complexos culturais e ideológicos da reprodução do imperialismo não tem fundamentos em si mesmos, mas – repito – na desigualdade econômica, militar e tecnológica inscrita na divisão internacional do trabalho. Uns têm bases militares por todo o mundo e seus filmes circulam em todos os continentes para justificar a existência e a presença de tal aparato militar. Outros produzem e vivem de banana, soja, cacau, café, minério de ferro e petróleo cru e estão à mercê das tendências do mercado mundial e dos poderes hegemônicos do imperialismo.

Voltemos, pois, à obra de V. I. Lênin para retomar o fio da história. Fio que vai da teoria do imperialismo até a Teoria Marxista da Dependência, o Pensamento Terceiro Mundista, o marxismo negro e periférico, o nacionalismo revolucionário e que encontra uma síntese perfeita e bem acabada na obra de Frantz Fanon – um revolucionário anticolonial e não um pensador acadêmico decolonial.

É com esse sentido político que louvo a coletânea *Lênin anticolonial: as lutas dos povos colonizados contra o imperialismo* organizada por Pedro Silva. Buscarei explicar a importância dessa obra a partir de quatro questões teórico-políticas com implicações táticas, estratégicas e organizativas para as lutas anticoloniais e anti-imperialistas hoje.

O primeiro aspecto fundamental é você, leitor ou leitora, ter em mente que os textos que compõem este livro foram escritos no final do século XIX e começo do século XX. É um período da história de sucesso avassalador das teorias do racismo científico, eugenia e superioridade genética dos "povos brancos". Lembre, por exemplo, que nos Estados Unidos imperava um regime de supremacia racial (as leis Jim Crow), no Brasil a ideologia dominante era a de que nosso país estava condenado por ter muito "sangue negro" na formação do seu povo, que apontava como necessário o branqueamento da nação, e que praticamente todo continente africano e asiático estava colonizado com justificativas de superioridade racial.

Nos escritos de Lênin, não existe racismo científico, eugenia, a ideia de superioridade genética de alguns povos sobre os outros. Quando usa termos como "bárbaro" ou "semi-civilizado", Lênin está falando de economia, desenvolvimento das forças produtivas, dinâmicas de domínio tecnológico e afins. Ao seu tempo, o líder bolchevique nadava contra a corrente, defendendo que as desigualdades inscritas na divisão internacional do trabalho não eram explicadas por elementos raciais e biológicos, mas sim pelas relações de produção e dinâmica de poder no sistema interestatal. À luz dos debates atuais, isso pode parecer óbvio, nada chamativo. Mas a 100 anos atrás, foi uma postura teórica e política disruptiva, contra-hegemônica e que ajuda a explicar porque tantos povos, no pós-Segunda Guerra Mundial, buscaram no marxismo-leninismo o guia para seus processos de libertação nacional e descolonização.

Lênin foi uma figura central, talvez a mais importante do século passado, na formulação de um campo teórico-político anticolonial. É preciso não perder isso de vista e ler os escritos deste livro também como um documento histórico da gênese da luta anticolonial do século passado.

O segundo aspecto que aparece na obra de Lênin são as consequências do colonialismo na classe trabalhadora dos países dominantes – e no caso russo, no proletariado grão-russo, nação dominante na constelação de nacionalidades da Rússia Czarista. É bastante debatido o fato de que as revoluções socialistas no século XX não aconteceram nos países de capitalismo central, onde o proletariado era mais numeroso, organizado e com sólida identidade de classe. Bem mais importante do que a pseudo-reflexão de que Marx errou suas "previsões", é perceber o efeito do colonialismo no amoldamento do proletariado dos países centrais à ordem burguesa. Nos escritos de Lênin temos um refinado e complexo debate que aborda as dimensões econômicas, políticas e ideológicas da dialética colonizador-colonizado.

Se é bastante conhecida a reflexão do papel dos super lucros oriundos do colonialismo para formar uma aristocracia operária nos países europeus, é importante pensar também na dimensão política e ideológica desse processo. O sentimento de superioridade do povo colonizador frente ao colonizado, a ideia de ser vanguarda da humanidade, a nacionalidade escolhida e eleita para liderar o mundo, tem papel central na história do aburguesamento das organizações proletárias dos países centrais. Lênin, em vários momentos do livro, debate os riscos do chauvinismo nacional e como esse complexo ideológico é manipulado pela classe dominante para manter a hegemonia burguesa sobre o proletariado.

Não é coincidência que a única Revolução Socialista que aconteceu nos países mais importantes da Europa Ocidental foi antes da era do imperialismo – a Comuna de Paris, em 1871 – e que na era do capitalismo de monopólios, as tentativas de revolução em solo europeu aconteceram em países marginalizados na partilha colonial-imperialista do mundo, como Alemanha, Itália e Hungria.

É fundamental refletir sobre as dinâmicas sociais e ideológicas de condicionamento da reflexão teórica nos países centrais do capitalismo. Especialmente considerando que boa parte das reflexões "decoloniais" e de "outras epistemologias" tem sua origem em universidades burguesas dos países imperialistas. A partir de quais termos podemos pensar hoje as determinações da dialética centro-periferia e colonizado-colonizador na produção teórica dos países centrais?

O terceiro aspecto a ser destacado, já pontuado neste prefácio mas nunca demais de se destacar, são as condições objetivas do poder ideológico de construir uma subjetividade e cultura de inferiorização dos povos dominados. Como falamos acima, é comum há alguns anos um hiperfoco na dimensão da linguagem, teoria e conceitos no debate sobre eurocentrismo e o que chamamos hoje de colonialismo cultural – termo pouquíssimo usado na época de Lênin.

Contudo, como fica claro nos escritos do livro, a capacidade de imposição cultural, ideológica e de fabricação de subjetividade tem relação direta com o nível de desenvolvimento das forças produtivas e dos ramos da economia que garantem poder no sistema interestatal, como indústria militar. O papel dominante da França na circulação de ideias em boa parte do século XIX, da Inglaterra no final do século XIX e começo do XX e dos Estados Unidos no pós-Segunda Guerra Mundial não pode ser explicado pela incompreensão dos povos colonizados e periféricos dos determinantes coloniais das formulações teóricas oriundas desses países.

Estamos falando de poder econômico, político e militar. Toda dominação é uma combinação criativa e historicamente dinâmica entre coerção e consenso. E o consenso, necessariamente, é apoiado e sustentado pela coerção, a força, a violência. E quando falamos de violência, pensamos em poder militar que não existe sem um sólido complexo industrial, científico e técnico que fundamenta tal poder.

A partir dos escritos de Lênin podemos voltar ao básico, lição fundamental do século XX e hoje esquecida: descolonizar o pensamento e a cultura de um país dependente, colonial ou semicolonial é em primeiro lugar um processo político-econômico que tem seu fundamento na transformação radical das relações de produção e propriedade. Um país subordinado na divisão internacional do trabalho, primário-exportador, mero consumidor de tecnologia importada e sem capacidade de defesa, tenderá, necessariamente, a uma posição de heteronomia no sistema mundial de produção de ideias.

Não é o colonialismo cultural que explica a posição de subordinação de um país. É por causa da dependência e do neocolonialismo que a maioria dos países do mundo são condicionados à situação de reprodutores do eurocentrismo e do filo-ocidentalismo que asfixia todos os poros de sua vida cultural e teórica. Nesse sentido, o enfrentamento do colonialismo cultural, como podemos extrair dos escritos de Lênin, é necessariamente um processo de libertação nacional e socialista que opera transformações radicais nas relações de produção e estruturas do poder. Fora do poder, tudo é ilusão, disse Lênin – inclusive o combate ao colonialismo cultural.

Nas condições do sistema imperialista global, mantendo a inserção dependente, colonial e semicolonial da maioria dos países do mundo, as iniciativas de contestação do colonialismo cultural conseguiram, no máximo, constituir correntes de opinião de maior ou menor impacto, sem quaisquer chances de vitória frente à hegemonia burguesa em cada formação econômico-social – conclusão teórica brilhantemente trabalhada por Frantz Fanon no século XX.

Por fim, a partir da obra de Lênin expressa neste livro, podemos retomar o debate sobre o colonialismo interno. O líder bolchevique trata do tema principalmente a partir da realidade da Rússia Czarista, com o domínio da burguesia grão-russa sobre as nacionalidades oprimidas. A despeito do caráter historicamente limitado da análise leninista, é fundamental não perder de vista que o desenvolvimento capitalista é desigual e combinado não apenas no âmbito internacional, mas também em cada formação econômico-social, com redes de níveis diferenciais de produtividade do trabalho e composição orgânica do capital que vão desde o âmbito local até o nacional e internacional.

É possível falar de colonialismo interno no século XXI para, por exemplo, o caso brasileiro, na relação de São Paulo com as demais regiões do Brasil? Considero essa uma pergunta fundamental para pensar a luta de classes no Brasil e entender o papel das regiões mais ricas do Brasil como polo avançado da contrarrevolução na história recente do país.

Em suma, você tem em mãos uma obra fundamental. Um livro que será de grande valia para conhecer a história da luta anticolonial e para organizar as lutas do nosso tempo presente. Lênin não responde todas as nossas perguntas e não tem o caminho de todos os nossos desafios. Mas, sem Lênin, estaremos muito longe da possibilidade de vencer.

Boa leitura!

Jones Manoel é historiador, professor de história, mestre em serviço social, educador e comunicador popular. Organizou pela Autonomia Literária os livros *Raça, classe e revolução – A luta pelo poder popular nos Estados Unidos*, *Revolução Africana – Uma antologia do pensamento marxista* e *Pátria socialista ou morte: marxismo latino-americano e caribenho.*

NOTA DO EDITOR

Para a seleção de textos e edição desta coletânea tomamos como referência o livro *Lenin: la lucha de los pueblos de las colonias y países dependientes contra el imperialismo* e a coleção Obras Completas de Lênin, ambas da editora soviética Progresso e publicadas entre as décadas de 1970/1980. As notas de rodapé são provenientes desses volumes e foram editadas de acordo com necessidades de caráter conjuntural, uma vez que muitas delas continham informações que faziam mais sentido no contexto em que os livros foram publicados, assim como algumas demandaram acréscimos. As notas indicadas com um asterisco (*) são do próprio Lênin ou de suas respectivas publicações originais. Notas referentes a escolhas específicas desta edição são indicadas com N.E. e de tradução com N.T.

1907 – 1914

Fragmento do artigo O CONGRESSO SOCIALISTA INTERNACIONAL DE STUTTGART[1]

Publicado em 20 de outubro de 1907 no número 17 do jornal *Proletari*.

Não é a primeira vez que se trata da questão colonial nos congressos internacionais. Até agora, as decisões destes consistem sempre em uma condenação categórica da política colonial burguesa como política de rapina e de violência. Desta vez, a comissão do

---

[1] O Congresso Socialista Internacional de Stuttgart (VII Congresso da II Internacional) ocorreu de 18 a 24 de agosto de 1907. Cerca de 900 delegados compareceram, representando partidos socialistas e organizações operárias de 25 nacionalidades. O congresso discutiu os seguintes temas: 1) A questão colonial; 2) Relações entre os partidos políticos e os sindicatos; 3) Imigração e emigração de trabalhadores e trabalhadoras; 4) O sufrágio feminino, e 5) O militarismo e os conflitos internacionais.

No congresso ocorreu uma disputa entre a ala revolucionária do movimento socialista internacional, representada pelos bolcheviques russos, com Lênin à frente, e pelos social-democratas alemães de esquerda (Rosa Luxemburgo e outros) contra a ala denominada "oportunista" (Vollmar, Bernstein, Van Kol e outros). Como resultado desse enfrentamento, os oportunistas foram derrotados, e o congresso aprovou resoluções que formularam as tarefas fundamentais dos partidos socialistas baseando-se no marxismo revolucionário.

congresso[2] estava composta de maneira tal, que prevaleceram os elementos oportunistas, com o holandês Van Kol[3] à frente. No esboço de resolução foi incluída uma frase, onde se dizia que o congresso não condenava em princípio toda política colonial, que um regime socialista pode desempenhar um papel civilizador. A minoria da comissão (o alemão Ledebour[4], os social-democratas poloneses, russos, entre muitos outros) protestou energicamente contra a aceitação dessa ideia. A questão foi apresentada para exame do congresso, e as forças de ambas tendências se igualaram a tal ponto que a luta adquiriu um ímpeto inusitado.

Os oportunistas se agruparam em torno de Van Kol. Bernstein[5] e David[6], em nome da maioria da delegação alemã, se pronunciaram a favor do reconhecimento da "política colonial socialista" e atacaram os radicais pela inutilidade de sua posição negativa, por não compreender a importância das reformas, pela falta de um programa colonial prático, etc. Os rebateu, por certo, Kautsky[7],

---

[2] No Congresso de Stuttgart se formaram comissões encarregadas de preparar resoluções sobre os assuntos que figuravam na ordem do dia. Neste caso, se trata da comissão do problema colonial.

[3] Henri Van Kol (1851-1925): social-democrata holandês, oportunista. Justificava a política colonialista dos Estados imperialistas.

[4] George Ledebour (1850-1947): um dos líderes da social-democracia alemã, centrista.

[5] Eduard Bernstein (1850-1932): um dos líderes da ala oportunista da social-democracia alemã, ideólogo do revisionismo. Em 1896-1898 publicou uma série de artigos sob o título *Problemas do socialismo*, onde combateu teses fundamentais do marxismo revolucionário: a doutrina da revolução socialista, da ditadura do proletariado e a questão da passagem do capitalismo ao socialismo.

[6] Eduard David (1863-1930): um dos líderes da direita da social-democracia alemã, revisionista, social-chauvinista.

[7] Karl Kautsky (1854-1938): um dos líderes e teóricos da social-democracia alemã e da II Internacional. Durante a Primeira Guerra

que se viu impelido a pedir ao congresso que se pronunciasse contra a maioria da delegação alemã. Indicou com toda razão que não se tratava de modo algum de negar a luta pelas reformas: isso é tratado com a maior precisão nas partes restantes da resolução, que não suscitaram nenhum debate. A questão era se deveríamos fazer concessões ao atual regime burguês de saque e violência. A presente política colonial devia ser examinada pelo congresso e esta política se baseia na escravização direta dos selvagens[8]: a

---

Mundial rompeu com o marxismo. Atuou como defensor do capitalismo contra a Revolução de Outubro e o Poder Soviético na Rússia.

[8] N.E. O caráter racista do termo "selvagem" é consenso nos dias atuais, mas é importante contextualizar seu uso por Lênin, assim como o de outras nomenclaturas potencialmente problemáticas que aparecem na presente publicação e, inclusive, pontuadas por Jones Manoel no prefácio.

Em textos posteriores a dualidade maniqueísta entre civilização x barbárie/civilizados x selvagens é posta em xeque pelo próprio autor, como no caso de *Os europeus civilizados e os asiáticos bárbaros*, publicado em 1913 (pgs. 73-74 desta compilação) e *A guerra e a revolução* (pgs. 267-277 desta compilação), onde aponta a hipocrisia da pretensa civilização dos europeus frente suas reais intenções e a brutalidade das intervenções nas colônias.

No artigo *The centrality of Africa in Lenin's theory of imperialism* (<https://eprints.whiterose.ac.uk/184894/14/Lenin_on_Africa_SECOND_REVISION_no_corrections.pdf>), J. Pateman aponta que Lênin, em discursos e escritos, de fato se refere aos africanos, por exemplo, utilizando termos problemáticos como "selvagens", mas que em nenhum momento relaciona isso a uma condição biológica ou inata de povos não brancos, mas sim a diferentes níveis de desenvolvimento econômico. Após o II Congresso da Internacional Comunista, em 1920, essas concepções foram completamente abandonadas. Vale destacar ainda que, como aponta Pateman, apesar dessa evidência de traços eurocêntricos ao longo da trajetória de Lênin, ele nunca utilizou o termo "nigger" para se referir aos negros, como era recorrente na Europa, além de seu compromisso com uma contundente crítica ao

burguesia implanta de fato a escravidão nas colônias, submete os indígenas a inauditos vexames e violências, "civilizando-os" mediante a propagação do álcool e da sífilis. Frente a este estado de coisas, podem os socialistas empregar frases evasivas sobre a possibilidade de reconhecer em princípio a política colonial! Isso equivaleria a adotar abertamente o ponto de vista burguês. Equivaleria a dar um passo decidido rumo à subordinação do proletariado à ideologia burguesa e ao imperialismo burguês, que agora levanta a cabeça com particular arrogância.

A proposta da comissão foi rechaçada no congresso por 128 votos contra 108 e 10 abstenções (Suíça). Anotemos que na votação de Stuttgart, pela primeira vez, foi concedida às nações distintos números de votos: de 20 (as grandes nações, entre elas a Rússia) a 2 (Luxemburgo). À soma de pequenas nações que não aplicam uma política colonial ou que sofrem as consequências da mesma se impuseram os Estados que têm contagiado inclusive uma parcela do proletariado com a paixão por conquistas.

Esta votação sobre o problema colonial possui uma grande importância. Em primeiro lugar, foi desmascarado com singular claridade o oportunismo socialista, que cede frente à bajulação da burguesia. Em segundo lugar, tem se manifestado um aspecto negativo do movimento operário europeu, característica suscetível de causar muitos danos à causa do proletariado, o que merece muita atenção. Marx citou reiteradas vezes uma sentença de Sismondi[9], que tem enorme importância. Os proletários do mundo antigo – diz essa sentença – viviam às custas da sociedade; a sociedade moderna vive às custas dos proletários.

---

imperialismo e ao colonialismo, além de seu engajamento no apoio à causa da autodeterminação dos povos e ao combate à opressão racial.

[9] Jean Charles Léonard de Sismondi (1773-1842): economista suíço, crítico pequeno-burguês do capitalismo.

A classe dos despossuídos, mas que não são trabalhadores, não é capaz de derrotar os exploradores. Só a classe dos proletários, que mantém toda a sociedade, pode levar a cabo a revolução social. Pois bem, a vasta política colonial tem conduzido *em parte* o proletariado europeu a uma situação tal, que a sociedade *não* se mantém com o trabalho deste último, senão com o dos indígenas, quase escravizados, das colônias. A burguesia inglesa, por exemplo, obtêm mais lucros das dezenas e centenas de milhões de habitantes da Índia e de outras colônias que dos operários ingleses. Em tais condições se cria em certos países a base material, econômica, para que o proletariado de tal ou qual país se contamine com o chauvinismo colonial. Naturalmente, isso só pode ser um fenômeno transitório, mas devemos ter clara consciência do mal, compreender suas causas, a fim de saber alinhar o proletariado de todos os países para a luta contra semelhante oportunismo. E esta luta levará indefectivelmente à vitória, pois as nações "privilegiadas" constituem uma parte cada vez menor da totalidade das nações capitalistas.

MATERIAL INFLAMÁVEL NA POLÍTICA MUNDIAL

Publicado em 05 de agosto de 1908 no número 33 do jornal *Proletari.*

O movimento revolucionário em diversos países da Europa e da Ásia fez-se sentir nos últimos tempos de modo tão imponente que diante de nós se desenha bastante clara uma etapa nova e incomparavelmente mais elevada do que antes da luta internacional do proletariado.

Na Pérsia teve lugar uma contrarrevolução, que combinou de modo peculiar a dissolução da primeira Duma[10] da Rússia com a insurreição russa de fins de 1905. As tropas do czar russo, vergonhosamente derrotadas pelos japoneses, tiram a desforra

---

[10] Instituição representativa que o governo czarista se viu obrigado a convocar em consequência dos acontecimentos revolucionários de 1905. Formalmente, a Duma de Estado era um órgão legislativo, mas de fato não possuía poder efetivo. As eleições para a Duma de Estado não eram nem diretas, nem iguais, nem gerais. Os direitos eleitorais da classe trabalhadora, bem como das nacionalidades não russas que compunham o império, eram consideravelmente restringidos. A I Duma de Estado (abril-julho de 1906) e a II Duma do Estado (fevereiro-junho de 1907) foram dissolvidas pelo governo czarista. Depois de efetuar em 3 de junho de 1907 um golpe de Estado, o governo czarista promulgou uma nova lei eleitoral que limitava ainda mais os direitos dos operários, dos camponeses e da pequena burguesia urbana, assegurando o domínio total da aliança reacionária dos latifundiários e dos grandes capitalistas na III (1907-1912) e na IV (1912-1917) Dumas de Estado.

dando provas de zelo ao serviço da contrarrevolução. Aos feitos dos fuzilamentos, das expedições punitivas, dos espancamentos e das pilhagens na Rússia seguem-se os feitos dos mesmos cossacos na repressão da revolução na Pérsia. Que Nicolau Romanov[11], à frente dos latifundiários cem-negristas[12] e dos capitalistas assustados pelas greves e pela guerra civil, se assanhe contra os revolucionários persas, é compreensível, e não é a primeira vez que o papel de carrascos internacionais cabe aos cristianíssimos guerreiros russos. Que a Inglaterra, lavando farisaicamente as mãos, mantenha uma visível neutralidade amistosa em relação aos reacionários e partidários do absolutismo persas, é um fenômeno de tipo um pouco diferente. Os burgueses liberais ingleses, irritados com o crescimento do movimento operário em seu país, amedrontados pelo ascenso da luta revolucionária na Índia, mostram cada vez mais frequente, mais aberta e mais bruscamente em que *feras* se transformam as "personalidades" políticas europeias mais "civilizadas", que passaram pela mais alta escola de constitucionalismo, quando as coisas chegam a um despertar da luta das massas contra o capital, contra o sistema colonial capitalista, isto é, um sistema de escravização, de pilhagem e de violência. É difícil a situação dos revolucionários persas num país que estiveram já a ponto de dividir entre si os donos da Índia, por um lado, e o governo contrarrevolucionário russo, por outro. Mas a luta obstinada em Tabriz, a repetida passagem do êxito na guerra para as mãos dos revolucionários, aparentemente

---

11 Nicolau Romanov, ou Nicolau II (1868-1918): Último imperador da Rússia, reinou de 1894 a 1917.

12 Cem-negros (1905-1917): Bandos monarquistas criados pela polícia czarista para lutar contra o movimento revolucionário. Os cem-negros assassinavam revolucionários, atacavam intelectuais progressistas e organizavam pogroms contra judeus.

já completamente derrotados, mostra que os bachibuzuques[13] do xá, mesmo com a ajuda dos Liakhov[14] russos e dos diplomatas ingleses, encontram a mais forte resistência vinda de baixo. Um movimento revolucionário que é capaz de resistir militarmente às tentativas de restauração, que obriga os heróis dessas tentativas a pedir ajuda a estrangeiros, não pode ser aniquilado, e o triunfo mais completo da reação persa se revelaria em tais condições apenas a antessala de novas revoltas populares.

Na Turquia alcançou a vitória o movimento revolucionário no exército, dirigido pelos Jovens Turcos[15]. É verdade que esta vitória é uma meia vitória ou mesmo uma parte menor de vitória, porque o Nicolau II turco[16] tem escapado até agora com a promessa de restabelecer a famosa constituição turca. Mas tais meias vitórias nas revoluções, tais concessões forçadas e precipitadas do velho poder, são a mais segura garantia de novas peripécias da guerra civil, muito mais decididas, mais agudas, abarcando massas mais amplas do povo. A escola da guerra civil nunca é em vão para os povos. É uma escola dura e seu curso completo inclui *inevitavelmente* vitórias da contrarrevolução,

---

[13] Bachibuzuques: designação de destacamentos irregulares do exército turco nos séculos XVIII-XIX, que se distinguiam pela ferocidade e tendência à pilhagem.

[14] Vladímir Liakhov (1869-1919): coronel do exército czarista; ganhou notoriedade após esmagar o movimento nacional revolucionário no Cáucaso e no Irã.

[15] Jovens turcos: designação europeia dos membros do partido nacionalista burguês-latifundiário turco Unidade e Progresso, fundado em Istambul em 1889. Os jovens turcos aspiravam ao protagonismo da burguesia turca na vida econômica e política do país. Em julho de 1908, após uma revolução burguesa dirigida contra o regime despótico de Abdul-Hamid, os jovens turcos estabeleceram uma monarquia constitucional.

[16] Referência à Abdul-Hamid, sultão turco.

desencadeamento dos reacionários enfurecidos, represálias selvagens do velho poder sobre os rebeldes, etc. Mas só arrogantes completos e múmias esclerosadas podem chorar pelos povos entrarem nesta dolorosa escola; esta escola ensina as classes oprimidas a travar a guerra civil, ensina a revolução vitoriosa, concentra nas massas dos escravos modernos o ódio que encerram perpetuamente em si os escravos embrutecidos, cansados, ignorantes, e que leva aos grandiosos feitos históricos dos escravos que tomaram consciência da vergonha da sua escravidão.

Na Índia, os escravos indígenas dos capitalistas ingleses "civilizados" causam nos últimos tempos uma desagradável inquietação aos seus "senhores". Não têm fim às violências e a pilhagem a que se chama o sistema de governo inglês da Índia. Não há em nenhuma parte do mundo – naturalmente com excepção da Rússia – uma tal miséria das massas e fome crônica da população. As personalidades mais liberais e radicais da livre Britânia, como John Morley[17] – uma autoridade para os democratas-constitucionalistas russos e não russos, uma estrela da propaganda "progressista"" (na realidade, lacaio do capital) –, transformam-se, como governadores da Índia, em verdadeiros Gengis Khan[18], que são capazes de sancionar todas as medidas de "pacificação" da população sob a sua alçada, indo até ao

---

17 John Morley (1838-1923): político burguês inglês. A partir de 1883 foi deputado no parlamento, e em 1906-1910 secretário para os Assuntos da Índia no gabinete de Gladstone; aplicou uma política de repressão do movimento nacional-libertador.

18 Gengis Khan (±1155-1227): Nascido com o nome de Temutchin nas proximidades do Rio Onon, perto do Lago Baikal. Khan foi chefe de guerra mongol, organizador das campanhas de conquista contra povos da Ásia e da Europa oriental. Suas campanhas eram acompanhadas por devastações, pelo aniquilamento de povos inteiros e conduziram ao estabelecimento do pesado jugo mongol-tártaro nos países conquistados.

ponto de *açoitar* manifestantes! O pequeno jornalzinho semanal dos socialdemocratas ingleses, o *Justice*[19], foi *proibido* na Índia por estes celerados liberais e "radicais" como Morley. Quando um membro do parlamento inglês, o chefe do Partido Operário Independente (*Independent Labour Party*), Keir Hardie[20], ousou atrevidamente ir à Índia e falar aos indígenas das mais elementares exigências da democracia, toda a imprensa burguesa inglesa se pôs a uivar contra o "rebelde". E agora os mais influentes jornais ingleses falam, rangendo os dentes, dos "agitadores" que quebram a calma da Índia e saúdam as sentenças dos tribunais e as medidas de represália administrativa, no mais puro estilo russo,

---

19 Jornal semanal editado em Londres entre 1884-1924; órgão da Federação Social-Democrata e depois do Partido Socialista Britânico.

20 James Keir Hardie (1856-1915): Inicialmente mineiro de profissão, aprendeu a ler apenas aos 17 anos de idade. Ajudou a criar um sindicato na mina em que trabalhava e, em 1880, liderou a primeira greve dos mineiros de Lanarkshire. Foi demitido do emprego de mineiro e passou a trabalhar como jornalista no ano seguinte. Foi amigo de Eleanor Marx e de Engels e, a partir de 1888, começou a divulgar o socialismo tendo, em 1889, participado da Segunda Internacional dos Trabalhadores em Paris. Em 1892 foi eleito para o Parlamento inglês, onde defendeu uma alíquota progressiva no imposto de renda para os que auferissem renda superior a 1.000 libras anuais e de que os recursos arrecadados deveriam financiar pensões para os mais velhos e escolas públicas para a classe trabalhadora. Foi um defensor do direito de voto para as mulheres. Em 1893 ajudou a formar um novo partido socialista, o *Independent Labour Party* da Inglaterra, tendo sido eleito líder e presidente do mesmo. Defendeu a ideia de que os vários sindicatos e grupos socialistas deveriam unir forças para formar um grande partido político, o que culminou na criação do Partido Trabalhista. Pacifista, tentou organizar uma greve nacional contra a participação da Inglaterra na Primeira Guerra Mundial.

à Pleve[21], contra os publicistas democratas indianos. Mas na Índia as ruas começam a defender os seus escritores e chefes políticos. A infame sentença dos chacais ingleses pronunciada contra o democrata indiano Tilak[22] – ele foi condenado a um exílio de muitos anos e a interpelação feita há dias à câmara dos comuns inglesa esclareceu que os jurados indianos se pronunciaram pela absolvição, mas a condenação foi pronunciada *pelos votos dos jurados ingleses!* – Esta vingança contra um democrata por parte dos lacaios do saco de dinheiro provocou manifestações de rua e uma greve em Bombaim. Também na Índia o proletariado chegou já até à luta política de massas consciente, e, uma vez que assim é, o sistema anglo-russo na Índia está condenado! Com a sua pilhagem colonial dos países asiáticos, os europeus conseguiram temperar um deles, o Japão, para grandes vitórias militares, que lhe asseguraram um desenvolvimento nacional independente. Não há nenhuma dúvida de que a pilhagem secular da Índia pelos ingleses, de que a atual luta destes europeus "avançados" contra a democracia persa e indiana, *preparará* milhões e dezenas de milhões de proletários na Ásia, os preparará para uma luta tão vitoriosa (como a dos japoneses) contra os opressores. O operário consciente europeu já tem camaradas asiáticos, e o número destes camaradas crescerá não de um dia para o outro, mas de uma hora para a outra.

Na China o movimento revolucionário contra o medievalismo também se fez sentir com particular força nos últimos meses. É verdade que ainda não se pode dizer nada de definido sobre

---

21 Viacheslav Pleve (1846-1904). Estadista russo, ministro do Interior e chefe de polícia, em 1902/1904, depois do atentado que custou a vida de Sipiaguin. Reprimiu com crueldade o movimento revolucionário. Morreu em 1904, nas mãos do populista reacionário Sazonov.

22 Balgangadhar Tilak (1856-1920): destacada personalidade do movimento nacional-libertador indiano.

este movimento – são tão poucas as informações sobre ele e tão abundantes as notícias sobre revoltas em diferentes localidades da China –, mas não oferece dúvidas o forte crescimento do "novo espírito" e das "correntes europeias" na China, particularmente depois da guerra russo-japonesa, e, por conseguinte, é também inevitável a passagem das velhas revoltas chinesas para um movimento democrático consciente. Que desta vez alguns participantes na pilhagem colonial se sentiram inquietos, isso é visível na conduta dos franceses na Indochina: eles *ajudaram* o "poder histórico" chinês a desfazer-se dos revolucionários! Eles temiam igualmente pela integridade de "suas" possessões asiáticas que se encontram nas proximidades.

Mas não são só as possessões asiáticas que causam inquietação à burguesia francesa. As barricadas em Villeneuve-Saint-Georges, perto de Paris e o fuzilamento dos grevistas que tinham construído essas barricadas (quinta-feira, 30 de julho); estes acontecimentos mostraram uma e outra vez a agudização da luta de classes na Europa. Clemenceau[23], o radical, que governa a França em nome dos capitalistas, trabalha com inabitual zelo para destruir os últimos vestígios de ilusões republicanas burguesas no proletariado. O fuzilamento dos operários pelas tropas, atuando por ordem do governo "radical", tornou-se com Clemenceau um fenômeno quase mais frequente do que antes. Clemenceau recebeu já por isto dos socialistas franceses

---

[23] Georges Clemenceau (1841-1929): Jornalista, médico e estadista francês. Em 1897 foi o responsável pela publicação de *L'Aurore*, onde o escritor francês Émile Zola lançou "*J'accuse*" a propósito do "Caso Dreyfus". Ocupou os seguintes cargos: Presidente da Câmara de Montmartre (1870); Deputado (1876); Senador (1902); Primeiro Ministro (1906 a 1909 e 1917); Ministro da Guerra (1917). Por ocasião da agressão dos países da Entente contra a Rússia, declarou que um dos objetivos era estabelecer um "cordão sanitário" em torno daquele país.

a alcunha de *Vermelho*, e agora, quando sangue operário foi de novo derramado pelos seus agentes, pelos gendarmes e pelos generais, os socialistas recordaram a frase proverbial uma vez dita por este republicano burguês dos mais progressistas aos delegados operários: "eu e vós estamos em lados diferentes da barricada". Sim, o proletariado francês e os republicanos burgueses mais extremos tomam agora definitivamente o seu lugar em lados diferentes da barricada. A classe operária de França derramou muito sangue para conquistar e defender a república, e atualmente, na base do regime republicano plenamente firmado, a luta decisiva dos proprietários e dos trabalhadores aproxima-se cada vez mais rapidamente. "Não foi um simples espancamento", escreve o *l'Humanité*[24] do dia 30 de Julho, "foi um fragmento de uma batalha." Os generais e as forças policiais queriam a todo o custo provocar os operários e transformar uma manifestação pacífica e desarmada num massacre. Mas, depois de os cercar por todos os lados, ao atacar os grevistas e manifestantes desarmados, as tropas encontraram resistência – provocaram a imediata construção de barricadas e levaram as coisas até aos acontecimentos que comoveram toda a França. Estas barricadas de tábuas eram tão precárias que provocavam risos, escreve o

---

[24] Jornal diário fundado em 1904 por J. Jaurès, como órgão do Partido Socialista Francês. Em 1905 o periódico saudou a revolução iniciada na Rússia. Nos anos da Primeira Guerra Mundial (1914-1918) ele acabou nas mãos da ala de extrema-direita do Partido Socialista Francês e passou a expressar posições chauvinistas. Em 1919 o jornal passou a ser dirigido pela eminente personalidade do movimento operário francês e internacional Marcel Cachin. Em 1918-1920 pronunciou-se contra a política imperialista do governo francês, que enviou tropas para lutarem contra o País dos Sovietes. A partir de dezembro de 1920, depois da cisão do Partido Socialista Francês em Tours e da formação do Partido Comunista Francês, o jornal passou a ser o órgão central deste.

mesmo jornal. Mas o importante não é isto. O importante é que a Terceira República[25] tinha eliminado o hábito de fazer barricadas. Agora "Clemenceau torna a introduzi-las nos hábitos", e, ao fazê-lo, discorre com a mesma franqueza com que falavam da guerra civil "os carrascos de Junho de 1848 e Galliffet[26] em 1871".

E não é só a imprensa socialista que a propósito dos acontecimentos de 30 de julho recorda estas grandes datas históricas. Os jornais burgueses lançam-se sobre os operários com fúria raivosa, acusando-os de se terem comportado como se se preparassem para iniciar a revolução socialista. Um desses jornais conta, entretanto, um pequeno, mas característico episódio, que esboça o estado de espírito das duas partes no lugar dos acontecimentos. Quando os operários que transportavam um camarada ferido passavam junto do general Virvaire[27], que comandava o ataque contra os grevistas, da multidão de manifestantes ouviram-se gritos: "*Saluez!*" ("Faça continência!"). E o general da república burguesa fez continência ao inimigo ferido.

A agudização da luta do proletariado contra a burguesia observa-se em todos os países capitalistas avançados, sendo que a diferença das condições históricas, dos sistemas políticos e das formas do movimento operário condiciona a diferente manifestação da mesma tendência. Na América e na Inglaterra, com plena liberdade política, com a ausência de qualquer tradição revolucionária e socialista no proletariado, ou pelo menos de uma tradição minimamente viva, esta agudização exprime-se no reforço do movimento contra os *trustes*, no crescimento extraordinário do socialismo e da atenção em relação a ele das classes possuidoras,

---

[25] Terceira República: república burguesa na França em 1870-1940.

[26] Gaston Alexandre Auguste, Marquês de Galliffet (1830-1909): General francês, carrasco da Comuna de Paris de 1871.

[27] General francês, comandante das tropas chamadas em 30 de julho de 1908 a Villeneuve Saint-Georges para lutar contra os grevistas.

na passagem das organizações operárias, por vezes puramente econômicas, a uma sistemática luta política proletária independente. Na Áustria e na Alemanha, e em parte também nos países escandinavos, a agudização da luta de classes exprime-se na luta eleitoral, nas relações dos partidos, na aproximação entre si de toda a espécie de burgueses de diferentes cores contra o inimigo comum, o proletariado, na intensificação das repressões judiciais e policiais. Os dois campos inimigos aumentam lentamente, mas de forma segura, suas forças, consolidam suas organizações, divergem cada vez mais nitidamente um do outro em toda a vida social, como que preparando-se, silenciosa e concentradamente, para os futuros combates revolucionários. Nos países latinos – a Itália, particularmente a França –, a agudização da luta de classes manifesta-se em explosões particularmente tempestuosas, violentas, em parte diretamente revolucionárias, quando o ódio oculto do proletariado aos seus exploradores irrompe com súbita força, e a situação "pacífica" de luta parlamentar é substituída por cenas de verdadeira guerra civil.

O movimento revolucionário internacional do proletariado não avança e não pode avançar uniformemente e em formas idênticas nos diversos países. Uma utilização completa e em todos os aspectos de todas as possibilidades, em todos os terrenos de atividade, só se consegue como resultado da luta de classe dos operários dos diferentes países. Cada país traz os seus traços valiosos e originais para a torrente comum, mas em cada país separadamente o movimento sofre desta ou daquela unilateralidade, destes ou daqueles defeitos teóricos ou práticos dos diferentes partidos socialistas. No geral, vemos claramente um enorme passo em frente do socialismo internacional, a coesão dos exércitos de milhões de homens do proletariado em toda uma série de choques concretos com o inimigo, a aproximação da luta decisiva contra a burguesia – luta muitas vezes mais *preparada* por parte da classe operária do que nos tempos da Comuna[28], essa última grande insurreição dos proletários.

E este passo adiante de todo o socialismo internacional, juntamente com a agudização da luta democrática revolucionária na Ásia, coloca a revolução russa em condições particulares e particularmente difíceis. A revolução russa tem um grande aliado internacional tanto na Europa como na Ásia, mas ao mesmo tempo, e *precisamente devido a isso*, ela tem um inimigo não só nacional, não só russo, mas também *internacional*. A reação

---

[28] Comuna de Paris (1871): Na esteira da derrota da França na guerra franco-prussiana de 1870, cai o Império de Napoleão III e é proclamada a República. A grande burguesia formou seu governo – chamado "Governo de Defesa Nacional" –, cuja missão principal consistia em lutar contra os trabalhadores revolucionários de Paris. Depois de firmar apressadamente um vergonhoso acordo de paz com a Prússia, o Governo começou a desarmar a Guarda Nacional, integrada majoritariamente por trabalhadores, que responderam com uma insurreição. Em 18 de março de 1871 a classe trabalhadora de Paris tomou o poder. Alguns dias depois foi eleita, por sufrágio universal, a Comuna de Paris. Ela destruiu o aparato estatal da burguesia, implantou a elegibilidade de todos os funcionários e juízes por meio do voto popular, separou a igreja do Estado e do ensino, colocou nas mãos das associações de trabalhadores as empresas abandonadas por seus proprietários, fixou o salário mínimo e adotou uma série de medidas em benefício dos trabalhadores em geral e da pequena burguesia urbana. Acabou fortemente reprimida quando as tropas de Thiers, líder do governo contrarrevolucionário, irromperam em Paris no dia 21 de maio de 1871. Mulheres, homens e crianças resistiram bravamente na defesa da Comuna durante oito dias; em 28 de maio caíram os últimos combatentes. A burguesia vitoriosa reprimiu os parisienses com monstruosa brutalidade: os soldados, enfurecidos, assassinaram cerca de 30.000 pessoas, entre as quais haviam muitas mulheres e crianças; em torno de 45.000 cidadãos foram detidos, e muitos milhares executados ou enviados para o cárcere.

contra a luta do proletariado, que se reforça, é inevitável em todos os países capitalistas, e esta reação une os governos burgueses de todo o mundo contra qualquer movimento popular, contra qualquer revolução, tanto na Ásia como, particularmente, na Europa. Os oportunistas no nosso partido, tal como a maioria da intelectualidade liberal russa, continuam a sonhar com uma revolução burguesa na Rússia que "não afaste" a burguesia, não a assuste, não gere uma reação "excessiva", não conduza à tomada do poder pelas classes revolucionárias. Vãs esperanças! Utopia filisteia! O material inflamável cresce tão depressa em todos os Estados avançados do mundo, o incêndio alarga-se tão nitidamente à maioria dos Estados da Ásia, ainda ontem dormindo um sono profundo, que o reforço da reação burguesa internacional e a agudização de todas as revoluções nacionais são absolutamente inevitáveis.

A contrarrevolução na Rússia não cumpre e nem pode cumprir as tarefas históricas da nossa revolução. A burguesia russa tende inevitavelmente cada vez mais para o lado da corrente antiproletária e antidemocrática internacional. Não é com aliados liberais que o proletariado russo deve contar. Ele deve marchar independentemente pelo seu caminho em direção à vitória completa da revolução, apoiando-se na necessidade de uma resolução violenta da questão agrária na Rússia pelas próprias massas camponesas, ajudando-as a derrubar o domínio dos latifundiários e da autocracia cem-negristas, colocando como sua tarefa a ditadura democrática do proletariado e do campesinato na Rússia e recordando que a sua luta e as suas vitórias estão indissoluvelmente ligadas ao movimento revolucionário internacional. Menos ilusões acerca do liberalismo da burguesia contrarrevolucionária (tanto na Rússia como em todo o mundo). Mais atenção ao crescimento do proletariado revolucionário internacional!

OS ACONTECIMENTOS DOS BÁLCÃS E DA PÉRSIA

Publicado em 16 de outubro de 1908 no número 37 do jornal *Proletari*.

Os acontecimentos dos Bálcãs[29] têm enchido ultimamente a imprensa política da Rússia e de toda a Europa. Durante algum tempo parecia iminente o perigo de uma guerra europeia, e inclusive agora está longe de haver desaparecido, ainda que seja muito mais provável que as coisas se limitem a ruídos e gritos e não cheguem à guerra.

Observemos de maneira ampla o caráter da crise e as tarefas que impõem ao Partido Operário Russo.

A guerra russo-japonesa e a revolução russa[30] deram um impulso particular ao despertar dos povos asiáticos à vida política.

---

[29] Os acontecimentos dos Bálcãs: anexação da Bósnia e Herzegovina pelo Império Austro-Húngaro e a separação da Bulgária da Turquia em outubro de 1908.

[30] Lênin se refere aqui à primeira revolução russa, de caráter democrático-burguês, de 1905-1907, iniciada em 9 de janeiro de 1905, ocasião em que os trabalhadores de São Petersburgo, com suas mulheres e filhos, se dirigiram ao Palácio de Inverno para entregar uma petição ao czar, onde descreviam a situação social insuportável e a absoluta falta de direitos. Em resposta, o czar ordenou que as forças da ordem abrissem fogo contra a multidão.

A classe trabalhadora de toda a Rússia protestou contra o crime do governo czarista por meio de manifestações, greves e ações armadas. Os trabalhadores que encabeçavam o movimento lutavam pela

Mas este despertar se estendeu com tanta lentidão de um país ao outro, que a contra revolução russa desempenhou, e segue desempenhando, na Pérsia pouco menos que o papel principal, e a revolução turca se chocou no ato com uma coalizão contra

---

derrubada da autocracia e a proclamação de uma República democrática, pelo fim das grandes propriedades rurais, concentradas nas mãos dos latifundiários, e pela jornada de trabalho de oito horas.Em meados de 1905, os trabalhadores de Ivanovo-Voznesensky constituíram o primeiro Soviete de deputados trabalhadores, exemplo replicado em outros centros industriais. Os camponeses se juntaram à luta demandando a reforma agrária. Em junho de 1905 os marinheiros do encouraçado *Potemkin*, então ancorado no Mar Negro, também se rebelaram. Em outubro do mesmo ano foi declarada uma greve em toda a Rússia. No país inteiro fábricas, empresas e linhas de trem foram paralisadas. A greve geral destacou a força da classe trabalhadora. Em 17 de outubro o czar se viu obrigado a publicar uma declaração, onde prometia implantar uma Constituição e outorgar garantias como a liberdade de reunião, de imprensa, etc. Contudo, essa promessa não foi cumprida e em dezembro de 1905 foi iniciada uma insurreição armada em Moscou. Durante nove dias os trabalhadores das fábricas, liderados pelos bolcheviques, lutaram bravamente contra as tropas czaristas. O governo apenas venceu as forças populares após a chegada de unidades militares.

Em 1906 mais de um milhão de trabalhadores empreenderam outra grande greve. O movimento camponês abarcou mais da metade dos distritos do país. O governo czarista reprimiu de modo selvagem o movimento revolucionário. Em todos os grandes centros industriais e nas regiões com insurreições camponesas, as campanhas repressivas assassinaram milhares de trabalhadores, logrando derrotar a primeira revolução russa. Para Lênin, os movimentos de 1905-1907 foram um "ensaio geral" para a vitória revolucionária de outubro de 1917. Além disso, também exerceu grande influência no desenvolvimento e na eclosão de movimentos revolucionários em países asiáticos como Pérsia, Turquia, China e Índia, entre outros.

revolucionária de potências encabeçada pela Rússia. É certo que esta última afirmação contradiz, a primeira vista, o tom geral da imprensa europeia e as declarações dos diplomatas: acreditando nessas declarações e nos artigos dos órgãos oficiais, todos transbordam "simpatia" pela Turquia renovada, todos desejam unicamente o fortalecimento e o desenvolvimento do regime constitucional turco, todos se desfazem em elogios à "moderação" dos Jovens Turcos[31] burgueses.

Mas todos esses discursos são um modelo da má hipocrisia burguesa dos atuais governos reacionários da Europa e da burguesia reacionária europeia contemporânea. Na verdade, nem um só país europeu que se diz democrático, nem um só partido burguês europeu denominado democrático, progressista, liberal, radical etc., demonstra de forma alguma um verdadeiro desejo de ajudar à revolução turca, de contribuir com a sua vitória, a sua consolidação. Pelo contrário, todos *temem* o êxito da revolução turca, pois este êxito significaria inevitavelmente, de um lado, o desenvolvimento das ânsias de autonomia e de democracia verdadeira de todos os povos balcânicos e, de outro, o triunfo da revolução persa, um novo impulso ao movimento democrático na Ásia, o reforço da luta pela independência na Índia, a implantação de regimes de liberdade ao longo da imensa fronteira russa e, por conseguinte, a criação de novas condições que dificultariam a política do czarismo ultra reacionário e facilitariam a deflagração da revolução na Rússia, etc.

A essência do que ocorre agora nos Bálcãs, na Turquia e na Pérsia se reduz a uma coalizão contra revolucionária das potências europeias *contra* o crescente espírito democrático na Ásia. Todos

[31] Coalizão formada por diferentes grupos com o desejo comum de reformar a estrutura política do Império Otomano. Iniciado em 1889, chega ao poder em 1908, na esteira de influências recebidas pela revolução russa de 1905.

os esforços de nossos governos e todas as pregações dos "grandes" rotativos europeus tendem a ocultar este feito, a desorientar a opinião pública, a encobrir com discursos hipócritas e truques diplomáticos a *coalizão contra revolucionária* das chamadas nações civilizadas da Europa contra as nações da Ásia, as menos civilizadas e que mais tendem à democracia. E toda a essência da política do proletariado no momento presente consiste em arrancar a máscara dos burgueses hipócritas, em tornar evidente para as mais amplas massas populares o caráter reacionário dos governos europeus, que por temor à luta proletária em seus próprios países, desempenham e ajudam a desempenhar o papel de gendarme com respeito à revolução na Ásia.

A rede de intrigas que a Europa teceu em torno a todos os eventos turcos e balcânicos é extraordinariamente espessa, e os filisteus mordem a isca dos diplomatas, que tratam de manter a atenção em minúcias, em detalhes, em aspectos isolados dos acontecimentos, com o propósito de escurecer o sentido de todo o processo em seu conjunto. Pelo contrário, nossa missão, a missão da social-democracia internacional, consiste em aclarar ao povo a conexão geral dos acontecimentos, a direção principal e as interioridades do que acontece.

A rivalidade entre as potências capitalistas, que desejam "pegar uma fatia" e ampliar suas possessões e colônias, e o temor em relação ao movimento democrático independente entre os povos dependentes ou "tutelados" pela Europa são os dois motores de toda a política europeia. Elogiam os Jovens Turcos por sua moderação e seu comedimento, quer dizer, elogiam a revolução turca porque é débil, porque não suscita a verdadeira independência das massas, porque é hostil à incipiente luta proletária no Império Otomano, e, ao mesmo tempo, continuam o saque da Turquia. Fazem elogios porque é possível seguir saqueando como antes as possessões turcas. Elogiam os Jovens Turcos e prosseguem uma política que é, do modo mais evidente, uma política de *divisão da Turquia*. O *Leipziger Volkszeitung*, órgão dos social-democratas de Leipzig, tem afirmado a esse respeito, com extraordinária exatidão e precisão:

> Em maio de 1791, os estadistas antevidentes que se preocupavam autenticamente com o bem da pátria efetuaram uma reforma política na Polônia. O rei prussiano e o imperador austríaco elogiaram a Constituição de 3 de maio e a aplaudiram como um ato que 'leva o bem ao Estado vizinho'. Todo o mundo elogiou os reformadores poloneses pela 'moderação' com que empreenderam sua obra, diferente dos terríveis jacobinos de Paris... Em 23 de janeiro de 1793, Prússia, Áustria e Rússia firmaram o tratado de repartição da Polônia.

Em agosto de 1908, os Jovens Turcos efetuaram uma reforma política com extraordinária facilidade. Todo o mundo os elogiou pela decorosa 'moderação' com que empreenderam sua obra, diferente dos terríveis socialistas na Rússia... Em outubro de 1908 se registra uma série de acontecimentos que levam à repartição da Turquia".

Efetivamente, seria completamente pueril que ocorresse a alguém acreditar nas *palavras* dos diplomatas sem levar em consideração seus *atos*, a ação coletiva das potências contra a Turquia revolucionária. Basta comparar o *fato* da entrevista e as negações dos ministros de Negócios Estrangeiros e dos chefes de Estado de alguns países com os acontecimentos posteriores para que a ingênua fé nas declarações dos diplomatas se dissipe como a fumaça. Em agosto e setembro, precisamente depois da revolução dos Jovens Turcos e nas vésperas das declarações da Áustria e da Bulgária, observamos o encontro do senhor Izvolski[32]

[32] Alexandr Petrovich Izvolski (1883-1927): diplomata russo, ministro de Relações Exteriores em 1906-1910.

em Carlsbad e Marienbad com o Rei Eduardo[33] e com o primeiro ministro da República Francesa, Clemenceau; o encontro do ministro de Relações Exteriores da Áustria, von Aehrenthal[34], com o ministro de Relações Exteriores italiano, Tittoni, em Salzburgo; depois, o encontro de Izvolski com Aehrenthal, em 15 de setembro, em Buchloe; o encontro de Ferdinand, príncipe da Bulgária, com Francisco José, em Budapeste; o encontro de Izvolski com von Schön, ministro alemão de Relações Exteriores, e logo com Tittoni e com o rei da Itália.

Estes fatos falam por si mesmos. *Antes* das declarações de Áustria e Bulgária, *todo o essencial* já havia sido decidido, do modo mais conspirativo e direto, com a entrevista pessoal dos reis e dos ministros, *entre seis* potências: Rússia, Áustria, Alemanha, Itália, França e Inglaterra. A rinha jornalística iniciada *depois*, sobre se Aerenthal disse ou não a verdade ao manifestar que Itália, Alemanha e Rússia haviam dado seu consentimento à anexação de Bósnia e Herzegovina pela Áustria, é *uma completa comédia*, uma *completa insensatez*, que pode enganar unicamente aos filisteus liberais. Os líderes da política externa dos Estados europeus, os Izvolski, o Aehrenthal e toda essa quadrilha de bandidos coroados com seus ministros lançaram deliberadamente um osso à imprensa: tenham a bondade de lutar, senhores, em defesa de quem traiu quem e quem ofendeu quem, Áustria a Rússia, Bulgária a Áustria, etc., quem começou "primeiro" a destruir o Tratado de Berlim, quem e que atitude tem perante o plano de uma conferência das potências, etc., etc. Tenham a bondade de distrair com estas interessantes e importantes – oh, extraordinariamente importantes! – questões à opinião pública. Isso é, precisamente, o que necessitamos para ocultar *o principal*

---

33 Eduardo VII (1841-1910): rei inglês em 1901-1910.

34 Alois Lexa von Aehrenthal (1854-1912): diplomata austríaco, ministro de Relações Exteriores da Áustria em 1907-1912.

e básico: o acordo prévio alcançado já no fundamental, quer dizer, na ação contra a revolução dos Jovens Turcos, nos passos ulteriores para a repartição da Turquia, na revisão, temperada com um ou outro molho, do problema dos Dardanelos, na autorização ao ultra reacionário czar russo para que afogue a revolução persa. Esse é o essencial, é o que necessitamos de verdade, e o que estamos fazendo os chefes da burguesia reacionária de toda Europa. E em quanto aos mentecaptos liberais, que charlataneiam na imprensa e nos parlamentos sobre como começou a coisa, do que disse cada um, de com qual adereço deve ser formalizada definitivamente, subscrita e apresentada ao mundo inteiro a política de saque colonial e de esmagamento dos movimentos democráticos.

As publicações liberais de todas as grandes potências europeias – a exceção da Áustria, a mais "farta" neste momento – se dedicam agora a acusar a *seus* respectivos governos de proteger em grau insuficiente *seus* interesses nacionais. Os liberais de cada nação apresentam seu país e seu governo como os mais ineptos, como os que menos "aproveitam" a situação, como equivocados, etc. Esta política é a que seguem também nossos democratas constitucionalistas, que chegaram a dizer a algum tempo que os êxitos da Áustria despertam sua "inveja" (expressão literal do senhor Miliukov). Toda esta política dos liberais burgueses em geral, e de nossos democratas constitucionalistas em particular, é a hipocrisia mais repugnante, a traição mais abjeta aos verdadeiros interesses do progresso e da liberdade. Porque, em primeiro lugar, essa política embota a consciência democrática das massas populares ao silenciar o complô dos governos reacionários; em segundo lugar, empurra cada país ao caminho da chamada política externa ativa, quer dizer, aprova o sistema de saque colonial e de intervenção das potências nos assuntos da Península Balcânica, intervenção que sempre é reacionária; em terceiro lugar, essa política faz francamente o jogo da reação, interessando aos povos o quanto "receberemos", quanto "teremos" na divisão e quanto "tiraremos" na barganha. O que mais necessitam os governos reacionários nestes momentos é, precisamente, poder invocar a "opinião pública" para referendar seus atos de rapina ou as exigências de "compensações", etc. Vejam vocês, dizem, a imprensa de meu país me acusa de ser demasiado desinteressado, de defender em grau insuficiente os interesses nacionais, de ser transigente, e me ameaça com a guerra; portanto, minhas exigências, como as mais "modestas e justas", devem ser totalmente satisfeitas!

A política dos democratas constitucionalistas russos, o mesmo que a dos burgueses liberais europeus, é uma política de servidão frente os governos reacionários, de defesa das anexações coloniais, do saque e da intervenção em assuntos alheios. A política dos democratas constitucionalistas é particularmente daninha porque se aplica sob a bandeira da "oposição", devido ao qual desorienta a muitos, muitíssimos, infunde confiança aos que não acreditam no governo russo e perverte a consciência das massas. Por isso, nossos deputados na Duma e todas as organizações de nosso partido devem levar em conta que não se pode dar um só passo sério na agitação e propaganda socialdemocratas com relação aos acontecimentos dos Bálcãs sem explicar, *tanto na tribuna da Duma* como em panfletos e reuniões, a *relação* existente entre a política reacionária da autocracia e a hipócrita oposição dos democratas constitucionalistas. Não se pode explicar ao povo todo o dano e todo o caráter reacionário da política czarista em explicar *essa mesma natureza* da política externa que propõem os democratas constitucionalistas. Não se pode lutar contra o chauvinismo e a ultra reação na política externa sem lutar contra a fraseologia, a confusão, as reticências e as astúcias dos democratas constitucionalistas.

Temos aqui um exemplo de para onde conduz os socialistas a flexibilidade frente o ponto de vista da burguesia liberal. No conhecido órgão dos oportunistas *Sozialistische* – ??? – *Monatshefte* (Cadernos Mensais Socialistas), Max Schippel diz fazendo referência à crise nos Bálcãs:

> Quase todos os membros pensantes de nosso partido considerariam um erro que prevalecesse a opinião expressada de novo a pouco por nosso órgão central berlinense (quer dizer, *Vorwärts*[35]) de que a Alemanha não tem nada que buscar nas atuais e nem em futuras revoltas nos Bálcãs. É claro que nós não devemos tender a aquisições territoriais... Mas é indiscutível que os grandes reagrupamentos de potências nesta zona, que serve de importante elo de corrente entre Europa, toda a Ásia e parte da África, afetam de modo mais direto nossa situação internacional... Por enquanto está excluída por completo toda importância decisiva do colosso reacionário russo... Não temos evidências para ver... na Rússia... um inimigo, em todo caso e a todo custo, como a considerava a democracia dos anos 50 (pg. 1319).

Este memorando liberal, que se disfarça com a máscara de socialista, não examinou as intrigas reacionárias da Rússia perante a "preocupação" desta pelos "irmãos eslavos"! Ao dizer "nós" (em nome da burguesia alemã), "nossa" situação, etc., não advertiu sobre o golpe infligido à revolução dos Jovens Turcos nem aos passos dados pela Rússia contra a revolução persa!

As palavras citadas apareceram em uma revista datada de 22 de outubro. Em 18 de outubro, *Nóvoie Vremia*[36] publicou um estrondoso artigo dando conta de que "a anarquia em Tabriz alcançou proporções incríveis" e de que desta cidade foi "meio

---

[35] *Vorwärts* (Adiante): jornal, órgão central da social-democracia alemã. Publicado entre 1876-1933.

[36] *Nóvoie Vremia* (Novos Tempos): jornal monarquista russo, órgão das centúrias negras desde 1905. Foi publicado no período de 1868-1917.

arrasada e saqueada por revolucionários semisselvagens". Como podem ver, a vitória da revolução sobre as tropas do Xá em Tabriz provocou um ato de ira do órgão informal russo. O chefe do exército revolucionário persa, Sattar-khan, é chamado nesse artigo de "o Pugachov[37] azerbaijano" (Azerbaijão é a província setentrional da Pérsia, sendo Tabriz, sua cidade principal; a população desta província, segundo Reclus[38] representa quase a quinta parte da população total da Pérsia). "Surge uma pergunta – dizia *Nóvoie Vremia* – pode a Rússia tolerar por mais tempo estes escândalos, que arruínam nosso comércio de milhões de rublos na fronteira persa?... Não devemos esquecer que o Leste da Transcaucásia e Azerbaijão constituem um todo único do ponto de vista etnográfico... Os semi-intelectuais tártaros da Transcaucásia, esquecendo que são súditos russos, demonstram calorosa simpatia pelos perturbadores de Tabriz e enviam seus voluntários para lá... para nós é muito mais importante que o Azerbaijão seja pacificado, vizinho de nosso país. Por mais doloroso que seja, as circunstâncias podem obrigar a Rússia, apesar de seu desejo de não interferir em nada, a se envolver neste assunto".

Em 20 de outubro telegrafaram de Petersburgo para o jornal alemão *Frankfurter Zeitung* que era proposta como "compensação" à Rússia a ocupação do Azerbaijão. Em 24 de outubro, o mesmo jornal publicava o seguinte telegrama de Tabriz: "*Anteontem, seis batalhões de infantaria russa, com a correspondente quantidade de cavalaria e artilharia, cruzaram a fronteira persa e são esperados hoje em Tabriz*".

---

[37] Emilian Ivanovich Pugachov (1742-1775): líder da guerra camponesa russa (1773-1775) contra o regime de servidão.

[38] Élisée Reclus (1830-1905): anarquista, geógrafo e sociólogo francês.

As tropas russas cruzaram a fronteira persa no mesmo dia em que M. Schippel[39], repetindo como um escravo as afirmações e os *uivos* da imprensa liberal e policialesca, dizia aos trabalhadores alemães que o papel da Rússia como baluarte reacionário havia ficado no passado e que era errôneo enxergar nela um inimigo a todo custo!

Estamos às portas de uma nova matança de revolucionários persas pelas tropas de Nicolas, o Sanguinário. O Liájov[40] informal é seguido da ocupação oficial do Azerbaijão e da repetição na Ásia do que fez a Rússia na Europa em 1849, quando Nicolas I enviou tropas contra a revolução húngara. Ainda havia então na Europa, entre os partidos burgueses uma verdadeira democracia, capaz de lutar pela liberdade e não apenas falar hipocritamente dela, como fazem em nossos dias todos os democratas burgueses. A Rússia teve que desempenhar então o papel de gendarme contra os países europeus, contra alguns deles, pelo menos. Agora, *todas* as maiores potências da Europa, sem exceção da "democrática" República do "vermelho" Clemenceau, levadas por seu grande medo de qualquer ampliação da democracia em seu próprio país como um feito proveitoso ao proletariado, *ajudam* a Rússia a desempenhar o papel de gendarme asiático.

Não há a menor dúvida de que o *complô reacionário de setembro* de Rússia, Áustria, Alemanha, Itália, França e Inglaterra *incluía* a "liberdade de ação" russa contra a revolução persa. É de menor importância saber se isto foi escrito em algum acordo secreto, que será publicado muitos anos depois de uma recompilação de documentos históricos, ou se somente foi dito por Izvolski a seus muito amáveis interlocutores, ou se esses mesmos interlocutores "insinuaram" que nós passamos da "ocupação"

---

39 Max Schippel (1859-1928): social-democrata alemão, revisionista.

40 Vladimir Platonovich Liajov (1859-1918): coronel do exército czarista; participou da repressão à revolução persa de 1905-1911.

à "anexação" e vocês, talvez, de Liajov à "ocupação", ou alguma coisa no mesmo sentido. Tudo isso tem pouca importância. O essencial é que, por pouco formalizado que tenha sido o complô contrarrevolucionário setembrino das potências, *esse complô é um fato* e seu significado está mais claro a cada dia. É um complô contra o proletariado e contra a democracia. É um complô com o intuito de esmagar diretamente a revolução na Ásia ou de golpes indiretos a essa revolução. É um complô no sentido da continuação do saqueio colonial e das conquistas territoriais hoje nos Bálcãs, amanhã na Pérsia, depois de amanhã, talvez, na Ásia Menor, no Egito, etc., etc.

Só a revolução mundial do proletariado está em condições de derrotar esta força unida dos bandidos coroados e do capital internacional. A tarefa candente de todo os partidos socialistas consiste em intensificar a agitação entre as massas, em denunciar o jogo diplomático de todos os países e mostrar de forma evidente, de modo que seja visível, os diferentes fatos que provam o papel vil *de todas as potências aliadas*, de todas por igual, tanto das que cumprem diretamente as funções de gendarme, como das que são seus cúmplices, amigos e financiadores.

Sobre os deputados social-democratas russos à Duma – onde se espera tanto uma informação de Izvolski como uma interpelação dos democratas constitucionalistas e dos outubristas – recai agora uma grande obrigação, extraordinariamente difícil, mas extraordinariamente elevada. São membros de uma instituição que encobre a política da principal potência reacionária, do principal conjurador da contrarrevolução, e devem encontrar em si mesmos habilidade e valentia *para dizer toda a verdade*. Em um momento como o atual, os deputados social-democratas na Duma ultrarreacionária têm muitas possibilidades, mas é muito também o que se exige deles, pois, com a exceção dos próprios, *não há ninguém* na Duma capaz de levantar a voz contra o czarismo partindo de um ponto de vista que não seja dos outubristas e dos *democratas constitucionalistas*. E o "protesto" democrata constitucionalista, em tal momento e em circunstâncias semelhantes, é pior que nada, já que pode ser unicamente um protesto surgido *do seio dessa mesma* matilha de lobos capitalistas em nome dessa mesma política lupina.

Que nossa organização, e as demais organizações de nosso partido, coloque mãos à obra na Duma! A agitação entre as massas adquire agora uma importância cem vezes maior que em tempos normais. Três circunstâncias devem ser destacadas em primeiro plano em toda a agitação de nosso partido. Em primeiro lugar, em contraposição a toda a imprensa reacionária e liberal, desde as Centúrias Negras até os democratas constitucionalistas, a socialdemocracia desmascara o jogo diplomático das conferências, do acordo das potências, das alianças com a Inglaterra contra a Áustria ou com a Áustria contra Alemanha, ou qualquer outras. Nossa missão é mostrar o *fato* do complô reacionário das potências, que ocorreu e que os governos pretendem ocultar com todas suas forças por meio de uma comédia de negociações públicas. Contra as comédias diplomáticas, pela explicação da verdade ao povo, pelo desmascaramento da reação antiproletária internacional! Em segundo lugar, devemos esclarecer os fatos e resultados reais, e não apenas as palavras deste complô: o golpe na revolução turca – a contribuição da Rússia ao estrangulamento da revolução persa –, a intromissão nos assuntos alheios e a violação do princípio fundamental da democracia, do direito das nações à autodeterminação. Nosso programa, o mesmo que o de todos os socialdemocratas do mundo, defende esse direito. E não há nada mais reacionário que a preocupação dos austríacos, de um lado, e dos ultrarreacionários russos, de outro, pelos "irmãos eslavos". Esta "preocupação" oculta as mais infames intrigas, que tem feito célebre a Rússia nos Bálcãs desde os tempos mais remotos. Esta "preocupação" se reduz sempre a atentar contra a *verdadeira* democracia em uns e outros países balcânicos. A única "preocupação" sincera das potências em relação aos países balcânicos poderia consistir em uma coisa apenas: abandoná-los à sua própria sorte, não os amargar a vida com a intervenção estrangeira, não colocar obstáculos à revolução turca. Mas, naturalmente, a classe trabalhadora não pode esperar da burguesia semelhante política!

Todos os partidos burgueses – até os mais liberais e "democráticos" no nome, inclusive nossos democratas constitucionalistas – sustentam o ponto de vista da política exterior capitalista. Esta é a terceira circunstância que deve mostrar a social-democracia de forma particularmente enérgica. Os liberais e o partido dos democratas constitucionalistas defendem, em essência, a mesma mentira das nações capitalistas, acentuando apenas formas dessa mentira diferentes das que defendem as Centúrias Negras, tratando de conseguir acordos internacionais distintos a aqueles em que se apoia agora o governo. E essa luta liberal contra uma variedade da política exterior burguesa em defesa de outra variedade da mesma política, essas reprovações liberais ao governo porque se atrasam frente a outros (no saque e na intromissão!) exercem a influência mais corruptora entre as massas. Abaixo toda política colonial, abaixo toda política de intervenção e de luta capitalista por terras alheias, por população alheira, por novos privilégios, por novos mercados, estreitos, etc.! A social-democracia não compartilha da absurda utopia pequeno-burguesa do progresso capitalista "pacífico e justo". A social-democracia luta contra toda a sociedade capitalista, sabendo que não há no mundo maior defensor da paz e da liberdade que o proletariado revolucionário internacional.

Post scriptum: Já entregue este artigo à imprensa, os jornais publicaram um telegrama da *Agência Telegráfica Petersburguesa* desmentindo a notícia de que as tropas russas haviam cruzado a fronteira persa. Este telegrama apareceu no *Frankfurter Zeitung* na segunda edição matutina de 24 de outubro. Na *terceira* edição constava um telegrama de Constantinopla, datado de 24 de outubro, às 10:50 *da noite*, onde se dizia que naquela mesma tarde chegou em Constantinopla a notícia de que as tropas russas haviam atravessado a fronteira persa. A imprensa estrangeira, *com exceção da socialista*, silencia até agora a incursão das tropas russas na Pérsia.

Resumo: por agora não podemos saber definitivamente toda a verdade. Em todo caso, tudo o que foi "desmentido" por parte do governo czarista e da *Agência Telegráfica Petersburguesa* não merece, naturalmente, nenhum crédito. É um fato que a Rússia, com o conhecimento das potências, luta contra a revolução persa por todos os meios, desde intrigas até o envio de tropas. É também indubitável que segue uma política orientada à ocupação do Azerbaijão. Se as tropas ainda não cruzaram a fronteira, é muito provável que já se adotaram todas as medidas para fazê-lo: onde há fogo, há fumaça.

Fragmento de
UMA CARTA A MÁXIMO GORKI

Enviada de Paris à Ilha de Capri (Itália) em 03 de janeiro de 1911.Publicada pela primeira vez em 1924 na *Coleção Leninista I*.

No que se refere ao quixotismo dos social-democratas na política internacional, me parece que você não tem razão. Porque são os revisionistas que vêm afirmando desde muito tempo que a política colonialista é progressista, implanta o capitalismo e, por isso, é inútil "acusá-la de ambição e crueldade", já que "sem essas qualidades" o capital parece "manco".

O quixotismo e os suspiros estéreis existiriam se os socialdemocratas dissessem aos trabalhadores que a salvação pode ser encontrada na margem do desenvolvimento capitalista e não através do desenvolvimento do capitalismo. Mas nós não dizemos isso. O que nós dizemos é: o capital os consome, consumirá os persas, consumirá a todos e seguirá devorando até que não o derrotem. Essa é a verdade. E não esqueçamos de acrescentar: só no crescimento do capitalismo está a garantia da vitória sobre ele.

Os marxistas não defendem nenhuma *medida* reacionária como a proibição dos trustes, a restrição do comércio, etc. Mas *a cada um o seu*: que os Jomiakov[41] e cia. estendam ferrovias através da Pérsia, que enviem aos Liájov[42]; a missão dos marxistas

[41] Nikolai Alexeievich Jomiakov (1850-1925): capitalista russo, monarquista.

[42] Vladimir Platonovich Liájov (1869-1918): coronel do exército czarista; participou da repressão à revolução persa de 1905-1911.

perante os trabalhadores é *acusar*. Devora e devorará, estrangula e seguirá estrangulando, resistamos.

A *resistência* à política colonialista e ao saque internacional *mediante* a organização do proletariado, *mediante* a defesa das liberdades para a luta proletária *não atrasa* o desenvolvimento do capitalismo, mas o *acelera*, obrigando o capitalismo a recorrer a métodos mais cultos, mais elevados desde o ponto de vista técnico. Existe o capitalismo e o capitalismo. Há o capitalismo dos outubristas e das Centúrias Negras e o capitalismo *populista* ("realista, democrático", abundante de "atividade"). Quanto mais *acusemos* de "ambição e crueldade" o capitalismo perante os trabalhadores, mais difícil será a manutenção do capitalismo do primeiro tipo e, mais obrigatoriamente, se transformará no capitalismo do segundo. E isso nos convém, convém ao proletariado.

Você acha que me contradigo? Que no início da carta considerava más as palavras "realismo, democracia, atividade" e agora me parecem boas? Não há nenhuma contradição nisso: são más para o proletariado e boas para a burguesia.

Os alemães possuem uma revista oportunista modelo: Cadernos Mensais Socialistas (*Sozialistische Monatshefte*). Já há muito tempo, os senhores do tipo de Schippel[43] e Bernstein vêm atacando nela a política internacional da social-democracia revolucionária, assegurando a gritos que sua política própria se baseia nas "lamentações dos misericordiosos". É um truque dos golpistas oportunistas, querido. Já que se interessa pela política internacional, peça que enviem de Nápoles essa revista e que traduzam os artigos para você. Certeza que aí, na Itália, também existam oportunistas desses. A única coisa que não existe na Itália são os marxistas, por isso é abominável.

O proletariado internacional faz o capital retroceder de duas maneiras: de um lado, transformando-o de outubrista em

---

43 Max Schippel (1859-1928): social-democrata alemão, revisionista.

democrático e, de outro, expulsando *de seu país* o capital outubrista e *transferindo-o* aos selvagens. E isso amplia a base do capital e o aproxima de sua morte. Na Europa Ocidental já quase não existe o capital outubrista; quase todo o capital é democrático. O capital outubrista se mudou de Inglaterra e França para Rússia e Ásia. A revolução russa e a revolução na Ásia são as lutas para tirar o capital outubrista e substituí-lo pelo capital democrático. Mas o capital democrático é o último engendro do capitalismo. Não tem para onde ir. Está perdido.

DEMOCRACIA E NARODNISMO[44] NA CHINA

Publicado em 15 de julho de 1912 no número 17 de *Névskaya Zviezdá*.

O artigo do Presidente interino da República da China, Sun Yat-sen[45], que reproduzimos do periódico socialista de Bruxelas *Le Peuple* é excepcionalmente interessante para nós, os russos.

Um provérbio diz que se vê melhor as coisas de fora. Sun Yat-sen é uma testemunha interessantíssima "de fora", já que, tratando-se de um homem instruído na Europa, pelo visto, absolutamente não conhece a Rússia. Pois bem, este representante, instruído nos moldes europeus, da combativa e vitoriosa democracia chinesa que conquistou a República, nos aponta – de modo completamente independente da Rússia, da

[44] N.T. Em algumas traduções o título do presente artigo também aparece como *Democracia e populismo na China*, contudo, frente à polissemia do termo "populismo", principalmente no que diz respeito à realidade latino-americana, preferimos manter "narodnismo", para destacar a referência a um movimento político específico. Os Narodniks (ou populistas russos) formavam uma corrente político-ideológica surgida na Rússia na década de 1870. Eram democratas pequeno-burgueses que lutavam contra a autocracia e pela abolição da propriedade agrária latifundiária. Se consideravam socialistas, mas negavam o marxismo, baseando sua proposta de reorganização da sociedade em torno de ideais bucólicos do romantismo.

[45] Sun Yat-sen (1866-1925): revolucionário e democrata chinês. Liderou a revolução chinesa de 1911-1913. Foi presidente interino da República chinesa em 1911-1912.

experiência russa e da literatura russa – problemas puramente russos. O avançado democrata chinês pensa da mesma forma que um russo. Sua semelhança com os Narodniks é tão grande que chega à plena semelhança das ideias fundamentais e de toda uma série de expressões.

As coisas são vistas melhor de fora. A plataforma da grande democracia chinesa – pois o artigo de Sun Yat-sen é precisamente essa plataforma – nos obriga e nos oferece um pretexto favorável para isso, a examinar uma vez mais, desde o ponto de vista dos novos acontecimentos mundiais, a relação existente entre a democracia e o narodnismo nas revoluções burguesas contemporâneas da Ásia. Este é um dos problemas mais sérios postos para a Rússia em sua época revolucionária, iniciada em 1905. E não apenas frente à Rússia, mas perante toda a Ásia, como se vê pela plataforma do Presidente interino da República da China, sobretudo se comparada com o desenvolvimento dos acontecimentos revolucionários na Rússia, Turquia, Pérsia e China. Sem dúvida, a Rússia é, em muitíssimos e essencialíssimos aspectos, um Estado asiático, um dos Estados asiáticos mais bárbaros, medievais e vergonhosamente atrasados.

A democracia burguesa russa tem um verniz populista, começando por seu longínquo e solitário precursor, o nobre Herzen[46], e chegando a seus representantes massivos, os membros da União Camponesa em 1905[47], e os deputados trudovi-

---

46 Alexandr Ivanovich Herzen (1812-1870): democrata revolucionário russo, filósofo materialista, escritor e jornalista.

47 União Camponesa de toda a Rússia: organização democrático-revolucionária do campesinato, fundada em agosto de 1905. Defendia a convocação imediata da Assembleia Constituinte e o estabelecimento das liberdades políticas. Seu programa agrário incluía a reivindicação da abolição da propriedade privada da terra e de que as terras do Estado, da igreja e da família imperial fossem entregues aos camponeses sem o pagamento de indenização. A trajetória da União foi marcada

ques[48] das três primeiras Dumas de 1906 a 1912. Agora vemos que a democracia burguesa da China está tingida de uma cor populista completamente semelhante. Examinemos, tomando como exemplo Sun Yat-sen, em que consiste o "significado social" das ideias nascidas do profundo movimento revolucionário de centenas de milhões de seres que se incorporam definitivamente ao fluxo da civilização capitalista universal.

Cada linha da plataforma de Sun Yat-sen está impregnada de um sincero e combativo espírito democrático. Plena compreensão de que a revolução "racial" é insuficiente. Nenhuma pitada de apoliticismo ou, quando menos, de desdém pela liberdade política, de admissão da ideia de que a autocracia chinesa seja compatível com a "reforma social" chinesa, com as transformações constitucionais chinesas, etc. Um espírito democrático íntegro que reivindica a República. Uma abordagem estratégica do problema da situação das massas, da luta das massas, uma calorosa simpatia pelos trabalhadores e explorados e fé em sua razão, em sua força.

Nos encontramos perante uma ideologia verdadeiramente grande de um povo verdadeiramente grande, que sabe não apenas lamentar sua escravidão secular, não apenas sonhar com a liberdade e a igualdade, mas também *lutar* contra os opressores seculares da China.

Se impõe por si só a comparação do Presidente interino da República da China selvagem, morta e asiática, com os distintos presidentes das repúblicas da Europa e América, de países de uma cultura avançada. Os presidentes *de lá* são, sem exceção,

---

por ambiguidades e vacilações, sendo encerrada em 1906 após forte repressão policial.

[48] Grupo Trodovique (do Trabalho): grupo de democratas pequeno-burgueses, formado em abril de 1906 pelos deputados camponeses da I Duma de Estado.

homens de negócios, agentes ou fantoches nas mãos da burguesia, podres até a medula, coberta dos pés à cabeça de lodo e sangue, não de sangue dos *padishah* e *bogdichan*, mas do sangue dos trabalhadores fuzilados em nome do progresso e da civilização por declararem-se em greve. Os presidentes de lá são representantes da burguesia que abdicou a muito tempo de todos os ideais da juventude, que se prostituiu até o fim e tem se vendido por completo aos milionários, aos multimilionários, aos senhores feudais aburguesados, etc.

O presidente daqui, o asiático Presidente da República, é um democrata revolucionário, repleto de nobreza e heroísmo próprios de uma classe ascendente e não em decadência; de uma classe que não teme o porvir, mas que crê nele e luta por ele com abnegação; de uma classe que odeia o passado e sabe romper com a hedionda podridão de morte que asfixia os vivos, e não se apegar à conservação e restauração do passado com o intuito de manter seus privilégios.

E bem, não significará isto que o Ocidente materialista apodreceu e que a luz emana unicamente do Oriente místico e religioso? Não, pelo contrário. Isso significa que o Oriente percorreu de forma definitiva o caminho do Ocidente, que novas *centenas e centenas de milhões* de seres tomarão parte, desde hoje, na luta pelos ideais que o Ocidente chegou a formular. A burguesia ocidental apodreceu, e ante ela se ergue seu coveiro: o proletariado. Mas na Ásia existe *ainda* uma burguesia capaz de representar a democracia sincera, combativa e consequente, companheira digna dos grandes oradores e grandes personalidades do fim do século XVIII na França.

O representante ou apoio social principal desta burguesia asiática, capaz de ainda realizar uma obra de progresso desde o ponto de vista histórico, é o camponês. Junto a ele já existe a burguesia liberal, cujos dirigentes, a semelhança de Yuan Shih-kai[49], são propensos, mais que nada, à traição: ontem temiam o *bogdichan*, se prostravam perante ele; depois, quando viram a força da democracia revolucionária, quando pressentiram sua vitória, traíram o *bogdichan* e amanhã trairão os democratas a fim de algum compromisso com qualquer *bogdichan* "constitucional" velho ou novo.

Sem o sublime e sincero entusiasmo democrático que inflama as massas trabalhadoras e as capacita para fazer milagres – e esse entusiasmo desse vê em cada frase da plataforma de Sun Yat-sen – seria impossível a verdadeira libertação do povo chinês da escravidão secular.

Mas esta ideologia da democracia combativa se combina no populista chinês, primeiro, com os sonhos socialistas, com a esperança de que a China evite a via capitalista, de que conjure ao capitalismo, e, segundo, com o plano e a defesa de uma reforma agrária radical. Estas duas últimas correntes político-ideológicas são precisamente as que constituem o elemento formador do *narodnismo* no sentido específico do conceito, quer dizer, ao contrário da democracia, como acréscimo à democracia.

Quais são a origem e o significado dessas correntes?

A democracia chinesa não poderia derrotar o velho regime na China e conquistar a República sem um imenso crescimento espiritual e revolucionários das massas. Esse crescimento pressupõe e engendra a mais sincera condolência pela situação das massas trabalhadoras, o mais obstinado ódio aos opressores e exploradores. Mas na Europa e na América, das que os chineses avançados – *todos* os chineses, porque eles passaram por esse crescimento – tomaram suas ideias emancipadoras, está posta já a tarefa de livrar-se da burguesia, quer dizer, de passar ao

---

49 Yuan Shih-kai (1859-1916): general e estadista reacionário chinês que liderou a ditadura militar após o fracasso da revolução chinesa de 1911-1913.

socialismo. Daí se destaca inelutavelmente a simpatia dos democratas chineses pelo socialismo, mas um socialismo *subjetivo*.

Os democratas chineses são socialistas de maneira subjetiva porque estão contra a exploração e a opressão das massas. Mas essas condições *objetivas* da China – país atrasado, agrícola, semifeudal –, apontam como ordem do dia na vida de um povo de quase quinhentos milhões de seres um só tipo determinado, original desde o ponto de vista histórico, dessa opressão e dessa exploração: o feudalismo. O feudalismo se baseava no predomínio do gênero de vida agrícola, e da economia natural; a fonte da exploração feudal do camponês chinês era sua *adjudicação*, de uma ou outra forma, à terra; os expoentes políticos dessa exploração eram os senhores feudais, todos juntos e cada um por vez, com o *bogdichan* no topo como chefe do sistema.

E resulta que dos primeiros pensamentos e programas subjetivamente socialistas do democrata chinês se obtém, na prática, um programa de "modificação de todas as bases jurídicas" da "propriedade imóvel" e *mais nada*; um programa de abolição da exploração feudal e *mais nada*.

Aí está o *fundo* do populismo de Sun Yat-sen, de seu programa progressista, combativo e revolucionário de transformações agrárias democráticas burguesas e de sua teoria supostamente socialista.

Examinada do ponto de vista da doutrina, esta teoria é a do "socialista" reacionário pequeno-burguês. Porque é reacionário por completo o sonho de que na China se possa "conjurar" o capitalismo, de que na China, como consequência de seu atraso, seja mais fácil "a revolução social", etc. E o próprio Sun Yat-sen, com uma ingenuidade ímpar que pode ser qualificada de virginal, destrói sua teoria populista reacionária, ao reconhecer o que a vida o obriga a reconhecer: que a "China se encontra às vésperas de um gigantesco desenvolvimento industrial" (quer dizer, capitalista), que na China "o comércio" (quer dizer, o capitalismo) "se desenvolverá em grandes proporções", que "dentro de 50 anos teremos muitas Shanghais", quer dizer, múltiplos centros de riqueza capitalista e pobreza e miséria proletárias.

Mas cabe perguntar – aí está todo o cerne da questão, aí está o ponto mais interessante, *frente* ao qual se detém com frequência, truncado e castrado, o quase marxismo liberal – Sun Yat-sen defende um programa agrário verdadeiramente reacionário baseado em sua reacionária teoria econômica?

Disso mesmo se trata, de que não o defende. Nisso mesmo consiste a dialéticas das relações sociais da China, em que os democratas chineses, que simpatizam sinceramente com o socialismo da Europa, o transformaram em uma teoria reacionária e, *baseando-se* nesta teoria reacionária sobre a "conjuração" do capitalismo, propõem um programa agrário *puramente capitalista*, um programa agrário capitalista em grau máximo!

Em efeito, em que consiste a "revolução econômica" de que fala Sun Yat-sen com tanta pompa e obscuridade no começo de seu artigo?

Em transferir a renda ao Estado, quer dizer, nacionalizar a terra mediante certo imposto único no espírito de Henry George[50]. A "revolução econômica" que propõe e preconiza Sun Yat-sen não possui, absolutamente, nenhuma outra coisa *real*.

A diferença entre o que vale a terra em um recanto rural perdido e, em Shanghai, é a diferença na magnitude da renda. O valor da terra é a renda capitalizada. Fazer com que o "valor agregado" da terra seja "propriedade do povo" significa transferir

[50] Henry George (1839-1937): jornalista e economista pequeno-burguês norte-americano que condenava os grandes latifúndios agrícolas e propunha a implantação de impostos sobre a produção agrária, assim como dos lucros obtidos diretamente de recursos naturais, que em sua concepção, deveriam ser socializados. Responsável pela criação posterior do Georgismo, também conhecido como Movimento do Imposto Único.

a renda, quer dizer, a propriedade da terra, ao Estado ou, dito de outra forma, nacionalizar a terra.

É possível uma reforma semelhante nos marcos do capitalismo? Não só é possível, como pressupõe o capitalismo mais puro, o capitalismo mais consequente, um capitalismo de uma perfeição ideal. Marx o explicitou em *Miséria da Filosofia*, o demonstrou com pormenores no tomo III de *O Capital* e o desenvolveu com singular clareza na polêmica com Rodbertus[51] em *Teorias da mais-valia*.

A nacionalização da terra permite abolir a renda absoluta, mantendo unicamente a renda diferencial. Segundo a doutrina de Marx, a nacionalização da terra significa a eliminação mais completa dos monopólios medievais e das relações medievais na agricultura, a maior liberdade de circulação mercantil da terra, a facilitação da adaptação da agricultura ao mercado. A ironia da história consiste em que o populismo aplica, em nome da "luta contra o capitalismo" na agricultura, um programa agrário cuja realização plena significaria o desenvolvimento *mais* rápido do capitalismo na agricultura.

Que necessidade econômica promove em um dos países camponeses mais atrasados da Ásia a difusão dos programas democráticos burgueses mais avançados com relação à terra? A necessidade de destruir o feudalismo em todas as suas formas e manifestações.

Quanto mais atrasada a China ficava da Europa e do Japão, maior era a ameaça de desmembramento e desagregação nacional que se abatia sobre ela. Apenas podia "renová-la" o heroísmo das massas populares revolucionárias, capaz, no terreno político, de criar a República Chinesa e, no terreno agrário,

---

[51] Johann Karl Rodbertus-Jagetzow (1805-1875): economista alemão, ideólogo dos junkers (grandes latifundiários prussianos) aburguesados; teórico do "socialismo-estatal" prussiano-junker.

de assegurar o mais rápido progresso capitalista, mediante a nacionalização da terra.

Outra coisa é se terá sucesso nisso e em que medida. Em sua revolução burguesa, os países colocam em prática diferentes graus de democracia política e agrária e, além do mais, nas combinações mais heterogêneas. A decisão dependerá da situação internacional e da correlação de forças sociais na China. É provável que o *bogdichan* una os senhores feudais, a burocracia e o clero chineses e prepare a restauração. Yuan Shih-kai, representante de uma burguesia que apenas teve tempo de se transformar de liberal-monárquica em liberal-republicana (por muito tempo?), aplicará uma política de manobras entre a monarquia e a revolução. A democracia burguesa revolucionária, representada por Sun Yat-sen, busca acertadamente o caminho da "renovação" da China no desenvolvimento de maiores iniciativa, decisão e audácia das massas camponesas no terreno das reformas políticas e agrárias.

Finalmente, aumentando na China o número de Shanghais, aumentará também o proletariado chinês. É muito provável que este constitua um Partido Operário Social-democrata Chinês, que, ao mesmo tempo que critica as utopias pequeno-burguesas e os pontos de vista reacionários de Sun Yat-sen, se preocupará, sem dúvida, em destacar, proteger e desenvolver o núcleo democrático revolucionário de seu programa político e agrário.

O SIGNIFICADO SOCIAL DAS VITÓRIAS SÉRVIO-BÚLGARAS

Publicado em 07 de novembro de 1912 no número 162 do jornal *Pravda*.

"Para a Macedônia, sua conquista por Bulgária e Sérvia equivale a uma revolução burguesa, a uma espécie de 1789 ou 1848": estas palavras do marxista austríaco Otto Bauer revelam prontamente a essência fundamental dos acontecimentos atuais nos Bálcãs.

A revolução de 1789 na França e de 1848 na Alemanha e outros países foi uma revolução burguesa porque a libertação do país do absolutismo e dos privilégios dos latifundiários feudais, dava de fato liberdade de desenvolvimento ao capital. Mas se compreende por si mesmo que os interesses da classe trabalhadora reclamavam do modo mais imperioso essa revolução, e que inclusive os trabalhadores "sem partido", não organizados em classe, de 1789 e 1848 foram combatentes de vanguarda das revoluções francesa e alemã.

Macedônia, como todos os países balcânicos, é muito atrasada no aspecto econômico. Ali se conservam ainda fortíssimos resquícios da servidão, da dependência medieval dos camponeses em relação aos proprietários de terras feudais. Entre esses resquícios estão o tributo camponês ao senhor de terras (em dinheiro ou em espécie), a meação (habitualmente, o camponês meeiro da Macedônia entrega ao proprietário das terras um terço da colheita, menos que na Rússia), etc.

Os proprietários de terra da Macedônia (os chamados *sepahi*) são turcos e muçulmanos; os camponeses, eslavos e cristãos. Por isso, a contradição de classe se vê exacerbada pelas contradições religiosa e nacional.

Portanto, as vitórias dos sérvios e dos búlgaros significam minar a dominação do feudalismo na Macedônia, significam criar uma classe mais ou menos livre de camponeses com terra, significam assegurar todo o desenvolvimento social dos países balcânicos, freado pelo absolutismo e pelas relações de servidão.

Os jornais burgueses, desde *Nóvoie Vremia* até *Riech*[52], falam de libertação nacional nos Bálcãs, deixando encoberta a libertação econômica. Mas, na verdade, esta última é, precisamente, a principal.

A libertação completa em relação aos latifundiários e o absolutismo teria como resultado inevitável a libertação nacional e a plena liberdade de autodeterminação dos povos. Pelo contrato, se sobrevive o jugo dos proprietários e das monarquias balcânicas sobre os povos, seguirá existindo também, indesculpavelmente, em maior ou menor grau, a opressão nacional.

Se a libertação da Macedônia houvesse sido efetuada por meio da revolução, quer dizer, por meio da luta dos camponeses sérvios, búlgaros e *turcos* contra os proprietários de todas as nacionalidades (e contra os governos latifundiários balcânicos), é provável que houvesse custado aos povos balcânicos cem vezes menos vidas humanas que a guerra atual. A libertação havia sido conseguida a um preço incomparavelmente mais baixo e seria incomparavelmente mais completa.

Pode-se perguntar: que causas históricas determinam que o problema seja resolvido por meio da guerra e não da revolução? A principal causa histórica consiste na debilidade, o desmembramento, o desenvolvimento insuficiente e a ignorância das massas camponesas de todos os países balcânicos, assim como o

---

[52] *Riech* (A Palavra): jornal dos liberais burgueses, órgão central do Partido Democrata Constitucionalista. Publicado em 1906-1917.

escasso número de trabalhadores capazes de compreender bem o estado de coisas e de exigir a República Federativa Balcânica.

Daí se deduz com clareza a diferença fundamental existente entre a burguesia europeia e os trabalhadores europeus ao enfocar o problema dos Bálcãs. A burguesia, inclusive a liberal, como nossos democratas constitucionalistas, fala, aos gritos, da libertação "nacional" dos "eslavos". Com isso, desnaturaliza abertamente o sentido e o significado histórico dos atuais acontecimentos nos Bálcãs e *dificulta* a verdadeira libertação dos povos balcânicos. Dessa forma, *se apoia* a conservação, em maior ou menor grau, dos privilégios dos proprietários de terra, da arbitrariedade política e da opressão nacional.

A democracia operária, pelo contrário, é a única que defende a libertação autêntica e completa dos povos balcânicos. Somente a libertação econômica e política dos camponeses de todas nacionalidades balcânicas, levada a cabo, pode acabar com toda a possibilidade de opressão nacional, qualquer que seja.

O DESPERTAR DA ÁSIA

Publicado em 07 de maio de 1913 no número 103 do jornal *Pravda*.

Até pouco tempo atrás, a China era tida como exemplo de país estagnado a séculos. Agora, pelo contrário, na China há uma vida política efervescente e adquirem grande intensidade o movimento social e o desenvolvimento democrático. Depois do movimento russo de 1905, a revolução democrática se estendeu por toda a Ásia: na Turquia, Pérsia e China. A agitação aumenta na Índia Inglesa.

É interessante que o movimento democrático revolucionário tenha se propagado agora também para a Índia Holandesa, à ilha de Java e a outras colônias da Holanda, cuja população alcança 40 milhões de habitantes.

Os promotores deste movimento democrático são, em primeira instância, as massas populares de Java, entre as quais surgiu um movimento nacionalista sob a bandeira do Islã. Em segundo lugar, o capitalismo criou uma intelectualidade local, integrada por europeus aclimatados, que advogam a independência da Índia Holandesa. Em terceiro lugar, a população chinesa de Java e outras ilhas, que é bastante considerável, levou o movimento revolucionário desde sua pátria.

O marxista holandês van Ravesteyn[53], ao descrever esse despertar da Índia Holandesa, assinala que o despotismo e a arbitrariedade seculares do Governo holandês encontram agora a enérgica resistência e o protesto das massas da população nativa.

Começam os fenômenos correntes do período pré-revolucionário: aparecem com assombrosa rapidez associações e partidos.

[53] Willem van Ravesteyn (1876-1970): socialista holandês.

O governo os proíbe, mas com isso acirra mais os ânimos e dá novo impulso ao movimento. Por exemplo, o Governo holandês dissolveu faz pouco tempo o "*Partido Indiano*", alegando que em seus Estatutos e programa se fala da aspiração à *independência*. Os "Derzhimorda"[54] holandeses (com a anuência, por certo, dos clericais e dos liberais, está podre o liberalismo europeu!) viram nele o criminoso propósito de separar-se da Holanda! Como era lógico, o partido dissolvido ressurgiu com outro nome.

Em Java foi fundada uma associação nacional de indígenas, que agrupa já 80.000 pessoas e organiza grandes comícios. O desenvolvimento do movimento democrático é imparável.

O capitalismo mundial e o movimento russo de 1905 fizeram a Ásia despertar definitivamente. Centenas de milhões de seres avassalados e embrutecidos em um mundo de estagnação medieval despertaram para uma nova vida e para a luta pelos direitos mais elementares do homem, pela democracia.

Os trabalhadores dos países avançados seguem com interesse e entusiasmo esta pujante ascensão do movimento mundial de libertação que ocorre em todas as partes do globo e sob as formas mais diversas. A burguesia da Europa, assustada pela força do movimento operário, se lança aos braços da reação, da casta militar, da clerezia e do obscurantismo. Mas em substituição a essa burguesia, que apodrece em vida, se levanta o proletariado dos países europeus e a jovem democracia dos países asiáticos, cheia de fé em suas forças e de confiança nas massas.

O despertar da Ásia e o começo da luta pelo poder que empreende o proletariado avançado da Europa marcam, no alvorecer do século XX, uma nova época na História Universal.

---

[54] Derzhimorda: nome de um policial personagem da comédia "O inspetor", do autor russo Nikolai Gogol. Se tornou uma gíria, sinônimo de opressor, déspota, insolente e grosseiro.

OS EUROPEUS CIVILIZADOS E OS ASIÁTICOS BÁRBAROS

Publicado em 14 de abril de 1913 no número 87 no jornal *Pravda*.

O conhecido social-democrata inglês Rothstein[55] relata na imprensa operária alemã um incidente instrutivo e corriqueiro ocorrido na Índia Britânica. Este incidente revela melhor do que todos os argumentos porque do rápido crescimento da revolução naquele país com os seus mais de 300 milhões de habitantes.

Arnold, um jornalista britânico, que edita um jornal em Rangoon, uma grande cidade (com mais de 200.000 habitantes) numa das províncias indianas, publicou um artigo intitulado "*Uma Zombaria da Justiça Britânica*". Expôs um juiz britânico local chamado Andrew. Por publicar este artigo, Arnold foi condenado a doze meses de prisão, mas recorreu e, tendo contatos em Londres, conseguiu levar o caso ao mais alto tribunal da Grã-Bretanha. O Governo da Índia "reduziu" apressadamente a pena para quatro meses e Arnold foi libertado.

Por que tanto alarido?

Um coronel britânico chamado McCormick tinha uma amante cuja criada era uma menina indiana de onze anos chamada Aina.

---

55 Theodore Rothstein (1871-1953): socialista, jornalista e escritor russo. Após sofrer perseguições políticas, deixou a Rússia em 1890 e se estabeleceu no Reino Unido. Se tornou membro do Partido Socialista Britânico (British Social Party), integrando a ala esquerda do partido, que durante a Primeira Guerra Mundial defendia uma posição internacionalista, fazendo frente à ala de direita, social-chauvinista, encabeçada por Henry M. Hyndman.

Este galante representante de uma nação civilizada atraiu Aina para seu quarto, estuprou-a e trancou-a em sua casa.

Acontece que o pai de Aina estava morrendo e mandou chamar a filha. Foi então que a aldeia onde morava ficou sabendo de toda a história. A população fervia de indignação. A polícia foi obrigada a ordenar a prisão de McCormick.

Mas o juiz Andrew libertou-o sob fiança e mais tarde absolveu-o, na sequência de uma vergonha travestida de justiça. O galante coronel declarou, como costumam fazer os cavalheiros de origem nobre em tais circunstâncias, que Aina era uma prostituta e como prova trouxe cinco testemunhas. Outras oito testemunhas, porém, trazidas pela mãe de Aina, nem sequer foram ouvidas pelo juiz Andrew.

Quando o jornalista Arnold foi julgado por difamação, o Presidente do Tribunal, Sir ("Sua Excelência") Charles Fox, recusou-se a permitir-lhe convocar testemunhas em sua defesa.

Deve ficar claro para todos que milhares e milhões de casos deste tipo ocorrem na Índia. Apenas circunstâncias absolutamente excepcionais permitiram ao "difamador" Arnold (filho de um influente jornalista londrino) sair da prisão e garantir publicidade para o caso.

Não esqueçamos que os liberais britânicos colocaram os seus "melhores" homens à frente da administração indiana. Não muito tempo atrás, o vice-rei da Índia, o chefe dos McCormicks, Andrews e Foxes, era John Morley, o conhecido autor radical, um "luminar do saber europeu", um "homem muito honrado" aos olhos de todos os europeus e liberais russos.

O espírito "europeu" já despertou na Ásia, os povos da Ásia tornaram-se democráticos.

A CLASSE TRABALHADORA E A QUESTÃO NACIONAL

Publicado em 10 de maio de 1913 no número 106 do jornal *Pravda*.

A Rússia é um país heterogêneo no aspecto nacional. A política governamental, a política dos latifundiários pela burguesia, está permeada até a medula de nacionalismo ultrarreacionário.

Esta política se dirige de forma incisiva contra a *maioria* dos povos da Rússia, que constituem a *maioria* de sua população. Ao mesmo tempo, se recobra o nacionalismo burguês de outras nações (polonesa, hebraica, ucraniana, georgiana, etc.), pretendendo *desviar* a classe trabalhadora de suas grandes tarefas universais com a luta nacional ou com a luta pela cultura nacional.

A questão nacional precisa ser suscitada e definida com clareza por todos os trabalhadores conscientes.

Quando a burguesia lutava pela liberdade junto com o povo, junto com os trabalhadores, defendia a plena liberdade e a plena igualdade de direitos das nações. Os países avançados, Suíça, Bélgica, Noruega e outros, nos oferecem um modelo de como convivem em paz ou se separam em paz as nações livres em um autêntico regime democrático.

Agora, a burguesia teme os trabalhadores, busca aliança com os Purishkevich[56], com a reação, trai a democracia, mantém a opressão ou a desigualdade das nações e corrompe os trabalhadores com consignas *nacionalistas*.

---

[56] Vladimir Mitrofanovitch Purishkevich (1870-1920): monarquista russo, ultra reacionário, grande latifundiário.

Em nossos dias, só o proletariado defende a verdadeira liberdade das nações e a unidade dos trabalhadores de todas as nações.

Para que as distintas nações convivam ou se separem (quando as convenha) livre e pacificamente, formando diferentes Estados, é necessária a plena democracia, defendida pela classe trabalhadora. Nem um só privilégio para nenhuma nação, para nenhum idioma! Nem a menor vexação, nem a menor injustiça com nenhuma minoria nacional!: esses são os princípios da democracia operária.

Os capitalistas e os proprietários de terras querem a todo custo desunir os trabalhadores de diferentes nações; mas eles, os poderosos do mundo, convivem entre si perfeitamente, como acionistas de "negócios" (por exemplo, nas minas de ouro do Lena[57]) que proporcionam milhões de rublos de "lucro": ortodoxos e hebreus, russos e alemães, poloneses e ucranianos, enquanto tenham *capital*, exploram unidos os trabalhadores de todas as nações.

Os trabalhadores conscientes estão a favor da *plena unidade* dos trabalhadores de todas as nações nas organizações operárias de qualquer natureza: culturais, sindicais, políticas, etc. Que os senhores democratas constitucionalistas se cubram de desonra negando ou restringindo a igualdade de direitos dos ucranianos. Que a burguesia de todas as nações se divirta com frases mentirosas sobre a cultura nacional, as tarefas nacionais, etc., etc.

---

[57] Minas de ouro do Lena: pontos de extração de ouro nos afluentes do Rio Lena, na Sibéria. Os proprietários das jazidas de ouro do Lena – capitalistas ingleses e seus sócios russos – obtinham fabulosos ganhos às custas da mais cruel exploração dos trabalhadores. Em 4 de abril de 1912, os guardas czaristas fuzilaram uma manifestação pacífica de mais de 500 mineiros. O massacre do Lena despertou a ira e a indignação dos trabalhadores em toda a Rússia; houveram greves e grandes manifestações em São Petersburgo, Moscou e outros grandes centros industriais.

Os trabalhadores não se deixarão separar por nenhum discurso meloso sobre a cultura nacional ou da "autonomia nacional-cultural"[58]. Os trabalhadores de todas as nações defendem juntos, unânimes, em organizações comuns, a plena liberdade e a plena igualdade de direitos, garantia de uma autêntica cultura.

Os trabalhadores criam em todo o mundo sua cultura internacional, que têm preparado a muito tempo os defensores da liberdade e os inimigos da opressão. Ao velho mundo, ao mundo da opressão nacional, das discórdias nacionais ou do isolamento nacional, os operários opõem o novo mundo da unidade dos trabalhadores de todas as nações, onde não há lugar para nenhum privilégio, nem para a menor opressão do homem pelo homem.

---

[58] Autonomia nacional-cultural: programa oportunista relacionado à questão nacional, apresentado nos anos 1890 pelos social-democratas austríacos O. Bauer e C. Renner. O foco deste programa consistia em que, em um determinado país, as pessoas de mesma nacionalidade formassem uma união nacional autônoma, qual fosse a região que habitassem, às quais o Estado deveria prover integralmente uma estrutura mínima nos aspectos educacional e cultural. Este programa, se houvesse sido levado à cabo, provavelmente teria contribuído para o aumento da influência do clero e da ideologia nacionalista reacionária em cada grupo nacional, dificultando a organização da classe trabalhadora e aprofundando a divisão dos trabalhadores de acordo com suas respectivas nacionalidades.

A EUROPA ATRASADA E A ÁSIA AVANÇADA

Publicado em 18 de maio de 1913 no número 113 do jornal *Pravda*.

A justaposição destas palavras parece um paradoxo. Quem não sabe que a Europa é a avançada e a Ásia a atrasada? Mas as palavras que intitulam este artigo contém uma amarga verdade.

Na civilizada e avançada Europa, com seu brilhante desenvolvimento técnico, com sua rica e variada cultura e sua Constituição, sobreveio um momento histórico em que a burguesia dirigente, por medo do proletariado que cresce e se fortalece, apoia tudo o que é atrasado, decadente e medieval. A burguesia caduca se une a todas as forças decrépitas e retrógradas para manter a cambaleante escravidão assalariada.

Na Europa avançada manda uma burguesia que apoia o atraso. Em nossos dias, a Europa não é avançada *graças* à burguesia, mas *apesar* dela, pois só o proletariado engrossa constantemente com milhões de homens as fileiras dos que lutam por um futuro melhor, só o proletariado mantém e difunde uma hostilidade desapiedada contra o atraso, a barbárie, os privilégios, a escravidão e a humilhação do homem pelo homem.

Na Europa "avançada", *só* o proletariado é a classe *avançada*. E a burguesia ainda viva, está disposta a todas as selvagerias, crueldades e crimes para salvaguardar a escravidão capitalista que perece.

E não se pode dar um exemplo mais convincente desta decomposição de *toda* a burguesia europeia que o apoio que presta à *reação* na Ásia, em defesa dos interesses egoístas de financistas e ladrões capitalistas.

Na Ásia cresce, se estende e se fortalece em todas as partes um poderoso movimento democrático. Ali a burguesia ainda se une ao povo contra a reação. Despertam para a vida, à luz e à liberdade centenas de milhões de homens. Que júbilo provoca este movimento mundial nos corações de todos os trabalhadores conscientes, conhecedores de que o caminho que leva ao coletivismo passa pela democracia! De que simpatia pela jovem Ásia estão imbuídos todos os democratas honrados!

E a Europa "avançada"? Saqueia a China e ajuda os inimigos da democracia, os inimigos da China!

Temos aqui um pequeno e simples, porém esclarecedor, cálculo. Um novo empréstimo chinês foi estipulado *contra* a democracia chinesa: a "Europa" *favorece* Yuan Shih-kai, que prepara uma ditadura militar. Por que está a seu favor? Porque é um bom negócio. O empréstimo foi estabelecido em uma soma de, aproximadamente, 250 milhões de rublos, a uma taxa de 84 para 100. Isso significa que os burgueses da "Europa" *pagam* aos chineses 210 milhões e tiram do público 225 milhões de rublos. E aqui têm, de uma vez só, em poucas semanas, um lucro líquido de *15 milhões de rublos*! Isso sim é um lucro "*líquido*", não?

Mas e se o povo chinês não reconhecer o empréstimo? Porque na China há República, e a maioria do Parlamento está *contra* o empréstimo.

Oh, então a Europa "avançada" começará a vociferar sobre a "civilização", "ordem", "cultura" e "pátria"! Colocará em ação os *canhões* e esmagará a República da Ásia "atrasada", em aliança com Yuan Shih-kai, o aventureiro traidor e amigo da reação!

Todos os comandantes da Europa, toda a burguesia europeia, *está em aliança* com as forças da reação e do medievo na China.

Em vez disso, toda a jovem Ásia, quer dizer, as centenas de milhões de trabalhadores da Ásia, têm um firme aliado no proletariado de todos os países civilizados. Não há no mundo força capaz de impedir sua vitória, que libertará tanto os povos da Europa como os da Ásia.

Fragmento do artigo
O DIREITO DAS NAÇÕES À AUTODETERMINAÇÃO

Publicado entre abril e junho de 1914 nos números 4, 5 e 6 da revista *Prosveschenie.*

O parágrafo 9 do programa dos marxistas da Rússia, que fala sobre o direito das nações à autodeterminação, provocou nos últimos tempos (como já indicamos na *Prosvechtchénie*) toda uma campanha dos oportunistas. Tanto o liquidacionista[59] russo Semkovski[60], no jornal liquidacionista de Petersburgo,

---

59 Liquidacionista: partidário de uma corrente oportunista difundida entre os social-democratas mencheviques depois da derrota da revolução de 1905-1907. Os adeptos desta corrente exigiam que fosse liquidado o partido revolucionário clandestino da classe trabalhadora. Estimulavam os trabalhadores a pararem com a luta revolucionária contra o czarismo e se propunham a fundar uma organização legal que se dedicasse unicamente às atividades permitidas pelo governo czarista. Acabaram expulsos do Partido Operário Social-Democrata Russo (POSDR) em janeiro de 1912, na Conferência realizada pelo partido em Praga.

60 Semkovski (Semion Yulievich Bronstein) (1882-1936): social-democrata russo, menchevique.

como o bundista[61] Libman[62] e o nacional-social ucraniano Yurkevitch[63], se manifestaram em seus veículos de imprensa contra este parágrafo, tratando-o num tom de máximo desprezo. Não há dúvida de que esta "invasão das doze tribos" do oportunismo contra o nosso programa marxista possui estreita relação com as atuais vacilações nacionalistas em geral. Por isso, um exame detalhado da questão suscitada nos parece oportuno. Observemos apenas que nenhum dos oportunistas citados apresentou um único argumento próprio: todos eles apenas repetem o que foi dito por Rosa Luxemburgo[64] em seu extenso artigo polonês de 1908-1909: *A Questão Nacional e a Autonomia*. Serão os argumentos "originais" desta autora que serão apresentados com maior frequência em nossa exposição.

---

61 Bundista: membro do Bund, abreviação da "União Geral Operária Judaica da Lituânia, Polônia e Rússia". Esta organização foi fundada em 1897 e agrupava primordialmente artesãos judeus de regiões da Rússia ocidental. Os bundistas seguiam uma política oportunista, menchevique. Fortemente influenciados pela burguesia nacional judaica, os bundistas isolavam os trabalhadores judeus dos trabalhadores de outras nacionalidades que compunham a Rússia czarista. Depois da vitória da Revolução Socialista em outubro de 1917, os líderes do Bund combateram ao lado da contra-revolução burguesa-latifundiária contra o poder soviético. O Bunda acabou se dissolvendo em 1921.

62 F. Libman (Pesach Hersch) (1882-1955): um dos dirigentes do Bund.

63 Lev Yurkevitch (1883-1919): social-democrata ucraniano, nacionalista.

64 Rosa Luxemburgo (1871-1919): destacada dirigente do movimento operário polonês, alemão e internacional e parte da liderança da ala esquerda da II Internacional. Participou da fundação do Partido Comunista da Alemanha.

O que é a autodeterminação das nações?

É natural que esta questão se coloque em primeiro lugar quando se procura examinar de um modo marxista a chamada autodeterminação. O que se deve compreender por isso? Devemos buscar a resposta em definições jurídicas, deduzidas a partir de toda a sorte de "conceitos gerais" do direito? Ou se deve procurar a resposta no estudo histórico-econômico dos movimentos nacionais?

Não é de se admirar que nem tenha passado pela cabeça dos senhores Semkóvski, Libman e Yurkevitch a ideia de colocar essa questão, escapando-se com risinhos de zombaria acerca da "falta de clareza" do programa marxista e, pelo visto, nem sequer sabem, na sua simplicidade, que da autodeterminação das nações fala não só o programa russo de 1903, mas também a decisão do Congresso Internacional de Londres de 1896[65] (disso falaremos de forma pormenorizada no devido lugar). É muito mais estranho que Rosa Luxemburgo, que tanto declama sobre o pretenso caráter abstrato e metafísico do referido parágrafo, tenha incorrido ela própria precisamente neste pecado de abstração e metafísica. É precisamente Rosa Luxemburgo que cai constantemente em divagações gerais sobre a autodeterminação (chegando até a uma elucubração extremamente divertida sobre como conhecer a vontade da nação), sem colocar em parte alguma, de modo claro e preciso, a questão de saber se a essência do problema está nas definições jurídicas ou na experiência dos movimentos nacionais do mundo inteiro.

---

[65] O programa russo de 1903: referência ao programa aprovado pelo POSDR em seu II Congresso (1903).

Congresso Internacional de Londres de 1896: IV Congresso da II Internacional, cuja resolução sobre o direito das nações à autodeterminação é mencionado mais adiante.

A colocação precisa desta questão, inevitável para o marxista, teria desfeito imediatamente nove décimos dos argumentos de Rosa Luxemburgo. Não é a primeira vez que surgem na Rússia movimentos nacionais e nem são inerentes apenas a ela. Em todo o mundo a época da vitória definitiva do capitalismo sobre o feudalismo esteve ligada a movimentos nacionais. A base económica desses movimentos consiste em que para a vitória total da produção mercantil é indispensável a conquista do mercado interno pela burguesia, é indispensável a coesão estatal dos territórios com uma população da mesma língua, com o afastamento de todos os obstáculos ao desenvolvimento dessa língua e à sua fixação na literatura. A língua é o meio mais importante de comunicação entre os homens; a unidade da língua e o seu livre desenvolvimento é uma das mais importantes condições de uma circulação comercial realmente livre e ampla, que corresponde ao capitalismo moderno, de um agrupamento livre e amplo da população em cada uma das classes, finalmente, é a condição de uma estreita relação do mercado com cada patrão, grande ou pequeno, com cada vendedor e comprador.

A formação de *Estados nacionais*, que são os que melhor satisfazem essas exigências do capitalismo moderno, é por isso a tendência de qualquer movimento nacional. Os mais profundos fatores econômicos empurram para ele, e para toda a Europa Ocidental – mais do que isso: para todo o mundo civilizado – *o que é típico* e normal para o período capitalista é o Estado nacional.

Consequentemente, se queremos compreender o significado da autodeterminação das nações sem brincar com definições jurídicas, sem "inventar" definições abstratas, mas analisando as condições histórico-econômicas dos movimentos nacionais, então chegaremos inevitavelmente à conclusão: por autodeterminação das nações entende-se a sua separação estatal das colectividades nacionais estrangeiras, entende-se a formação de um Estado nacional independente.

Veremos mais adiante, ainda, outras razões pelas quais seria errado entender por direito à autodeterminação tudo o que não seja o direito à existência estatal separada. Mas agora devemos nos limitar a analisar como Rosa Luxemburgo tentou "se desfazer" da inevitável conclusão sobre as profundas bases econômicas das aspirações a um Estado nacional.

Rosa Luxemburgo conhece perfeitamente a brochura de Kautsky *Nacionalidade e Internacionalidade* (suplemento da *Neue Zeit*, n.1, 1907-1908, traduzida para o russo na revista *Naútchnaia Misl*[66], Riga, 1908). Sabe que Kautsky[67], após analisar detalhadamente no parágrafo 4 desta brochura, sobre a questão do Estado nacional, chegou à conclusão de que Otto Bauer[68] "*subestima* a força da aspiração à formação do Estado nacional" (p. 23 da brochura citada). Rosa Luxemburgo cita as palavras de Kautsky: "O Estado nacional é a forma de Estado que *melhor corresponde* às condições modernas" (isto é, capitalistas, civilizadas, economicamente progressivas, diferentemente das medievais, pré-capitalistas, etc), "é a forma na qual ele poderá cumprir com maior facilidade suas tarefas" (isto é, as tarefas do mais livre, amplo e rápido desenvolvimento do capitalismo). A isto deve-se acrescentar a observação final ainda mais precisa de Kautsky, de que os Estados de composição nacional heterogênea (os chamados

66 "O pensamento científico".

67 Em 1916, ao preparar a reedição deste artigo, Lênin inseriu aqui a seguinte nota: "Pedimos aos leitores que não se esqueçam que Kautsky foi até 1909, ano em publicou seu magnífico folheto *O caminho ao poder*, inimigo do oportunismo, que passou a defender em 1910-1911, e, com maior empenho, em 1914-1916.

68 Otto Bauer (1882-1938): dirigente da social-democracia austríaca e da II Internacional; um dos ideólogos do oportunismo, autor da teoria da "autonomia nacional-cultural". Foi ministro de Relações Exteriores da República Austríaca em 1918. Lutou contra o movimento revolucionário.

Estados multinacionais, diferentes dos Estados nacionais) são "sempre Estados cuja conformação interna, por estas ou aquelas razões, permaneceu anormal ou pouco desenvolvida" (atrasada). É evidente que Kautsky fala de anormalidade exclusivamente no sentido da não correspondência àquilo que é mais adequado às exigências do capitalismo em desenvolvimento.

Cabe perguntar agora qual foi a atitude de Rosa Luxemburgo para com estas conclusões histórico-econômicas de Kautsky? São justas ou erradas? Tem razão Kautsky com a sua teoria histórico-econômica, ou Bauer, cuja teoria é, na sua base, psicológica? Em que consiste a relação do indubitável "oportunismo nacional" de Bauer, da sua defesa da autonomia cultural-nacional, das suas paixões nacionalistas ("a acentuação aqui e ali do elemento nacional", como se expressou Kautsky), do seu "grande exagero do elemento nacional e completo esquecimento do elemento internacional" (Kautsky), com a sua subestimação da força da tendência para a formação do Estado nacional?

Rosa Luxemburgo nem sequer colocou esta questão. Não notou esta relação. Não refletiu sobre o *conjunto* das concepções teóricas de Bauer. Não contrapôs sequer a teoria histórico-econômica à psicológica na questão nacional. Limitou-se às seguintes observações contra Kautsky.

"(...) Este Estado nacional 'mais perfeito' é apenas uma abstração, suscetível de fácil desenvolvimento teórico e defesa teórica, mas que não corresponde à realidade" (*Przeglad Socjaldemokratyczny*, 1908, n.° 6, p. 499).

E para confirmar esta declaração categórica, segue refletindo acerca de que o desenvolvimento das grandes potências capitalistas e o imperialismo tornam ilusório o "direito à autodeterminação" dos povos pequenos. "Poder-se falar seriamente – exclama Rosa Luxemburgo – sobre a autodeterminação dos formalmente independentes montenegrinos, búlgaros, romenos, sérvios, gregos, em parte até mesmo dos suíços, cuja própria independência é produto da luta política e do jogo diplomático do 'concerto europeu'?" (p. 500). Aquele que melhor corresponde às condições "não é o Estado nacional, como supõe Kautsky, mas o Estado de rapina". São citadas algumas dezenas de cifras sobre a grandeza das colônias pertencentes à Inglaterra, França, etc.

Ao ler semelhantes raciocínios, não podemos deixar de nos admirar com a capacidade da autora para não distinguir as *coisas*! Ensinar Kautsky, com ares de importância, que os pequenos Estados dependem economicamente dos grandes; que entre os Estados burgueses se trava uma luta pelo esmagamento rapace de outras nações: que existem o imperialismo e as colônias – são elucubrações ridículas, infantis, pois tudo isto não tem a mínima relação com o assunto. Não só os pequenos Estados, mas também a Rússia, por exemplo, dependem economicamente por completo do poder do capital financeiro imperialista dos países burgueses "ricos". Não só os Estados balcânicos, miniaturas de Estado, mas também a América foi, no século XIX, economicamente, colônia da Europa, como mostrou Marx em *O Capital*[69]. Kautsky sabe perfeitamente dessas coisas, naturalmente, como qualquer marxista, mas isto não tem absolutamente nada a ver com a questão dos movimentos nacionais e do Estado nacional.

Rosa Luxemburgo substituiu a questão da autodeterminação política das nações na sociedade burguesa, da sua independência estatal, pela questão da sua autonomia e independência econômicas. Isso é tão inteligente como se uma pessoa, ao debater a reivindicação programática da supremacia do parlamento, isto é, da assembleia dos representantes do povo, num Estado burguês, se pusesse a expor a sua convicção plenamente justa da supremacia do grande capital sob qualquer regime num país burguês.

---

[69] Ver o capítulo 25 (A teoria moderna da colonização), da seção VII, T. 1, de *O Capital*, de Karl Marx.

Não há dúvidas de que a maior parte da Ásia, a porção do mundo mais povoada, se encontra em situação de colônias das "grandes potências" ou de Estados extremamente dependentes e oprimidos nacionalmente. Mas será que essa circunstância, conhecida por por todos, abala, de algum modo, o fato indiscutível de que na própria Ásia as condições para o desenvolvimento mais completo da produção mercantil, para o crescimento mais livre, amplo e rápido do capitalismo foram criadas apenas no Japão, isto é, apenas num Estado nacional independente? Esse Estado é burguês, e por isso ele próprio começou a oprimir outras nações e a escravizar colônias; não sabemos se a Ásia terá tempo, antes da queda do capitalismo, de se constituir no sistema de Estados nacionais independentes, à semelhança da Europa. Mas permanece indiscutível que o capitalismo, tendo despertado a Ásia, provocou também ali, por toda a parte, movimentos nacionais, que a tendência destes movimentos é a formação de Estados nacionais na Ásia, que as melhores condições para o desenvolvimento do capitalismo são asseguradas precisamente por tais Estados. O exemplo da Ásia fala a favor de Kautsky, contra Rosa Luxemburgo.

O exemplo dos Estados balcânicos também fala contra ela, pois qualquer pessoa vê agora que as melhores condições para o desenvolvimento do capitalismo nos Balcãs são criadas exatamente na medida em que se criam Estados nacionais independentes nesta península.

Consequentemente, tanto o exemplo de toda a humanidade avançada civilizada, como o exemplo dos Balcãs e o exemplo da Ásia demonstram, contra Rosa Luxemburgo, a absoluta justeza da tese de Kautsky: o Estado nacional é a regra e a "norma" do capitalismo, o Estado de composição nacional heterogénea é atraso ou exceção. Do ponto de vista das relações nacionais, as melhores condições para o desenvolvimento do capitalismo são proporcionadas, indubitavelmente, pelo Estado nacional. Isto não quer dizer naturalmente que tal Estado, na base das relações burguesas, possa excluir a exploração e a opressão das nações. Isto significa apenas que os marxistas não podem perder de vista os poderosos fatores econômicos, que geram a aspiração à formação de Estados nacionais. Isto significa que a "autodeterminação das nações" no programa dos marxistas não pode ter, do ponto de vista histórico-econômico, outro significado que não seja a autodeterminação política, a independência estatal, a formação do Estado nacional.

Das condições necessárias do ponto de vista marxista, isto é, proletário de classe, para apoiar a reivindicação democrático-burguesa de "Estado nacional", disso falaremos pormenorizadamente mais adiante. Agora limitamo-nos a definir o conceito de "autodeterminação" e devemos apenas assinalar que Rosa Luxemburgo conhece o conteúdo deste conceito ("Estado nacional") ao passo que seus partidários oportunistas, os Líbman, os Semkovski, os Yurkevitch, nem sequer sabem isso!

Abordagem histórica concreta da questão

Uma exigência incondicional da teoria marxista na análise de qualquer questão social é a sua colocação dentro de um quadro histórico *determinado*, e depois, se se tratar de um só país (por exemplo, do programa nacional de um dado país), a consideração das peculiaridades concretas que distinguem esse país dos outros nos limites de uma e mesma época histórica.

O que significa esta exigência incondicional do marxismo aplicada à nossa questão?

Em primeiro lugar significa a necessidade de distinguir rigorosamente duas épocas do capitalismo, radicalmente diferentes, do ponto de vista dos movimentos nacionais. Por um lado, é a época da queda do feudalismo e do absolutismo, a época da constituição da sociedade e do Estado democrático burgueses, em que os movimentos nacionais adquirem pela primeira vez um carácter de massas, fazem participar na política de uma forma ou de outra *todas* as classes da população, através da imprensa, da participação nas instituições representativas, etc. Por outro lado, temos diante de nós a época dos Estados capitalistas plenamente formados, com um regime constitucional há muito estabelecido, com um antagonismo fortemente desenvolvido entre o proletariado e a burguesia, época a que se pode chamar a véspera da queda do capitalismo.

É típico da primeira época o despertar dos movimentos nacionais, a incorporação neles do campesinato como camada da população mais numerosa e mais "difícil de mover" em relação com a luta pela liberdade política em geral e pelos direitos da nacionalidade em particular. É típica da segunda época a ausência de movimentos democrático-burgueses de massas, quando o capitalismo desenvolvido, aproximando e misturando cada vez mais as nações já plenamente incorporadas na circulação comercial, coloca em primeiro plano o antagonismo entre o capital internacionalmente fundido e o movimento operário internacional.

Naturalmente, estas épocas não estão separadas uma da outra por uma muralha, antes estão ligadas por numerosos elos de transição, e os diversos países distinguem-se, além disso, pela rapidez do desenvolvimento nacional, pela composição nacional da população, pela sua distribuição, etc. Nem sequer se pode pensar que os marxistas de um país concreto abordem o programa nacional sem ter em conta todas estas condições históricas gerais e as condições estatais concretas.

E é exatamente aqui que encontramos a passagem mais débil nos raciocínios de Rosa Luxemburgo. Ela embeleza com zelo singular o seu artigo com um conjunto de palavrinhas "fortes" contra o parágrafo 9 do nosso programa, declarando-o "infundado", "clichê", "frase metafísica" e assim por diante, etc., etc. Seria natural esperar que uma escritora que condena tão magnificamente a metafísica (no sentido marxista, isto é, a antidialética) e as abstrações vazias nos fornecesse um modelo de análise histórica concreta da questão. Trata-se do programa nacional dos marxistas de um determinado país, a Rússia, de uma época determinada, o início do século XX. Seria de supor que Rosa Luxemburgo colocasse precisamente a questão sobre que época *histórica atravessa a* Rússia, *quais* são as particularidades concretas da questão nacional e dos movimentos nacionais do país *dado* e na época *dada*.

Rosa Luxemburgo não diz absolutamente nada sobre isso! Não se encontrará nela nem sombra de análise do tema de como se coloca a questão nacional na *Rússia* na época histórica concreta, de quais são as particularidades da *Rússia* neste sentido!

Nos diz que a questão nacional nos Balcãs se coloca de modo diferente do que na Irlanda; que Marx apreciava desta ou daquela forma o movimento nacional polaco e tcheco nas condições concretas de 1848 (uma página de citações de Marx); que Engels apreciava desta ou daquela forma a luta dos cantões florestais da Suíça contra a Áustria e a batalha de Morgarten que teve lugar em 1315 (uma página de citações de Engels com o correspondente comentário de Kautsky); que Lassalle considerava reacionária a guerra camponesa na Alemanha no século XVI, etc.

Não se pode dizer que estas observações e citações brilhem pela novidade, mas, em todo o caso, é interessante para o leitor recordar uma e outra vez como exatamente Marx, Engels e Lassalle abordavam a análise das questões históricas concretas de diferentes países. E, relendo as esclarecedoras citações de Marx e Engels, se vê com particular evidência em que situação ridícula Rosa Luxemburgo colocou a si própria. Ela prega com eloquência e severidade a necessidade da análise histórica concreta da questão nacional em diferentes países em tempos diferentes, e não faz a *mínima* tentativa de determinar *qual* o estágio histórico de desenvolvimento do capitalismo que a Rússia atravessa no início do século XX, quais são as *particularidades* da questão nacional neste país. Rosa Luxemburgo dá exemplos de como *outros* analisaram a questão de maneira marxista, como que sublinhando assim, deliberadamente, quão frequentemente está o inferno cheio de boas intenções e com bons conselhos se encobre a falta de vontade ou a incapacidade para os utilizar na prática.

Eis uma das instrutivas confrontações. Erguendo-se contra a palavra de ordem da independência da Polônia, Rosa Luxemburgo refere-se a um trabalho seu de 1898, que demonstrava o rápido "desenvolvimento industrial da Polônia" com a venda dos produtos manufaturados na Rússia. Nem é preciso dizer que daqui não decorre absolutamente nada a respeito da questão do *direito* à autodeterminação, que isto só demonstra o desaparecimento da velha Polônia senhorial, etc. Mas Rosa Luxemburgo passa constantemente de modo imperceptível à conclusão de que entre os fatores que unem a Rússia e a Polônia predominam já agora os fatores puramente econômicos das relações capitalistas modernas.

Mas eis que a nossa Rosa passa à questão da autonomia e – apesar do seu artigo se intitular "*A Questão Nacional e a Autonomia*" *em geral* – começa por demonstrar o direito exclusivo do reino da Polônia à autonomia (sobre isto ver *Prosvechtchénie* de 1913, n.º 12). Para corroborar o direito da Polônia à autonomia, Rosa Luxemburgo caracteriza o regime estatal da Rússia, com base, evidentemente, em indícios econômicos, políticos, da vida cotidiana e sociológicos – com um conjunto de traços que, somados, dão o conceito de "despotismo asiático" (n.º 12, *Przeglad*, p. 137).

Todos sabem que semelhante tipo de regime estatal possui uma solidez muito grande quando na economia de dado país predominam os traços plenamente patriarcais, pré-capitalistas e um insignificante desenvolvimento da economia mercantil e da diferenciação de classes. Mas se num país no qual o regime estatal se distingue por um carácter nitidamente pré-capitalista existe uma região nacionalmente delimitada com um rápido desenvolvimento do capitalismo, então, quanto mais rápido for esse desenvolvimento capitalista, tanto mais forte é a contradição entre ele e o regime estatal pré-capitalista, tanto mais provável é a separação da região avançada do todo – região essa ligada ao todo não pelos laços do "capitalismo moderno", mas do "despotismo asiático".

Assim, Rosa Luxemburgo não conseguiu em absoluto ligar ponta a ponta nem mesmo na questão da estrutura social do poder na Rússia em relação à Polônia burguesa, e nem sequer colocou a questão das particularidades históricas concretas dos movimentos nacionais na Rússia.

Esta é a questão que devemos nos deter.

Particularidades concretas da questão nacional na Rússia e sua transformação democrático-burguesa

> (...) Apesar da elasticidade do princípio do 'direito das nações à autodeterminação', que é o mais puro lugar-comum, sendo, evidentemente, aplicável de igual maneira não só aos povos que vivem na Rússia mas também às nações que vivem na Alemanha e na Áustria, na Suíça e na Suécia, na América e na Austrália, não o encontramos em nenhum só programa dos partidos socialistas contemporâneos (...) (n.º 6 de *Przeglad*, p. 483).

Assim escreve Rosa Luxemburgo no início da sua campanha contra o parágrafo 9 do programa marxista. Atribuindo-nos a interpretação deste ponto do programa como "o mais puro lugar-comum", Rosa Luxemburgo incorre precisamente neste pecado ao declarar com divertida ousadia de que este ponto é "evidentemente, aplicável de igual maneira" à Rússia, à Alemanha, etc.

Evidentemente, responderemos nós, Rosa Luxemburgo decidiu dar no seu artigo uma compilação de erros lógicos que serviriam para exercícios escolares de alunos liceais[70]. Porque a tirada de Rosa Luxemburgo é um perfeito disparate, é caçoar da colocação histórica concreta da questão.

Se interpretarmos o programa marxista não de modo infantil, mas de modo marxista, então não é nem um pouco difícil compreender que ele se refere aos movimentos nacionais democrático-burgueses. E se assim é – e é, indubitavelmente, assim – então daí se deduz "evidentemente" que este programa se refere "indiscriminadamente" como "um lugar-comum", etc., a *todos* os casos de movimentos nacionais democrático-burgueses. Não seria menos evidente também para Rosa Luxemburgo, com um mínimo de reflexão, que a conclusão de nosso programa se refere *apenas* aos casos em que existe tal movimento.

Se tivesse pensado sobre estas considerações evidentes, Rosa Luxemburgo teria visto sem grande esforço o disparate que disse. *Nos* acusando de apresentar um "lugar comum", ela cita *contra nós* o argumento de que nos programas de países onde *não existem* movimentos nacionais democrático-burgueses não se fala da autodeterminação das nações. Um argumento admiravelmente inteligente!

A comparação do desenvolvimento político e econômico de diferentes países, bem como dos seus programas marxistas, tem um enorme significado do ponto de vista do marxismo, pois são indubitáveis tanto a natureza capitalista geral dos Estados modernos, como a lei geral do seu desenvolvimento. Mas é preciso fazer com habilidade semelhante comparação. A condição elementar para isso é o esclarecimento da questão de se são *comparáveis* as épocas históricas do desenvolvimento dos países que se comparam. Por exemplo, só perfeitos ignorantes

70 N.T. Equivalente a "secundaristas".

(como o príncipe E. Trubetskoy[71] na *Rússkaia Misl*[72]) podem "comparar" o programa agrário dos marxistas russos com os europeus ocidentais, pois o nosso programa dá resposta à questão da transformação agrária *democrático-burguesa*, da qual nem sequer se fala nos países ocidentais.

O mesmo se passa com relação à questão nacional. Na maioria dos países ocidentais foi há muito resolvida. É ridículo procurar resposta nos programas ocidentais para perguntas que não existem. Rosa Luxemburgo perde aqui de vista exatamente o principal: a diferença entre países com transformações democrárico-burguesas há muito terminadas e aqueles onde elas ainda não terminaram.

Nesta diferença é que está o nó da questão. A completa ignorância desta distinção transforma o alongado artigo de Rosa Luxemburgo num conjunto de lugares-comuns ocos e sem conteúdo.

Na Europa continental, do Ocidente, a época das revoluções democrático-burguesas abarca um período de tempo bastante determinado, aproximadamente de 1789 a 1871. Foi exatamente esta a época dos movimentos nacionais e da formação dos Estados nacionais. No fim desta época a Europa Ocidental havia se transformado num sistema de Estados burgueses, e, regra geral, Estados nacionalmente homogêneos. Por isso, procurar agora o direito à autodeterminação nos programas dos socialistas europeus ocidentais significa não compreender o ABC do marxismo.

Na Europa Oriental e na Ásia, a época das revoluções democrático-burguesas não fez mais do que começar em 1905. Revoluções na Rússia, na Pérsia, na Turquia, na China, as guerras

---

71 Evgueni Nikolaievich Trubetskoy (1863-1920): monarquista russo, liberal moderado.

72 *Rússkaia Misl* ("O Pensamento Russo"): revista mensal de viés burguês e liberal; em 1905 foi convertida em órgão da ala direita do Partido Democrata Constitucionalista. Foi publicada de 1880 a 1918.

nos Balcãs[73]: eis a cadeia de acontecimentos mundiais da nossa época no nosso "Oriente". E nesta cadeia de acontecimentos só um cego pode deixar de ver o despertar de toda uma série de movimentos nacionais democrático-burgueses e de aspirações à formação de Estados nacionalmente independentes e nacionalmente homogêneos. Precisamente porque, é só porque a Rússia, juntamente com os países vizinhos, atravessa essa época, é que nos é necessário o ponto relativo ao direito das nações à autodeterminação no nosso programa.

A separação da Noruega da Suécia

Rosa Luxemburgo cita precisamente este exemplo e discorre a propósito dele da seguinte maneira:

> O último acontecimento da história das relações federativas, a separação da Noruega da Suécia – a seu tempo precipitadamente aproveitada pela imprensa social-patriótica polonesa (ver o *Naprzód*, da Cracóvia) como reconfortante manifestação da força e do caráter progressista das aspirações à separação estatal –, transformou-se imediatamente em impressionante demonstração de que o federalismo e a separação estatal que dele decorre não são de modo algum uma expressão de espírito progressista ou de-

[73] A primeira guerra balcânica ocorreu nos anos 1912-1913. Em outubro de 1912, Bulgária, Grécia, Sérvia e Montenegro se aliaram e começaram uma guerra com o intuito de libertar a Macedônia e outras regiões com população eslava e grega que viviam sob o domínio turco. A Turquia acabou derrotada e, de acordo com o tratado de paz assinado em Londres em maio de 1913, perdeu uma parte considerável das regiões anteriormente conquistadas: a Macedônia foi dividida entre Bulgária, Sérvia e Grécia; uma grande parte da Trácia passou para a Bulgária; a Albânia foi declarada Estado "independente", com um príncipe alemão no trono.

> mocrático. Após a chamada 'revolução' norueguesa, que consistiu em destituir e afastar da Noruega o rei sueco, os noruegueses escolheram para si tranquilamente outro rei, rejeitando formalmente através da votação popular o projeto de instauração da República. Aquilo que os admiradores superficiais de quaisquer movimentos nacionais e de tudo o que se assemelha a independência proclamaram como 'revolução', foi uma simples manifestação do particularismo camponês e pequeno-burguês, do desejo de possuir pelo seu dinheiro um rei 'próprio' em lugar do imposto pela aristocracia sueca, e, consequentemente, foi um movimento que não tinha decididamente nada de comum com o espírito revolucionário. Ao mesmo tempo, esta história da ruptura da união sueco-norueguesa demonstrou de novo até que ponto, também neste caso, a federação existente até então foi somente uma expressão de interesses puramente dinásticos, e, consequentemente, uma forma de monarquismo e de reação *(Przeglad).*

Isto é, literalmente, tudo o que Rosa Luxemburgo diz sobre este ponto!! E, há de se reconhecer, seria difícil mostrar como era impotente a sua posição com maior destaque do que o fez Rosa Luxemburgo neste exemplo.

A questão consistia, e ainda consiste, em se é necessário para os social-democratas, num Estado nacional heterogêneo, um programa que reconheça o direito à autodeterminação ou à separação.

O que nos diz sobre esta questão o exemplo da Noruega citado pela própria Rosa Luxemburgo?

A nossa autora dá voltas e mais voltas, ironiza e vocifera contra o *Naprzód,* mas não responde à questão!! Rosa Luxemburgo fala de tudo o que quer para *não dizer uma palavra* sobre o cerne da questão!!

Não restam dúvidas de que os pequeno-burgueses noruegueses, desejando através de seu dinheiro possuir seu próprio rei e fazendo fracassar com a votação popular o projeto de instauração da república, manifestaram as piores qualidades filistinas. É indubitável que o *Naprzód*, se não o notou, manifestou qualidades igualmente más e igualmente filistinas.

Mas a que vem tudo isto?

Pois se tratava do direito das nações à autodeterminação e da atitude do proletariado socialista para com este direito! Porque é que então Rosa Luxemburgo não responde à questão, mas dá voltas e mais voltas em torno dela?

Dizem que para o rato não há animal mais forte do que o gato. Para Rosa Luxemburgo, pelo visto, não há animal mais forte do que os "fracy". Em linguagem popular chama-se "fracy" o "partido socialista polonês", a chamada "fração revolucionária, e o jornalzinho *Naprzód* da Cracóvia compartilha as ideias desta "fração". A luta de Rosa Luxemburgo contra o nacionalismo desta "fração" cegou a tal ponto nossa autora que de seu horizonte desaparece tudo, excepto o *Naprzód* .

Se o *Naprzód* diz "sim", Rosa Luxemburgo considera ser seu dever sagrado proclamar imediatamente "não", sem pensar absolutamente que com tal procedimento ela manifesta não a sua independência em relação ao *Naprzód*, mas, exatamente ao contrário, a sua divertida dependência dos "fracy", a sua incapacidade de ver as coisas de um ponto de vista um pouco mais profundo e mais amplo do que o ponto de vista do formigueiro da Cracóvia. O *Naprzód*, naturalmente, é um órgão muito mau e de forma nenhuma marxista, mas isso não deve nos impedir de analisar a fundo o exemplo da Noruega, uma vez que o citamos.

Para analisar este exemplo de modo marxista, devemos nos deter não nas más qualidades dos terrivelmente horríveis "fracy", mas, em primeiro lugar, nas particularidades históricas concretas da separação da Noruega da Suécia e, em segundo lugar, em quais eram as tarefas do *proletariado* de ambos os países nesta separação.

A Noruega está ligada à Suécia por laços geográficos, econômicos e linguísticos não menos estreitos do que os laços de muitas nações eslavas não grã-russas com os grão-russos. Mas a união da Noruega com a Suécia não foi voluntária, de modo que Rosa Luxemburgo fala de "federação" absolutamente à toa, simplesmente porque não sabe o que dizer. A Noruega *foi entregue* à Suécia pelos monarcas no tempo das guerras napoleônicas, contra a vontade dos noruegueses, e os suecos tiveram de mandar tropas para os subjugar.

Depois disso, durante muitas décadas, apesar da autonomia extraordinariamente ampla de que gozava a Noruega (Dieta[74] própria, etc), os atritos com a Suécia existiram constantemente, e os noruegueses procuravam com todas as forças balançar o jugo da aristocracia sueca. Em Agosto de 1905, finalmente, sacudiram-no: a Dieta norueguesa decidiu que o rei sueco deixava de ser o rei da Noruega e o referendo, a consulta ao povo norueguês, realizado mais tarde, deu uma esmagadora maioria de votos (cerca de 200 mil contra algumas centenas) a favor da total separação em relação à Suécia. Depois de algumas vacilações, os suecos se conformaram com a separação.

Este exemplo mostra em que terreno são possíveis e ocorrem os casos de separação das nações nas condições das relações econômicas e políticas atuais e que *forma* adquire, às vezes, a separação numa atmosfera de liberdade política e de democracia.

Nem um só social-democrata, a menos que se decida a declarar que lhe são indiferentes as questões da liberdade política e da democracia (e, em tal caso, naturalmente, deixaria de ser social-democrata), poderá negar que este exemplo demonstra *de fato a obrigatoriedade* para os operários conscientes da sistemática propaganda e preparação para que os possíveis conflitos por causa da separação das nações se resolvam *apenas assim,* como foram resolvidos em 1905 entre a Noruega e a Suécia, e não "à

---

74 N.T. Alguns países, principalmente na Europa, denominam suas assembleias legislativas como Dietas.

maneira russa". É precisamente isso que exprime a reivindicação programática de reconhecimento do direito das nações à autodeterminação. Rosa Luxemburgo teve de justificar o fato, desagradável para a sua teoria, através de terríveis ataques contra o filistinismo dos pequeno-burgueses noruegueses e contra o *Naprzód* da Cracóvia. Ela compreendia perfeitamente até que ponto este fato histórico *desmente irrevogavelmente* as suas frases, segundo as quais o direito à autodeterminação das nações é uma "utopia", segundo as quais ele equivale ao direito de "comer em pratos de ouro", etc. Tais frases expressam apenas uma pobre fé autossuficiente e oportunista na imutabilidade da correlação de forças existente entre as nacionalidades da Europa Oriental.

Continuemos. Na questão da autodeterminação das nações, como em qualquer outra, nos interessa, em primeiro lugar, e acima de tudo, a autodeterminação do proletariado dentro das nações. Rosa Luxemburgo modestamente eludia também esta questão, sentindo como é desagradável para a sua "teoria" a análise da mesma no exemplo da Noruega por ela citado.

Qual foi, e devia ser, a posição do proletariado norueguês e sueco no conflito provocado pela separação? Os operários conscientes da Noruega teriam votado, naturalmente, *após* a separação, pela República*, e se houve socialistas que votaram de outro modo, isso apenas demonstra quanto oportunismo estúpido e filisteu há no socialismo europeu às vezes. Acerca disso não pode haver duas opiniões, e nos referimos a este ponto somente porque Rosa Luxemburgo tenta dissimular o fundo da questão com conversas *fora do tema*. Quanto à questão da separação, nós não

* Se a maioria da nação norueguesa estava a favor da monarquia, e o proletariado defendia a república, ao proletariado norueguês, de modo geral, se abriam dois caminhos: ou a revolução, se as condições para ela já estivessem maduras, ou a submissão à maioria e um amplo trabalho de agitação e propaganda.

sabemos se o programa socialista norueguês obrigava os social-democratas noruegueses a se aterem a uma opinião determinada. Suponhamos que não, que os socialistas noruegueses deixaram em suspenso a questão de saber até que ponto era suficiente para a livre luta de classes a autonomia da Noruega e até que ponto entravavam a liberdade da vida econômica os eternos atritos e conflitos com a aristocracia sueca. Mas que o proletariado norueguês devia se pronunciar contra esta aristocracia em prol da democracia camponesa norueguesa (com todas as limitações filistinas desta última), isso é indiscutível.

E o proletariado sueco? É sabido que os latifundiários suecos, apoiados pelo clero sueco, pregavam a guerra contra a Noruega, e como ela é muito mais fraca do que a Suécia, como já experimentara uma invasão sueca, como a aristocracia sueca tem um peso muito forte no seu país, este discurso era uma ameaça muito séria. Pode-se garantir que os Kokoshkin[76] suecos corrompiam longa e empenhadamente as massas suecas com apelos a um "tratamento cuidadoso" das "fórmulas elásticas da autodeterminação política das nações", pintando os perigos da "desagregação do Estado" e assegurando que a "liberdade popular" é compatível com os pilares da aristocracia sueca. Não resta a menor dúvida de que a social-democracia sueca teria traído a causa do socialismo e a causa da democracia se não tivesse lutado com todas as forças contra a ideologia e a política tanto latifundiária como "kokochkinista", se não tivesse defendido, *além* da igualdade de direitos das nações em geral (reconhecida também pelos Kokoshkin), o direito das nações à autodeterminação, a liberdade de separação da Noruega.

A estreita aliança dos operários dos dois países, a sua plena solidariedade fraternal de classe *ganhou* com este reconhecimento,

---

76 F. Kokoshkin (1871-1918): um dos líderes do Partido Democrata Constitucionalista: ministro do Governo Provisório burguês em 1917.

pelos operários suecos, do direito dos noruegueses à separação. Porque os operários noruegueses se convenceram de que os operários suecos não estavam contaminados pelo nacionalismo sueco, de que a fraternidade com os proletários noruegueses estava para eles acima dos privilégios da burguesia e da aristocracia suecas. A destruição dos laços impostos à Noruega pelos monarcas europeus e os aristocratas suecos reforçou os laços entre os operários noruegueses e suecos. Os operários suecos demonstraram que através de *todas* as peripécias da política burguesa – sob as relações burguesas é plenamente possível o ressurgimento da submissão pela força dos noruegueses aos suecos! – eles saberão conservar e defender a plena igualdade de direitos e a solidariedade de classe dos operários de ambas as nações na luta tanto contra a burguesia sueca como contra a norueguesa.

Daí se deduz, entre outras coisas, como são infundadas e mesmo simplesmente isentas de seriedade as tentativas, feitas às vezes pelos "fracy", de "utilizar" as nossas divergências com Rosa Luxemburgo contra a social-democracia polonesa. Os "fracy" não são um partido proletário, socialista, mas um partido nacionalista pequeno-burguês, algo como socialistas-revolucionários polacos. Nunca se tratou, nem poderá tratar, de qualquer unidade dos social-democratas da Rússia com este partido. Ao contrário, nunca nenhum social-democrata da Rússia "se arrependeu" da aproximação e da união com os social-democratas poloneses. À social-democracia da Polônia pertence o enorme mérito histórico de ser a primeira a fundar um partido efetivamente marxista, efetivamente proletário, em um país inteiramente impregnado de aspirações e paixões nacionalistas. Mas este mérito dos social-democratas poloneses é um grande mérito não graças à circunstância de Rosa Luxemburgo ter dito disparates contra o parágrafo 9 do programa dos marxistas da Rússia, mas apesar desta lamentável circunstância.

Para os social-democratas poloneses o "direito à autodeterminação" não tem naturalmente um significado tão importante como para os russos. É plenamente compreensível que a luta contra a pequena burguesia da Polônia, cega pelo nacionalismo, tenha obrigado os social-democratas poloneses a "forçar a nota" com zelo particular (às vezes talvez um pouco excessivo). Nunca nenhum marxista da Rússia pensou sequer em censurar os social-democratas poloneses por serem contra a separação da Polônia. Esses social-democratas só cometem um erro quando tentam – à semelhança de Rosa Luxemburgo – negar a necessidade do reconhecimento do direito à autodeterminação no programa dos marxistas *da Rússia.*

Isto significa, em essência, transferir relações, compreensíveis do ponto de vista do horizonte da Cracóvia, para a escala de todos os povos e nações da Rússia, entre eles os grão-russos. Isto significa ser "nacionalistas poloneses ao contrário", mas não social-democratas da Rússia, internacionalistas.

Porque a social-democracia internacional se mantém precisamente no terreno do reconhecimento do direito das nações à autodeterminação. É disso que trataremos agora.

A decisão do Congresso Internacional de Londres de 1896

A decisão diz:

> O Congresso declara que é pelo pleno direito à autodeterminação *(Selbstbestimmungsrecht)* de todas as nações e exprime as suas simpatias aos operários de todos os países que sofrem atualmente sob o jugo do absolutismo militar, nacional ou outro; o congresso chama os operários de todos estes países a ingressarem nas fileiras dos operários conscientes *(Klassenbewusste* = conscientes dos interesses da sua classe) do mundo inteiro, para lutar juntamente com

> eles pela superação do capitalismo internacional e pela realização dos objetivos da social-democracia internacional.*

Como já assinalamos, os nossos oportunistas, senhores Semkovski, Libman, Yurkevitch, simplesmente não conhecem esta decisão. Mas Rosa Luxemburgo conhece e cita o texto completo, no qual figura a mesma expressão que no nosso programa: "autodeterminação".

Pergunta-se: como é que Rosa Luxemburgo afasta este obstáculo do caminho da sua "original" teoria?

Oh, muito simples: ... o cerne está aqui na segunda parte da resolução... o seu caráter declarativo... só por confusão ela pode invocá-la!!

A insegurança e a confusão da nossa autora são simplesmente impressionantes. Geralmente, só os oportunistas aludem ao caráter declarativo dos pontos programáticos consequentemente democráticos e socialistas, esquivando-se covardemente à polêmica direta contra eles. Visivelmente, não foi por acaso que desta vez Rosa Luxemburgo se encontrou na triste companhia dos senhores Semkovski, Líbman e Yurkevitch. Rosa Luxemburgo não se atreve a confessar abertamente se considera a citada resolução justa ou errada. Ela se esquiva e se esconde, como que contando com um leitor tão pouco atento e ignorante que esqueça a primeira parte da resolução ao chegar à segunda, ou que nunca

* Ver o informe oficial alemão sobre o Congresso de Londres: Verhandlungen und Beschlüsse des internationalen sozialistischen Arbeiter-und Gewerkschafts-Kongresses zu London, vom 27. Juli bis 1. August 1896. Berlin, 1896, S. 18. ("Atas e resoluções do Congresso Internacional dos Partidos Socialistas Operários e dos Sindicatos, celebrado em Londres, de 27 de julho a 1 de agosto de 1896". Berlim, 1896, pg. 18.) Há um panfleto russo com os acordos dos congressos internacionais, onde, em vez de "autodeterminação", foi traduzido erroneamente como "autonomia".

tenha ouvido falar dos debates na imprensa socialista *antes* do Congresso de Londres.

Mas Rosa Luxemburgo está muito enganada se imagina que conseguirá, perante os operários conscientes da Rússia, espezinhar tão facilmente uma resolução da Internacional sobre uma importante questão de princípios, sem mesmo se dignar a analisá-la criticamente.

Nos debates antes do Congresso de Londres – principalmente nas páginas da revista dos marxistas alemães *Die Neue Zeit* – foi expresso o ponto de vista de Rosa Luxemburgo, *e este argumento sofreu, no fundo, uma derrota perante a Internacional*! Eis ofundo da questão, que o leitor russo deve ter especialmente em vista.

Os debates decorreram em torno da questão da independência da Polônia. Foram expressos três pontos de vista:

1. O dos "fracy", em nome dos quais interveio Haecker[78]. Queriam que a Internacional reconhecesse no *seu* programa a reivindicação da independência da Polônia. Esta proposta não foi aceita. Este ponto de vista sofreu uma derrota perante a Internacional;

2. O de Rosa Luxemburgo: os socialistas poloneses não devem reivindicar a independência da Polônia. Deste ponto de vista não se podia falar sequer da proclamação do direito das nações à autodeterminação. Este ponto de vista também sofreu uma derrota perante a Internacional;

3. O então desenvolvido do modo mais circunstanciado por K. Kautsky, ao intervir contra Rosa Luxemburgo e ao demonstrar a extrema "unilateralidade" do seu materialismo. Deste ponto de vista, a Internacional não pode, no momento atual, incluir em seu programa a independência da Polônia,

[78] Emilio Haecker (1875-1934): personalidade do Partido Socialista Polonês, ultra nacionalista.

> mas os socialistas poloneses – dizia Kautsky – podem plenamente apresentar semelhante reivindicação. Do ponto de vista dos socialistas, é absolutamente errado ignorar as tarefas da libertação nacional numa atmosfera de opressão nacional.

Na resolução da Internacional foram reproduzidas as teses mais essenciais, fundamentais deste ponto de vista: por um lado, o reconhecimento absolutamente aberto, e que não deixa lugar a nenhuma distorção, do pleno direito de todas as nações à autodeterminação; por outro lado, uma exortação igualmente inequívoca aos operários para a unidade *internacional* da sua luta de classe.

Pensamos que esta resolução é plenamente justa e que para os países da Europa Oriental e da Ásia, no início do século XX, é precisamente esta resolução e precisamente a ligação indissolúvel de ambas as partes que dá a única diretriz acertada à política proletária de classe na questão nacional.

Detenhamo-nos um pouco mais, de maneira detalhada, nos três pontos de vista citados acima.

É sabido que K. Marx e F. Engels consideravam um dever incondicional de toda a democracia europeia ocidental, e mais ainda da social-democracia, apoiar ativamente a reivindicação da independência da Polônia. Para a época dos anos 40 e 60 do século passado, a época da revolução burguesa na Áustria e na Alemanha, a época da "reforma camponesa" na Rússia[79], este ponto de vista era plenamente justo e o único argumento democrático consequente e proletário. Enquanto as massas populares da Rússia e da maioria dos países eslavos estavam ainda mergulhadas num sono profundo, enquanto nestes países *não havia* movimentos independentes, de massas e democráticos, o movimento libertador *senhorial* na Polônia adquiria um significado gigantesco, primordial, do ponto de

---

[79] Referência à reforma de 19 de fevereiro de 1861, que aboliu o regime de servidão na Rússia.

vista da democracia não só de toda a Rússia, não só de todos os países eslavos, mas também de toda a Europa*.[80]

* Seria um trabalho histórico muito interessante comparar a posição de um cavalheiro polonês insurgente de 1863, que era a posição de Tchernichevski, democrata revolucionário influente em toda a Rússia, que também (como Marx) soube apreciar a importância do movimento polonês, e a posição do filisteu ucraniano Dragomanov, que escreveu muito mais tarde e expressou o ponto de vista do camponês, ainda tão selvagem, adormecido, encostado em seu monte de esterco, a quem seu legítimo ódio aos latifundiários poloneses impedia de compreender a importância da luta destes latifundiários para a democracia de toda a Rússia. (Ver A Polônia história e a democracia da Rússia, de Dragomanov.) Dragomanov mereceu de forma plena os entusiasmados abraços de recompensa que mais tarde lhe deu como recompensa P. Struve, quando já era nacional-liberal.

80 Lênin se refere aqui à insurreição de libertação nacional polonesa de 1863-1864 contra a opressão da autocracia czarista. Em um primeiro momento, a revolução era dirigida pelo Comitê Central nacional formado pelo partido da pequena nobreza dos "vermelhos" em 1862. O seu programa, que reivindicava a independência nacional da Polônia, da igualdade de direitos de todos os homens do país independentemente da religião e da origem, da entrega aos camponeses das terras lavradas por eles de forma plena, sem resgate, da abolição das corveias, da indenização pela terra aos latifundiários com os recursos do Estado, etc., atraiu para a insurreição as mais diversas camadas da população polonesa: artesãos, operários, estudantes, intelectuais da nobreza, uma parte do campesinato e do clero.

Aderiram à insurreição ao longo de seus desdobramentos os elementos aglutinados em torno do partido dos "brancos" (partido da grande aristocracia agrária e da grande burguesia), os quais procuravam aproveitar o momento para garantir seus interesses e conseguir, com a ajuda da Inglaterra e da França, um arranjo vantajoso com o governo czarista.

A democracia revolucionária da Rússia sentia uma grande simpatia para com os insurrectos.

Mas se este ponto de vista de Marx era plenamente acertado para o segundo terço ou o terceiro quartel do século XIX, deixou de ser acertado para o século XX. Os movimentos democráticos independentes, e mesmo um movimento proletário independente, surgiram na maioria dos países eslavos e mesmo num dos mais atrasados, a Rússia. A Polônia senhorial desapareceu e cedeu lugar à Polônia capitalista. Em tais condições a Polônia não podia deixar de perder a sua importância revolucionária *excepcional.*

Se o PPS (Partido Socialista Polaco, os atuais "fracy") tentou em 1896 "perpetuar" o ponto de vista de Marx de *outra época,* isso significava já utilizar a *letra* do marxismo contra o *espírito* do marxismo. Por isso tiveram plena razão os social-democratas poloneses quando se pronunciaram contra as paixões nacionalistas da pequena burguesia polonesa, mostraram o significado secundário da questão nacional para os operários poloneses, criaram pela primeira vez um partido puramente proletário na Polônia, proclamaram o princípio da maior importância da mais estreita aliança do operário polonês e do russo na sua luta de classe.

Significava isto, porém, que a Internacional podia reconhecer no início do século XX como desnecessário para a Europa Oriental e para a Ásia o princípio da autodeterminação política das nações? Do seu direito à separação? Isto seria o maior absurdo, que equivaleria (teoricamente) a reconhecer como já terminada a transformação democrático-burguesa dos Estados russo, turco e chinês; que equivaleria (praticamente) ao oportunismo em relação ao absolutismo.

Não. Para a Europa Oriental e para a Ásia, na época das revoluções democrático-burguesas já iniciadas, na época do despertar e da agudização dos movimentos nacionais, na época do surgimento de partidos proletários independentes, a tarefa destes partidos na política nacional deve ser dupla: o reconhecimento do direito de todas as nações à autodeterminação, pois a transformação democrático-burguesa ainda não terminou, pois a democracia operária defende consequente, séria e sinceramente, não à maneira liberal, não à maneira kokoshkinista, a igualdade de direitos das nações e a aliança mais estreita e indissolúvel da luta de classe dos proletários de todas as nações de um dado Estado, em todas e quaisquer peripécias da sua história, com todas e quaisquer modificações que a burguesia introduza nas fronteiras dos diversos Estados.

É precisamente esta dupla tarefa do proletariado que é formulada pela resolução da Internacional de 1896. É precisamente assim, nos seus fundamentos de princípios, a resolução da conferência de Verão de 1913 dos marxistas da Rússia. Há pessoas às quais parece "contraditório" que esta resolução, no seu ponto 4, reconhecendo o direito à autodeterminação, à separação, parece "dar" o máximo ao nacionalismo (de fato, no reconhecimento do *direito* à autodeterminação de *todas* as nações há um máximo de *democracia* e um mínimo de nacionalismo), ao passo que no ponto 5 previne os operários contra as palavras de ordem nacionalistas de qualquer burguesia e exige a unidade e a fusão dos operários de todas as nações em organizações proletárias internacionais únicas. Mas ver nisso uma "contradição" só pode ser coisa de mentalidades totalmente obtusas, incapazes de compreender, por exemplo, porque é que a unidade e a solidariedade de classe do proletariado sueco e norueguês *ganharam* quando os operários suecos defenderam a liberdade de separação da Noruega para constituir um Estado independente.

O utópico Karl Marx e a prática Rosa Luxemburgo

Declarando "utopia" a independência da Polônia e repetindo isto frequentemente até à náusea, Rosa Luxemburgo exclama ironicamente: porque não apresentar então a reivindicação da independência da Irlanda?

Pelos vistos a "prática" Rosa Luxemburgo desconhece qual foi a atitude de K. Marx para com a questão da independência da Irlanda. Vale a pena nos deter nisto para mostrar a análise, de um ponto de vista efetivamente marxista e não oportunista, de uma reivindicação *concreta* de independência nacional.

Marx tinha o hábito de "sondar", como ele mesmo dizia, os socialistas que conhecia, verificando sua consciência e a firmeza de sua convicção. Quando conheceu Lopatin[81], Marx escreveu a Engels em 5 de Julho de 1870 um juízo extremamente lisonjeiro sobre o jovem socialista russo, mas acrescentou:

"(...) Ponto fraco: *Polônia*. Neste ponto Lopatin fala exatamente da mesma forma que um inglês – digamos um cartista inglês da velha escola – sobre a Irlanda."

Marx pergunta a um socialista, que pertence a uma nação opressora, sobre a sua atitude para com uma nação oprimida e logo revela o defeito *comum* aos socialistas das nações dominantes (inglesa e russa): a incompreensão dos seus deveres socialistas para com as nações subjugadas, o ruminar de preconceitos, tomados da burguesia da "grande potência".

Deve-se fazer a ressalva, antes de passarmos às declarações positivas de Marx sobre a Irlanda, de que em relação à questão nacional em geral, Marx e Engels conservaram uma atitude rigorosamente crítica, avaliando o seu significado histórico relativo. Assim, Engels escreveu a Marx em 23 de Maio de 1851 que o estudo da história o leva a conclusões pessimistas em relação à Polônia, que o significado da Polônia é temporário, só até à revolução agrária na Rússia. O papel dos poloneses na história consiste em cometer "audaciosas tolices". "Não se pode supor nem por um minuto que a Polônia, mesmo só em comparação com

---

[81] German Alexandrovich Lopatin (1845-1918): revolucionário russo, filiado à sociedade secreta Liberdade do Povo, membro do Conselho Geral da I Internacional.

a Rússia, represente com êxito o progresso ou tenha qualquer significado histórico". Na Rússia há mais elementos de civilização, de instrução, de indústria, de burguesia, do que na "sonolenta Polônia senhorial". "Que significam Varsóvia e Cracóvia em comparação com Petersburgo, Moscou e Odessa!» Engels não crê no êxito das insurreições dos nobres poloneses.

Mas todos estes pensamentos, que tanto possuem de perspicácia genial, não impediram de modo nenhum Engels e Marx, 12 anos depois, quando a Rússia ainda dormia, mas a Polônia fervia, de tomar uma atitude da mais profunda e calorosa simpatia para com o movimento polonês.

Em 1864, ao redigir a mensagem da Internacional, Marx escreve a Engels (em 4 de Novembro de 1864) que é preciso lutar contra o nacionalismo de Mazzini[82]. "Quando na mensagem se fala da política internacional, falo de países mas não de nacionalidades, e denuncio a Rússia e não Estados menos importantes", escreve Marx. Para Marx não restam dúvidas de que, em comparação com a "questão operária", a questão nacional tem um significado subordinado. Mas a sua teoria está tão longe de ignorar os movimentos nacionais como o céu da terra.

Chega o ano de 1866. Marx escreve a Engels sobre a "facção proudhoniana" em Paris, que "declara que as nacionalidades são um absurdo e ataca Bismarck[83] e Garibaldi[84]. Como polêmica com o chauvinismo, esta táctica é útil e explicável. Mas quando os que acreditam em Proudhon (entre eles figuram também os

82 Giuseppe Mazzini (1805-1872): famoso revolucionário e democrata italiano, que lutou pela independência nacional e pela unificação da Itália.

83 Otto von Bismarck (1815-1898): estadista prussiano, monarquista; chanceler do Império alemão de 1871 a 1890. Levou a cabo a unificação da Alemanha através de métodos violentos sob o ditame prussiano.

84 Giuseppe Garibaldi (1807-1882): democrata revolucionário; liderou o movimento de libertação nacional e de unificação da Itália.

meus bons amigos daqui, Lafargue[85] e Longuet[86]) pensam que toda a Europa pode e deve permanecer quieta e tranquilamente sentada sobre o seu traseiro até que os senhores acabem com a miséria e a ignorância na França... eles são grotescos" (carta de 7 de Junho de 1866).

> Ontem – escreve Marx em 20 de Junho de 1866 – houve um debate no Conselho da Internacional sobre a guerra atual (...). O debate concentrou-se, como era de esperar, em volta da questão das 'nacionalidades' e da nossa atitude para com ela(...). Os representantes da 'jovem França' *(não operários)* defenderam o ponto de vista de que qualquer nacionalidade e a própria nação são preconceitos caducos. Stirnerianismo proudhoniano87(...). Todo o mundo deve esperar até que os franceses amadureçam para a realização da revolução social... Os ingleses riram muito quando eu comecei o meu discurso dizendo que o nosso amigo Lafargue e outros que aboliram as nacionalidades, se nos dirigem em francês, isto é, numa língua que é incompreensível para 9/10 da assembleia. Depois eu insinuei que Lafargue, sem que ele próprio

[85] Paul Lafargue (1842-1911): um dos fundadores e dirigentes do Partido Socialista Francês. Destacada personalidade da ala revolucionária da I Internacional. Autor de várias obras marxistas.

[86] Jean Longuet (1876-1938): um dos líderes reformistas do Partido Socialista Francês e da II Internacional. Social-chauvinista durante a Primeira Guerra Mundial.

[87] Proudhonismo: doutrina de Proudhon (1809-1865), socialista e anarquista francês. Na questão do problema nacional, Proudhon e seus adeptos afirmavam que a "nacionalidade", a "nação" eram "preconceitos antiquados" e se colocavam contra os movimentos de libertação nacional dos povos oprimidos.

Stirnerianismo: doutrina do filósofo alemão Max Stirner (1806-1856), um dos ideólogos do anarquismo individualista, cujos fundamentos são expostos em seu livro *O único e sua propriedade* (1844).

se dê conta disso, compreende por negação das nacionalidades, parece, a sua absorção pela exemplar nação francesa.

A conclusão de todas estas observações críticas de Marx é clara: a classe operária é que menos pode fazer da questão nacional um fetiche, pois o desenvolvimento do capitalismo não desperta obrigatoriamente *todas* as nações para a vida independente. Mas, uma vez surgidos os movimentos nacionais de massas, ignorá-los, se recusar a apoiar o que neles existe de progressivo significa de fato ceder aos preconceitos *nacionalistas*, nomeadamente: reconhecer a "sua" nação como "nação exemplar" (ou, acrescentemos por nosso lado, nação que possui o privilégio exclusivo de edificar um Estado)*.

Mas voltemos à questão da Irlanda.

A posição de Marx nesta questão está expressa, com especial clareza, nos seguintes trechos das suas cartas:

"Procurei por todos os meios promover uma manifestação dos operários ingleses a favor do fenianismo[89] (...). Antes, con-

---

* Compare-se, ademais, a carta de Marx a Engels de 3 de junho de 1867: "... Pelas crônicas de Paris do Times me inteirei com verdadeira satisfação das exclamações polonófilas dos parisienses contra a Rússia... O senhor Proudhon e sua minúscula camarilha doutrinária não são o povo francês".

89 Fenianismo: movimento dos revolucionários pequeno-burgueses irlandeses, que se desenvolveu no final da década de 1850 e cujo programa e atividades refletiam o protesto das massas populares da Irlanda contra o jugo colonial inglês. Os fenianos reivindicavam a independência nacional para o seu país, a instauração de uma república democrática e a transformação dos camponeses arrendatários em proprietários das terras onde trabalhavam. Porém, o caráter conspiracionista das táticas adotadas pelos fenianos impediu o fortalecimento das ligações com amplas camadas do povo irlandês; os fenianos também não estavam ligados ao movimento democrático e

siderava impossível a separação da Irlanda da Inglaterra. Agora a considero inevitável, mesmo que depois da separação se chegue à federação". Assim escrevia Marx numa carta a Engels, em 2 de Novembro de 1867.

Na carta de 30 de Novembro do mesmo ano, ele acrescentou:

> Que conselhos devemos dar aos operários *ingleses*? Na minha opinião, eles devem fazer do *Repeal* (ruptura) da união" (da Irlanda com a Inglaterra, isto é, a separação da Irlanda da Inglaterra). "Um ponto de sua declaração, em poucas palavras, a reivindicação de 1783, só que democratizada e adaptada às condições atuais. Esta é a única forma legal de libertação irlandesa e por isso a única possível para adoção no programa de um partido *inglês*. Posteriormente, a experiência deverá mostrar se poderá existir por muito tempo uma simples união pessoal entre ambos os países (...)
>
> (...) Os irlandeses necessitam do seguinte:
>
> 1. Autogoverno e independência em relação à Inglaterra;
>
> 2. Revolução agrária (...)

Atribuindo uma enorme importância à questão da Irlanda, Marx dava conferências de hora e meia sobre este tema na união operária alemã (carta de 17 de Dezembro de 1867).

Engels assinala numa carta de 20 de Novembro de 1868 o "ódio aos irlandeses entre os operários ingleses", e quase um ano depois (24 de Outubro de 1869), voltando a este tema, escreve:

> Da Irlanda à Rússia *il n'y a qu'un pas* (há apenas um passo) (...). No exemplo da história irlandesa pode-se ver que infelicidade é

---

operário geral da Grã-Bretanha. A insurreição levada a cabo por eles entre fevereiro e março de 1867 foi derrotada. Posteriormente, a atividade dos fenianos reduziu-se a atos terroristas e decaiu nos anos 1870.

para um povo ter subjugado outro povo. Todas as infâmias inglesas têm a sua origem na esfera irlandesa. Ainda tenho que estudar a época de Cromwell[90], mas em todo o caso, para mim é indubitável que também na Inglaterra as coisas teriam tomado outro rumo se não tivesse sido necessário dominar militarmente a Irlanda e criar uma nova aristocracia.

Assinalemos de passagem a carta de Marx a Engels de 18 de Agosto de 1869:

> Na Posnânia os operários poloneses fizeram uma greve vitoriosa graças à ajuda dos seus camaradas de Berlim. Esta luta contra o 'senhor Capital' – mesmo na sua forma inferior, a forma de greve – acabará com os preconceitos nacionais de modo mais sério do que as declamações sobre a paz na boca dos senhores burgueses.

A política sobre a questão irlandesa conduzida por Marx na Internacional pode ser vista pelo seguinte:

Em 18 de Novembro de 1869 Marx escreve a Engels que pronunciou um discurso de uma hora e um quarto no Conselho da Internacional sobre a questão da atitude do ministério britânico em relação à anistia irlandesa e propôs a seguinte resolução:

> Delibera-se,
>
> que na sua resposta à reivindicação irlandesa de libertar os patriotas irlandeses, o senhor Gladstone[91] ofende propositadamente a nação irlandesa;
>
> que Gladstone relaciona a anistia política a condições igualmente

---

[90] Oliver Cromwell (1599-1658): líder da revolução burguesa inglesa do século XVII; Lorde Protetor da Inglaterra a partir de 1653.

[91] William Gladstone (1809-1898): destacado político inglês, líder do Partido Liberal na segunda metade do século XIX.

humilhantes tanto para as vítimas do mau governo como para o povo por ele representado;

que Gladstone, embora atado pela sua posição oficial, saudou pública e solenemente a revolta dos escravistas americanos, e agora põe-se a pregar ao povo irlandês a doutrina da obediência passiva;

que toda a sua política em relação à anistia irlandesa é a mais autêntica manifestação da *"política de conquistas"*, desmascarada pelo próprio senhor Gladstone, derrubando, dessa forma, o ministério dos seus adversários – os *tories*;

que o Conselho Geral da Associação Internacional dos Trabalhadores expressa a sua admiração pela audácia, a firmeza e a elevação com que o povo irlandês conduz a sua campanha pela anistia;

que esta resolução deve ser comunicada a todas seções da Associação Internacional dos Trabalhadores e a todas as organizações operárias da Europa e da América a ela ligadas.

Em 10 de Dezembro de 1869, Marx escreve que o seu relatório sobre a questão irlandesa no Conselho da Internacional será elaborado da seguinte forma:

(...) De modo plenamente independente de qualquer fraseologia 'internacional' e 'humanitária' sobre a 'justiça para a Irlanda' – porque isto se subentende no Conselho da Internacional – o *interesse direto e absoluto da classe operária inglesa exige o rompimento dos atuais laços com a Irlanda.* Essa é a minha profunda convicção, e por razões que não posso revelar, em parte, aos próprios operários ingleses. Pensei durante muito tempo que era possível derrubar o regime irlandês com o ascenso da classe operária inglesa. Sempre defendi esta opinião n'A *Tribuna de Nova Iorque* (jornal americano no qual Marx colaborou muito tempo). Um estudo mais profundo da questão me convenceu do contrário. A classe

> operária inglesa *não poderá fazer nada* enquanto não se livrar da Irlanda (...). A reação inglesa na Inglaterra tem as suas raízes na subjugação da Irlanda (sublinhado por Marx).

Agora deve estar bem clara para os leitores a política de Marx na questão irlandesa.

O "utópico" Marx é tão "não prático" que é pela separação da Irlanda, o que, mesmo meio século depois, ainda não foi realizada.

O que levou a esta política de Marx? Não foi, por acaso, um erro?

Inicialmente, Marx pensava que não seria o movimento nacional da nação oprimida, mas o movimento operário no seio da nação opressora, que libertaria a Irlanda. Marx não faz, de forma alguma, dos movimentos nacionais algo absoluto, sabendo que a total libertação de todas as nacionalidades só poderá vir de uma vitória da classe trabalhadora. Calcular antecipadamente todas as correlações possíveis entre os movimentos libertadores burgueses das nações oprimidas e o movimento libertador proletário na nação opressora é uma coisa impossível (é exatamente este problema que torna tão difícil a questão nacional na Rússia contemporânea).

Mas eis que as circunstâncias fizeram com que a classe trabalhadora inglesa ficasse por bastante tempo sob a influência dos liberais, ficando a reboque dela, decapitando-se ela própria com uma política operária liberal. O movimento libertador burguês na Irlanda se agudizou e adquiriu formas revolucionárias, então Marx revê sua opinião e a corrige. "É uma infelicidade para um povo ter subjugado outro povo". A classe trabalhadora na Inglaterra não se libertará enquanto a Irlanda não se libertar do jugo inglês. A reação na Inglaterra é reforçada e alimentada pela escravização da Irlanda (tal como a escravização de uma série de nações alimenta a reação na Rússia!).

E Marx, fazendo aprovar na Internacional uma resolução de simpatia para com a "nação irlandesa", para com o "povo irlandês" (o inteligente L. Vl., possivelmente, demoliria o pobre Marx por se ter esquecido da luta de classes!), defende a *separação* da Irlanda da Inglaterra, "mesmo que depois da separação se chegue à federação".

Quais são as premissas teóricas desta conclusão de Marx? Na Inglaterra, em geral, há muito terminou a revolução burguesa. Mas na Irlanda não é assim, pois só agora estão em vias de conclusão, meio século depois, as reformas dos liberais ingleses. Se o capitalismo tivesse sido derrubado na Inglaterra tão rapidamente como esperava Marx de início, então na Irlanda não haveria lugar para o movimento democrático-burguês do conjunto da nação. Mas uma vez que ele surgiu, Marx aconselha os trabalhadores ingleses a apoiá-lo, a dar-lhe um impulso revolucionário, a levá-lo até ao fim no interesse da *sua* própria liberdade.

Os laços econômicos da Irlanda com a Inglaterra nos anos 60 do século passado eram, naturalmente, ainda mais estreitos do que os laços da Rússia com a Polônia, a Ucrânia, etc. O caráter "não prático" e "irrealizável" da separação da Irlanda (ainda que apenas por força das condições geográficas e do imenso poderio colonial da Inglaterra) saltava à vista. Sendo, em princípio, inimigo do federalismo, Marx admite neste caso também a federação*, *com a condição* de que a libertação da Irlanda ocorra não por via reformista, mas revolucionária, por força do movimento

* Não é difícil ver, diga-se de passagem, por que, do ponto de vista social-democrata, não se pode tomar como direito à "autodeterminação" das nações nem a federação nem a autonomia (ainda que, falando de forma abstrata, as duas se enquadram no termo "autodeterminação"). O direito à federação é, em geral, um absurdo, já que a federação é um contrato bilateral. Não é necessário dizer que os marxistas não podem, de forma alguma, incluir em seu programa, de maneira geral, a defesa do federalismo. No que diz respeito à autonomia, os marxistas não defendem "o direito à" autonomia, mas a autonomia *mesmo*, como princípio geral e universal de um Estado democrático de composição nacional heterogênea, com expressivas diferenças geográficas e de

das massas do povo na Irlanda, apoiado pela classe operária da Inglaterra. Não pode haver dúvida de que só tal solução da tarefa histórica teria sido a mais favorável aos interesses do proletariado e a um rápido desenvolvimento social.

Mas aconteceu de outro modo. Tanto o povo irlandês como o proletariado inglês se mostraram fracos. Só agora, através de miseráveis arranjos dos liberais ingleses com a burguesia irlandesa, a questão da Irlanda *se soluciona* (o exemplo do Ulster mostra com quanta dificuldade) com uma reforma agrária (com resgate) e a autonomia (por enquanto ainda não introduzida). Que isto quer dizer? Devemos deduzir, então, que Marx e Engels eram "utópicos", que apresentavam reivindicações nacionais "irrealizáveis", que cediam à influência dos nacionalistas irlandeses pequeno-burgueses (o caráter pequeno-burguês do movimento dos "fenianos" é indubitável), etc.?

Não. Marx e Engels defendiam também na questão irlandesa uma política consequentemente proletária, que efetivamente educasse as massas no espírito da democracia e do socialismo. Só esta política poderia salvar, tanto à Irlanda quanto à Inglaterra, de uma diferença de meio século nas transformações necessárias e que os liberais as pudessem desfigurar para agradar à reação.

A política de Marx e Engels na questão irlandesa deu um grande exemplo, que conservou até agora um enorme significado *prático,* do qual deve ser a atitude do proletariado das nações opressoras para com os movimentos nacionais; fez uma advertência contra a "precipitação servil" com que os filisteus de todos os países, cores e línguas se apressam a reconhecer como "utópica" a modificação das fronteiras dos Estados, criadas pelas violências e pelos privilégios dos latifundiários e da burguesia de uma nação.

---

outros tipos. Por isso, reconhecer "o direito das nações à autonomia" seria tão absurdo quanto reconhecer "o direito das nações à federação".

Se o proletariado irlandês e o inglês não tivessem adotado a política de Marx, não tivessem apresentado como sua a palavra de ordem de separação da Irlanda, isto teria sido o pior dos oportunismos da sua parte, um esquecimento das tarefas de um democrata e de um socialista, uma concessão à reação e à burguesia *inglesas*.

1914 – 1917

O ORGULHO NACIONAL DOS RUSSOS

Publicado em 12 de dezembro de 1914 no número 35 de *Sotsial-Demokrat*.

Fala-se muito, discute-se e grita-se agora sobre a nação e a pátria! Os ministros liberais e radicais da Inglaterra, uma multidão de publicistas "avançados" da França (que estão em total acordo com os publicistas da reação), um enxame de escribas oficiais, democratas constitucionais e progressistas (até mesmo alguns populistas e "marxistas") da Rússia, todos exaltam de mil maneiras a liberdade e a independência da "pátria", a grandeza do princípio de independência nacional. É impossível distinguir onde termina o bajulador venal do carrasco Nicholas Romanov e dos torturadores dos negros e dos habitantes da Índia, e onde começa o pequeno-burguês que acompanha o fluxo da estupidez ou da falta de caráter. Mas nem importa distingui-lo. Estamos diante de uma corrente ideológica muito ampla e profunda, cujas raízes estão solidamente ligadas aos interesses dos latifundiários e dos capitalistas das nações dominantes. Dezenas e centenas de milhões são gastos todos os anos na propaganda de ideias convenientes a estas classes: o moinho é grande e recebe água de todos os lados, começando pelo chauvinista convicto Menshikov[93] e terminando nos chauvinistas que o são por oportunismo ou por causa

[93] Mikhail Osipovich Menshikov (1859-1919): escritor reacionário russo.

de falta de caráter (Plekhanov[94] e Maslov[95], Rubanovish[96] e Smirnov[97], Kropotkin[98] e Burtsev[99]). Tentemos também nós, social-democratas russos, definir a nossa posição frente a esta corrente ideológica. Seria errado se nós, representantes de uma nação dominante no extremo Leste da Europa e de boa parte da Ásia, tivéssemos esquecido a importância colossal do problema nacional – especialmente num país que é justamente chamado de "prisão dos povos" – num período em que, precisamente no extremo Leste da Europa e na Ásia, o capitalismo está despertando para a vida e à consciência toda uma série de nações "novas", grandes e pequenas; num momento em que a monarquia czarista colocou milhões de russos e "estrangeiros" em pé de guerra para "resolver" uma série de problemas nacionais de acordo com os interesses do Conselho da

---

[94] Georgi Plekhanov (1856-1918): destacada personalidade do movimento social-democrata russo e internacional, teórico e propagandista do marxismo. Menchevique desde 1903. Adotou uma posição social-chauvinista após o início da Primeira Guerra Mundial.

[95] Piotr Pavlovich Maslov (1867-1946): social-democrata russo, menchevique. Autor de vários trabalhos de viés revisionista sobre o problema agrário. Adotou uma posição social-chauvinista após o início da Primeira Guerra Mundial.

[96] Ilya Adolfovich Rubanovich (1860-1920): um dos líderes do partido pequeno-burguês dos social-revolucionários.

[97] E. Smirnov (Emmanuil Lvovich Gurevich) (1866-1952): social-democrata russo, menchevique. Adotou uma posição social-chauvinista após o início da Primeira Guerra Mundial.

[98] Piotr Kropotkin (1842-1921): conhecido anarquista russo. Adotou uma posição social-chauvinista após o início da Primeira Guerra Mundial.

[99] Vladimir Lvovich Burtsev (1862-1936): editor liberal burguês, alinhado com os socialistas revolucionários; depois da derrota da primeira revolução russa (1905-1907) apoiou os democratas constitucionalistas.

Nobreza Unificada[100] e dos Guchkov[101], dos Krestovnikovs[102], dos Dolgorukovs[103] , os Kutler[104] e os Rodychev[105].

O sentimento de orgulho nacional é estranho para nós, trabalhadores russos conscientes? Claro que não! Amamos a nossa língua e o nosso país, nos esforçamos para que as *suas* massas trabalhadoras (ou seja, nove décimos de *sua* população) se elevem a uma vida consciente de democratas e socialistas. Nada nos magoa tanto como ver e sentir a violência, a opressão e o ridículo a que os algozes czaristas, os aristocratas e os capitalistas sujeitam o nosso belo país. Estamos orgulhosos de que essas violências tenham promovido resistência em nosso meio, entre os russos, que *desse* ambiente emergiu um Radishchev[106], os dezembris-

---

100 Conselho da Nobreza Unificada: organização de latifundiários monarquistas russos, fundada em 1906 para combater o movimento revolucionário.

101 Alexander Ivanovich Guchkov (1862-1936): representante da grande burguesia comercial e industrial russa, chefe do partido dos outubristas, monarquista.

102 Krestonikov: grande industrial e investidor russo, líder do partido outubrista.

103 Pavel Dmitrievich Dolgorukov (1866-1927): grande latifundiário, um dos fundadores do partido democrata constitucionalista, de caráter burguês. Depois da Revolução de Outubro participou ativamente da luta contra o poder soviético.

104 Nikolai Nikolaievich Kutler (1859-1924): um dos líderes da burguesia liberal russa, destacado democrata constitucionalista.

105 Fiodor Ismailovitch Rodychev (1856-?): liberal burguês, um dos líderes do Partido Democrata Constitucionalista.

106 Alexandr Nikolaievitch Radishchev (1749-1802): relevante escritor russo, enciclopedista revolucionário.

tas[107] e os revolucionários raznotchintsi[108] dos anos 70, de que a classe trabalhadora russa tenha formado em 1905 um poderoso partido revolucionário de massas, para que o mujique[109] russo começasse a tornar-se, ao mesmo tempo, um democrata e a varrer o patriarca[110] e o latifundiário.

---

[107] Dezembristas: revolucionários russos pertencentes à nobreza, que organizaram sociedades secretas no primeiro quartel do século XIX. O objetivo dos dezembristas era acabar com a autocracia e abolir o regime de servidão na Rússia. A sociedade setentrional dos dezembristas se insurgiu em São Petersburgo em dezembro (daí sua denominação) de 1825, mas foi imediatamente esmagada pelas tropas de Nicolau I. Houve também a sublevação do regimento Chernigov, na Ucrânia, que durou vários dias e tinha como líderes oficiais pertencentes à sociedade meridional dos dezembristas, mas que foi igualmente dominada.

As ações dos dezembristas foram derrotadas porque se tratava de uma luta desligada das massas, que não se apoiava em um movimento popular massivo.

Nicolau I castigou cruelmente os dezembristas. Cinco líderes do movimento foram enforcados. Os demais foram condenados a trabalhos forçados e ao exílio na Sibéria.

[108] Raznotchíntsi (de ráznie, diversos, diferentes): categoria intermediária e juridicamente não definida da população, cujos integrantes provinham de diferentes estratos sociais (clero, comerciantes, pequenos funcionários, etc.) e se dedicavam principalmente ao trabalho intelectual. Os raznotchíntsi defendiam ideologicamente a democracia burguesa e revolucionária.

[109] Mujique: denominação do camponês russo antes da revolução de outubro de 1917.

[110] Patriarca: diferente da Igreja Católica, a Igreja Ortodoxa não possui uma autoridade centralizada como o Papa, mas os chamados "Patriarcas", que são uma espécie de bispos superiores atuantes em determinadas regiões.

Lembramos que o democrata russo Tchernichevski[111], ao dedicar sua vida à causa da revolução, disse há meio século: "Nação miserável de escravos, todos escravos de cima a baixo"[112]. Os russos, escravos manifestos ou ocultos (escravos da monarquia czarista), não gostam de lembrar dessas palavras. Na nossa opinião, porém, são palavras de verdadeiro amor ao país, de nostalgia pela falta de espírito revolucionário na massa da população russa. Não havia então; agora, embora não muito, já existe. O sentimento de orgulho nacional nos invade porque a nação russa *também* criou uma classe revolucionária, *também* demonstrou que é capaz de dar à humanidade exemplos formidáveis de luta pela liberdade e pelo socialismo, e não apenas pogroms formidáveis, fileiras de cadafalso, masmorras, fomes formidáveis e servilismo formidável perante os patriarcas, os czares, os latifundiários e os capitalistas.

Nos invade o sentimento de orgulho nacional, e precisamente por isso odiamos, *particularmente*, *nosso* passado de escravidão (quando os latifundiários aristocratas levaram os camponeses à guerra para estrangular a liberdade de Hungria, Polônia, Pérsia e China) e o nosso presente de escravos, quando os próprios latifundiários, auxiliados pelos capitalistas, nos levam à guerra para estrangular a Polônia e a Ucrânia, para sufocar o movimento democrático na Pérsia e na China, para fortalecer a quadrilha dos Romanov, Bobrinski[113] e Purishkevich, que constituem uma vergonha para a dignidade nacional dos

111 Nikolai Gavrilovitch Tchernichevski (1828-1889): escritor e revolucionário russo, um dos fundadores do narodnismo, o populismo russo. Apesar de sua base filosófica materialista, possuía concepções socialistas utópicas. Foi uma grande inspiração para socialistas do mundo inteiro na virada do século, de Lênin a Emma Goldman.

112 Lênin cita uma passagem da novela *O Prólogo*, de Tchernichevski.

113 Vladimir Alexeievich Bobrinski (1868-?): monarquista russo, grande latifundiário e industrial do ramo do açúcar.

Russos. Ninguém é culpado por ter nascido escravo; mas o escravo que se recusa a aspirar à sua própria liberdade e, ainda por cima, justifica e embeleza a sua escravatura (chamando, por exemplo, o estrangulamento da Polônia, da Ucrânia, etc., de "defesa da pátria" dos russos), tal escravo é um lacaio miserável que desperta um sentimento legítimo de indignação, desprezo e repugnância.

"O povo que oprime outros povos não pode ser livre"[114] disseram os maiores representantes da democracia consequente do século

---

[114] N.E. Nas publicações da Editora Progresso tomadas como referência, aparece neste ponto do texto a seguinte nota: "Esta ideia pode ser encontrada em várias cartas e artigos de K. Marx e F. Engels como, por exemplo, em uma carta de Marx a Engels de 10 de dezembro de 1869; em outra, de Engels a Marx de 24 de outubro de 1869, e no artigo de Engels *Literatura de Refugiados*". Contudo, o intelectual indígena boliviano Fausto Reinaga, em seu livro *La revolución india*, no capítulo 2, intitulado "*El problema nacional*", demonstra que, na realidade, a frase "*Un pueblo que oprime a otro pueblo no puede ser libre*", foi pronunciada pelo deputado indo-americano Dionisio Inka Yupanqui nas Cortes Gerais de Cádiz, em 1810. Na ocasião, marcada pela invasão napoleônica, as cortes espanholas, equivalentes a um tipo de parlamento, foram transferidas para o sul do país, na cidade de Cádiz. Ali se reuniram deputados das províncias espanholas e também dos vice-reinados estabelecidos nas colônias para formular a Constituição Espanhola de 1812. Yupanqui, destacado militar e descendente da nobreza inca, foi o único representante de um povo originário nas discussões, fazendo questão de ressaltar em seus discursos a sua ascendência indígena. Em *Historia de la nación latinoamericana*, o historiador argentino Jorge Abelardo Ramos aponta que Marx teria tomado conhecimento do emblemático discurso de Yupanqui ao estudar as Cortes de Cádiz em 1850.

Ver REINAGA, Fausto. *La revolución india*. 4ª edición. La Paz: Minka, 2010. pgs. 164-165 e RAMOS, Jorge Abelardo. *Historia de la nación latinoamericana*. Buenos Aires: A. Peña Lillo, 1968. p. 140.

XIX, Marx e Engels, que se tornaram os professores do proletariado revolucionário. E nós, trabalhadores russos, imbuídos do sentimento de orgulho nacional, queremos a todo custo uma Rússia livre e independente, autônoma, democrática, republicana, orgulhosa, que baseie as relações com os seus vizinhos no princípio humano da igualdade, e não no princípio feudal dos privilégios, humilhante para uma grande nação. Exatamente por a querermos assim, dizemos: na Europa do século XX (embora seja o extremo Leste da Europa) não se pode "defender a pátria" de outra forma que não seja lutando por todos os meios revolucionários contra a monarquia, os latifundiários e os capitalistas da própria pátria, quer dizer, contra os piores inimigos da nossa pátria; os russos não podem "defender o país" de outra forma senão desejando, em qualquer guerra, a derrota do czarismo, como um mal menor para nove décimos da população da Rússia, uma vez que o czarismo não só oprime esses nove décimos da população no campo econômico e político, mas também os desmoraliza, humilha, desonra e prostitui, habituando-os a oprimir outros povos, habituando-os a encobrir a sua desgraça com frases hipócritas de pseudo-patriotismo.

Talvez contradigam que, à parte do czarismo e sob a sua proteção, outra força histórica emergiu e se fortaleceu, o capitalismo russo, que realiza um trabalho progressista, centralizando a economia e unindo em um todo vastas regiões. Mas esta objecção não justifica, mas antes acusa de forma mais enfática os nossos socialistas chauvinistas, que deveriam ser chamados de socialistas do czar e de Purishkevish (como Marx chamou os socialistas lassalianos do rei da Prússia). Suponhamos, ainda, que a história decida a questão a favor do capitalismo russo de nação grande e opressora contra cento e uma nações pequenas. Isto não é impossível, uma vez que toda a história do capital é uma história de violência e pilhagem, de sangue e lama. Não somos de forma alguma apoiadores incondicionais de nações indefectivelmente pequenas; *na igualdade de outras condições*, somos absolutamente a favor da centralização e contra o ideal pequeno-burguês das relações federativas. Mas, mesmo nesse caso, em primeiro lugar, não é da nossa conta, não é da conta dos democratas (para não falar dos socialistas) ajudar os Romanov--Bobrinski-Purishkevichs a estrangular a Ucrânia, etc. Bismarck realizou um trabalho histórico progressista à sua maneira *junker*, mas que "marxista" seria aquele que, por esta razão, pensasse em justificar o apoio socialista a Bismarck! Além disso, Bismarck ajudou o desenvolvimento econômico ao unificar os alemães dispersos, que eram oprimidos por outros povos. Por outro lado, a prosperidade econômica e o rápido desenvolvimento da Rússia exigem que o país seja libertado da violência que os russos exercem sobre outros povos. E os nossos admiradores dos quase Bismarck russos genuínos esquecem dessa diferença.

Em segundo lugar, se a história decidir a questão a favor do capitalismo russo como grande nação dominante, segue-se que o papel *socialista* do proletariado russo será ainda maior como principal motor da revolução comunista, engendrada pelo capitalismo. Mas a revolução do proletariado exige uma longa educação dos trabalhadores no espírito *da mais completa* igualdade e fraternidade nacional. Portanto, do ponto de vista dos interesses precisamente do proletariado russo, é essencial uma educação prolongada das massas no sentido de defender da forma mais enérgica, consistente, ousada e revolucionária a plena igualdade de direitos e o direito à autodeterminação de todas as nações oprimidas pelos russos. O interesse do orgulho nacional (não entendido servilmente) dos russos coincide com o interesse *socialista* dos proletários russos (e de todos os outros proletários). Nosso modelo continuará sendo Marx, que, depois de viver várias décadas na Inglaterra, tornou-se meio inglês e exigiu liberdade nacional e independência para a Irlanda em benefício do movimento socialista dos trabalhadores ingleses.

Por outro lado, os nossos chauvinistas socialistas pátrios, como Plekhanov, etc., etc., no último e hipotético caso que consideramos, se revelarão traidores não só à sua pátria, da Rússia livre e democrática, mas também à irmandade proletária de todos os povos da Rússia, isto é, à causa do socialismo.

A QUESTÃO DA PAZ

Escrito em julho/agosto de 1915. Publicado em 1924 no número 5 da revista *Proletárskaya Revolutsia.*

A questão da paz, como programa atual dos socialistas, e o problema das condições de paz a ela ligadas, interessam a todos. Não podemos deixar de expressar a nossa gratidão ao jornal *Berner Tagwacht*[115] por ter encontrado nele tentativas de levantar esta questão não do ponto de vista atual, pequeno-burguês e nacionalista, mas de um ponto de vista autenticamente proletário e internacionalista. É excelente a observação feita pela Redação no número 73 (*Friedenssehnsucht*[116]) de que os social-democratas alemães que desejam a paz devem romper (*sich lossagen*) com a política do governo *Junker*. O artigo do camarada A. P. (números 73 e 75) contra "o pedantismo dos charlatões impotentes" (*Wichtigtuerei machtloser Schönredner*), que tentam em vão resolver o problema da paz do ponto de vista pequeno-burguês, é excelente.

Vejamos como os socialistas deveriam abordar esta questão.

O slogan da paz pode ser lançado ligado a certas condições de paz ou sem condição alguma, como luta não por uma paz específica, mas pela paz em geral (*Frieden ohne weiters*). É claro que, neste último caso, estaremos perante uma palavra de ordem que, além de não ser socialista, será completamente desprovida de conteúdo e de sentido. Absolutamente todos são a favor da paz em geral, até mesmo Kitchener, Joffre, Hindenburg e Bloody

[115] *Berner Tagwacht* (Sentinela de Berna): órgão do Partido Social-Democrata Suíço.

[116] "Desejo de paz".

Nicholas, já que cada um deles quer acabar com a guerra; mas o principal ponto da questão é justamente que cada um apresenta condições de paz imperialistas (isto é, de pilhagem e opressão de outros povos) em benefício da "sua" nação. As declarações devem ser emitidas para explicar às massas, no decurso da propaganda e da agitação, a diferença irreconciliável que existe entre o socialismo e o capitalismo (imperialismo), e não para *conciliar* duas classes antagonistas com duas políticas antagonistas por meio de uma verborragia que "une" coisas muito diferentes.

Continuemos. É possível unir os socialistas dos diferentes países com base em certas *condições* de paz? Se possível, entre estas condições deve incluir-se, indesculpavelmente, o reconhecimento do direito à autodeterminação de todas as nações e a renúncia a qualquer "anexação", isto é, à transgressão desse direito. Mas se este direito for reconhecido exclusivamente para *algumas* nações, isso significará defender os *privilégios* de certas nações – isto é, ser nacionalista e imperialista, mas não socialista. Se este direito for reconhecido a todas as nações, é impossível destacar, por exemplo, apenas a Bélgica; devemos levar em consideração todos os povos oprimidos da Europa (os irlandeses na Inglaterra, os italianos em Nice, os dinamarqueses, etc., na Alemanha, 57% da população da Rússia, etc.) *e de fora da Europa*, isto é, todas as colônias. O camarada A. P. lembrou muito oportunamente. Inglaterra, França e Alemanha juntas têm cerca de 150 milhões de habitantes, mas oprimem mais de 400 milhões de pessoas nas colônias!! A essência da guerra imperialista, isto é, da guerra pelos interesses dos capitalistas, não é apenas que ela seja feita para oprimir novas nações, para repartir colônias, mas também que esta guerra seja travada, principalmente, pelas nações avançadas, que *oprimem* uma série de povos, que oprimem *a maior parte* da população mundial.

Os social-democratas alemães que justificam a anexação da Bélgica ou que se resignam a ela não são, na prática, social-democratas, mas sim imperialistas e nacionalistas, uma vez que defendem o "direito" da burguesia alemã (e, em parte, dos trabalhadores alemães) de oprimir os belgas, os alsacianos, os dinamarqueses, os poloneses, os negros africanos, etc. Eles não são socialistas, mas *lacaios* da burguesia alemã, que ajudam a saquear nações estrangeiras. Mas também os socialistas belgas que apresentam *apenas* uma reivindicação – libertar e recompensar a Bélgica – defendem, na verdade, as exigências da burguesia belga, que deseja continuar a saquear 15 milhões de pessoas no Congo e receber concessões e privilégios em outros países. Os burgueses belgas investiram cerca de 3 bilhões de francos no estrangeiro. E o "interesse nacional" da "heróica Bélgica" consiste, *de fato*, na proteção dos benefícios que estes bilhões proporcionam através de todo o tipo de trapaças e artimanhas. O mesmo pode ser dito – e num grau muito maior – da Rússia, Inglaterra, França e Japão.

Portanto, se a exigência de liberdade das nações não é uma frase ludibriadora, destinada a encobrir o imperialismo e o nacionalismo *de uns poucos* países, deve ser estendida a *todos* os povos e a todas as colônias. Mas esta exigência carece, evidentemente, de conteúdo, sem uma série de revoluções em todos os países avançados. Além disso: é irrealizável sem a vitória da revolução *socialista*.

Isto significa que os socialistas podem permanecer indiferentes à exigência de paz por parte de parcelas cada vez mais amplas das massas? De forma alguma. As palavras de ordem da vanguarda consciente dos trabalhadores são uma coisa e as reivindicações espontâneas das massas são outra. O desejo de paz é um dos *sintomas* mais importantes da incipiente *desilusão* da mentira burguesa sobre os "objetivos libertadores" da guerra, sobre a "defesa da pátria" e outros enganos da plebe por parte da classe dos capitalistas. Os socialistas devem prestar a maior atenção neste sintoma. Todos os esforços devem ser dirigidos no sentido de *utilizar* o estado de espírito das massas em favor da paz. Mas como usá-lo? Reconhecer a *prédica* da paz e repeti-lo significaria encorajar "o pedantismo dos charlatões impotentes" (e muitas vezes ainda pior: *hipócritas*). Seria enganar o povo com a ilusão de que os atuais governos, as atuais classes dominantes, *são capazes*, sem os "instruir" (ou, mais precisamente, sem os separar) através de uma série de revoluções, de alcançar uma paz que satisfaça minimamente a democracia e a classe trabalhadora. Não há nada mais prejudicial do que esta fraude. Não há nada que possa cegar mais os trabalhadores, incutindo-lhes a ideia enganosa de que a contradição entre capitalismo e socialismo *não é profunda*; não há nada que possa *embelezar* melhor a escravidão capitalista. Não, devemos usar os ânimos favoráveis à paz para explicar às massas que as bênçãos que esperam da paz são impossíveis sem uma série de revoluções.

Acabar com as guerras, estabelecer a paz entre os povos, garantir que a pilhagem e a violência acabem: é esse, precisamente, o nosso ideal; mas só os sofistas burgueses podem semear ilusões com isso nas massas, separando este ideal da reivindicação imediata e direta das ações revolucionárias. Existe o terreno apropriado para esta prédica: a única coisa necessária para levá-la a cabo é romper com os aliados da burguesia, com os oportunistas, que impedem indireta e diretamente (chegando mesmo a trair) a atividade revolucionária.

Da mesma forma, a palavra de ordem da autodeterminação das nações também deve ser levantada *relacionada* à fase imperialista do capitalismo. Não somos partidários do *status quo*, da utopia pequeno-burguesa de *se distanciar* das grandes guerras. Somos partidários da luta revolucionária contra o imperialismo, isto é, contra o capitalismo. O imperialismo consiste precisamente no desejo das nações que oprimem uma série de nações estrangeiras de expandir e fortalecer essa opressão, de repartir novamente as colônias. Portanto, o *cerne* do problema da autodeterminação das nações reside, em nosso tempo, precisamente no comportamento dos socialistas das nações *opressoras*. O socialista de uma nação opressora (Inglaterra, França, Alemanha, Japão, Rússia, Estados Unidos, etc.) que não reconhece ou defende o direito das nações oprimidas à autodeterminação (isto é, à livre separação) é, em na verdade, não um socialista, mas um chauvinista.

Só este ponto de vista conduz a uma luta consistente e honesta contra o imperialismo, a uma abordagem proletária e não pequeno-burguesa (em nosso tempo) da questão nacional. Só este ponto de vista aplica consistentemente o princípio da luta contra toda a opressão das nações, dissipa a desconfiança entre os proletários das nações opressoras e os das nações oprimidas, leva à luta de solidariedade internacional pela revolução socialista (isto é, pelo único regime viável de plena igualdade de direitos das nações) e não à utopia pequeno-burguesa de liberdade para todos os pequenos Estados em geral sob o capitalismo.

Esse é, precisamente, o ponto de vista defendido pelo nosso partido, isto é, pelos social-democratas da Rússia identificados com o CC. Esse é, precisamente, o ponto de vista defendido por Marx, que ensinou ao proletariado que as pessoas que oprimem outros povos não podem ser livres. Marx exigiu que a Irlanda se separasse da Inglaterra precisamente sob este ponto de vista, o dos interesses do movimento emancipador dos trabalhadores *ingleses* (e não apenas dos irlandeses).

Se os socialistas da Inglaterra não reconhecerem ou defenderem o direito da Irlanda à separação; os franceses, o da italiana Nice; os alemães, o da Alsácia e da Lorena, o dinamarquês Schleswig e a Polónia; os Russos, o da Polônia, Finlândia, Ucrânia, etc., e os Poloneses, o da Ucrânia; se todos os socialistas das "grandes" potências, isto é, das potências que cometem grandes saques, não defendem este mesmo direito em relação às colônias, é precisamente e exclusivamente porque, de fato, são imperialistas e não socialistas. E é ridículo ter a ilusão de que pessoas que *não* defendem "o direito à autodeterminação" das nações oprimidas, embora pertençam às nações opressoras, sejam capazes de aplicar uma política socialista.

Ao invés de permitir que charlatões hipócritas enganem o povo com frases e promessas sobre a possibilidade de uma paz democrática, os socialistas devem explicar às massas que essa pacificação é impossível sem uma série de revoluções e sem luta revolucionária em cada país contra o seu governo. Em vez de permitir que os políticos burgueses enganem o povo com frases sobre a liberdade das nações, os socialistas devem explicar às massas das nações *opressoras* a impossibilidade da sua libertação se ajudarem a oprimir outras nações, se não reconhecerem nem defenderem o direito destas nações à autodeterminação, isto é, à livre separação. Tal é a política socialista, e não imperialista, comum a todos os países, na questão da paz e no problema nacional. É verdade que esta política é em grande parte incompatível com as leis de alta traição, mas com estas leis é incompatível também a resolução de Basileia[117], que vergonhosamente quase todos os socialistas das nações opressoras traíram.

---

[117] Em novembro de 1912 ocorreu um Congresso socialista Internacional (o Congresso Extraordinário da II Internacional) em Basileia, convocado como protesto contra a guerra nos Bálcãs, já iniciada, e contra a grande guerra que já se anunciava. O Congresso de Basileia aprovou uma resolução (Manifesto) que exortava os socialistas de todos os países a "impedir a eclosão da guerra". "O proletariado – dizia no Manifesto de Basileia – considera um crime atirar uns contra os outros para aumentar os lucros dos capitalistas, da ambição das dinastias e dos tratados diplomáticos secretos". Apesar de tudo, caso ecloda a guerra, "os socialistas têm o dever de intervir para pará-la com a maior rapidez e de utilizar por todos os meios as crise econômica e política causada pela guerra para insurgir o povo e, com isso, acelerar a derrocada do capitalismo".

Em julho de 1914, quando começou a guerra imperialista mundial, a maioria dos líderes dos partidos socialistas pertencentes à II

Temos que decidir: pelo socialismo ou pela submissão às leis dos Srs. Joffre e Hindenburg, pela luta revolucionária ou pelo servilismo infame frente ao imperialismo. Não existem meios-termos. Os inventores hipócritas (ou obtusos) da política de "linha intermediária" causam o maior dano ao proletariado.

Internacional traíram a causa do socialismo, se negaram a cumprir a Resolução de Basileia e ficaram ao lado de seus respectivos governos imperialistas. Os bolcheviques russos, liderados por Lênin, assim como os social-democratas alemães de esquerda (Liebknecht, Rosa Luxemburgo, etc.) e alguns grupos de outros partidos socialistas permaneceram fiéis aos princípios do internacionalismo e, de acordo com o Manifesto de Basileia, exortaram os trabalhadores de seus países a lutar contra seus governos imperialistas e sua guerra.

Fragmento do panfleto
O SOCIALISMO E A GUERRA

Escrito em julho/agosto de 1915. Publicado como um suplemento em agosto de 1915 pelo jornal *Sotsial-Demokrat*.

Capítulo 1: Os princípios do socialismo e a guerra de 1914-1915

A atitude dos socialistas perante as guerras

Os socialistas sempre condenaram as guerras entre os povos como algo bárbaro e brutal. Mas nossa atitude em relação à guerra é fundamentalmente diferente dos pacifistas (partidários e pregadores da paz) burgueses e dos anarquistas. Nos diferenciamos dos primeiros pelo fato de compreendermos a ligação inevitável das guerras com a luta de classes dentro do país, de compreendermos a impossibilidade de suprimir as guerras sem a supressão das classes e a construção do socialismo, e também pelo fato de reconhecermos inteiramente o caráter legítimo, progressista e necessário das guerras civis, isto é, das guerras da classe oprimida contra a classe opressora, dos escravos contra os escravistas, dos camponeses servos contra os senhores feudais, dos trabalhadores assalariados contra a burguesia. Nós, marxistas, nos distinguimos tanto dos pacifistas quanto dos anarquistas pelo fato de reconhecermos a necessidade de estudar historicamente (do ponto de vista do materialismo dialético de Marx) cada guerra em particular. Na história houveram repetidas guerras que, apesar de todos os horrores, atrocidades, calamidades e sofrimentos inevitavelmente inerentes a elas, foram progressistas, isto é, foram úteis ao desenvolvimento da humanidade, ajudando a destruir instituições particularmente nocivas e reacionárias (por exemplo a autocracia ou o feudalismo), as formas de despotismo mais bárbaras da Europa (o turco e o russo). Por isso é necessário analisar, precisamente, as particularidades históricas da guerra atual.

Tipos históricos de guerras modernas

A Grande Revolução Francesa inaugurou uma nova época na história da humanidade. Desde então, e até à Comuna de Paris, de 1789 a 1871, um dos tipos de guerras foram as guerras de caráter progressista burguês, nacional-libertador. Em outras palavras, o conteúdo principal e o significado histórico dessas guerras consistiam em derrubar o absolutismo e o feudalismo, em miná-los, em derrubar o jugo estrangeiro. Eram, por isso, guerras progressistas, e todos os democratas honestos, revolucionários, bem como todos os socialistas, em semelhantes guerras, sempre desejaram *nelas* o êxito do país (isto é, da burguesia) que contribuía para derrubar ou minar os mais perigosos pilares do feudalismo, do absolutismo e da opressão de outros povos. Por exemplo, nas guerras revolucionárias da França havia o elemento de pilhagem e de conquista de terras alheias pelos franceses, mas isso em nada altera o significado histórico fundamental dessas guerras, que destruíam e abalavam o feudalismo e o absolutismo de toda a velha Europa, a Europa da servidão. Na guerra franco-prussiana, a Alemanha pilhou a França, mas isso não modifica o significado histórico fundamental dessa guerra, que libertou dezenas de milhões de alemães do fracionamento feudal e da opressão de dois déspotas, o czar russo e Napoleão III.

Diferença entre guerra ofensiva e guerra defensiva

O período de 1789 a 1871 deixou marcas profundas e recordações revolucionárias. Enquanto o feudalismo, o absolutismo e o jugo estrangeiro não foram derrubados, não era possível sequer falar sobre o desenvolvimento da luta proletária pelo socialismo. Falando da legitimidade da guerra "defensiva" a propósito das guerras dessa época, os socialistas sempre tiveram em vista precisamente esses objetivos, que se reduzem à revolução contra o medievo e o feudalismo. Os socialistas sempre entenderam por guerra "defensiva" uma guerra "justa" neste sentido (assim se exprimiu uma vez W. Liebknecht[118]). Só neste sentido os socialistas reconheciam e reconhecem hoje o carácter legítimo progressista e justo da "defesa da pátria" ou da guerra "defensiva". Por exemplo, se amanhã o Marrocos declarasse guerra à França, a Índia à Inglaterra, a Pérsia ou a China à Rússia, etc., essas seriam guerras "justas", "defensivas", independentemente de quem atacasse primeiro, e qualquer socialista desejaria a vitória dos Estados oprimidos, dependentes, sem plenos direitos, contra as "grandes" potências opressoras, escravistas, espoliadoras.

Mas imaginemos que um escravista que possui 100 escravos faz guerra a um escravista que possui 200 escravos por uma partilha mais "equitativa" dos escravos. É evidente que a aplicação, neste caso, do conceito de guerra "defensiva" ou de "defesa da pátria" seria historicamente falsa e, praticamente, a uma simples farsa dos hábeis escravistas para enganar o povo, aos pequenos burgueses e ao povo ignorante. É precisamente assim, se valendo da ideologia "nacional" e da ideia de defesa da pátria, que a burguesia contemporânea, a burguesia imperialista, engana os

118 Wilhelm Liebknecht (1826-1900): um dos fundadores e dirigentes da social-democracia alemã e da II Internacional.

povos na presente guerra entre os escravistas para consolidar e reforçar a escravidão.

A guerra atual é uma guerra imperialista

Quase todos reconhecem que a atual guerra é uma guerra imperialista; mas na maior parte dos casos deturpam essa ideia: uns a aplicam apenas a um dos grupos beligerantes; outros argumentam que talvez essa guerra tenha um caráter burguês progressista e de libertação. O imperialismo é o grau superior de desenvolvimento do capitalismo, atingido apenas no século XX. O capitalismo começou a se sentir pressionado nos velhos Estados nacionais, cuja formação foi fundamental para que pudesse derrubar o feudalismo. O capitalismo desenvolveu de tal modo a concentração que ramos inteiros da indústria foram monopolizados pelos consórcios, trustes e associações de capitalistas milionários, e quase todo o globo terrestre está dividido entre esses "senhores do capital", sob a forma de colônias ou atravancando países estrangeiros com os milhares de fios da exploração financeira. O livre comércio e a concorrência foram substituídos pela tendência ao monopólio, para a conquista de terras para o investimento do capital, para a extração de matérias-primas, etc. O capitalismo, que em sua luta contra o feudalismo foi o libertador das nações, se transforma, em seu estágio imperialista, no maior opressor das nações. De progressista, o capitalismo tornou-se reacionário, desenvolveu as forças produtivas a tal ponto que a humanidade terá de passar ao socialismo ou sofrer durante anos, ou mesmo décadas, com a luta armada das "grandes" potências pela manutenção artificial do capitalismo por meio das colônias, dos monopólios, dos privilégios e de opressões nacionais de todo tipo.

A guerra entre os principais escravistas pela manutenção e fortalecimento da escravidão

Citemos, a fim de expôr de forma clara o sentido do imperialismo, dados exatos sobre a divisão do mundo efetuada pelas chamadas "grandes" potências (quer dizer, as que foram exitosas no grande saque).

A seguinte tabela nos permite ver como os povos que em 1789-1871 lutavam na sua maior parte à frente dos demais pela liberdade, se tornaram agora, depois de 1876, na base de um capitalismo altamente desenvolvido e "super maduro", os opressores e escravizadores da maioria das populações e nações do globo. De 1876 a 1914, seis "grandes" potências apoderaram-se de 25 milhões de quilômetros quadrados, ou seja, uma superfície 2,5 vezes maior que toda a Europa! Seis potências escravizam *mais de quinhentos milhões* (523 milhões) de habitantes das colônias. Para cada 4 habitantes das "grandes" potências há 5 habitantes em "suas" colônias. Todos sabem que as colônias foram conquistadas a ferro e fogo, que nas colônias tratam cruelmente a população, que a exploram de mil maneiras (através da exportação de capitais, das concessões, etc.; enganando-as na venda de produtos, submetendo-as às autoridades da nação "dominante", etc. e assim por diante). A burguesia anglo-francesa engana o povo ao dizer que faz a guerra pela liberdade dos povos e da Bélgica: na realidade, ela faz a guerra para conservar as colônias que rouba desmesuradamente. Os imperialistas alemães libertariam imediatamente a Bélgica, etc., se os ingleses e franceses partilhassem "amigavelmente" com eles as suas colônias. A singularidade da situação consiste em que, nesta guerra, a sorte das colônias se decide pela guerra no continente. Do ponto de vista da justiça burguesa e da liberdade nacional (ou do direito das nações à existência), a Alemanha teria incontestavelmente razão contra a Inglaterra e a França, pois ela foi "privada" de colônias, os seus inimigos oprimem incomparavelmente mais nações do que ela, e na sua aliada, a Áustria, os eslavos oprimidos gozam sem dúvida de maior liberdade do que na Rússia czarista, essa verdadeira "prisão dos povos". Mas a própria Alemanha não faz a guerra pela libertação mas pela opressão das nações. Não cabe aos socialistas ajudar o bandido mais jovem e forte (a Alemanha) a roubar os bandidos mais velhos e cansados. Os socialistas devem utilizar a luta entre os bandidos para os derrubar a todos. Para isso, os socialistas devem, antes de tudo, dizer a verdade ao povo, a saber, que esta guerra é, num triplo sentido, uma guerra de escravistas pelo reforço da escravidão. É uma guerra, em primeiro lugar, pelo reforço da escravidão das colônias através de uma partilha mais "justa" e uma exploração mais "harmoniosa" das mesmas; em segundo lugar, pelo reforço da opressão sobre as nações estrangeiras nas próprias "grandes" potências, pois *tanto* a Rússia *como* a Áustria (a Rússia muito mais e muito pior que a Áustria) só se mantêm por meio dessa opressão, intensificando-a com a guerra; em terceiro lugar, pelo reforço e o prolongamento da escravidão assalariada, pois o proletariado está dividido e esmagado, enquanto os capitalistas estão ganhando, lucrando com a guerra, exacerbando os preconceitos nacionais e intensificando a reação, que ergueu a cabeça em todos os países, mesmo nos mais livres e republicanos.

Partilha do mundo pela "grandes" potências escravistas
(Em milhões)

	Colônias				Metrópoles		Total	
	1876		1914		1914			
	Km^2	Hab	Km^2	Hab	Km^2	Hab	Km^2	Hab
Inglaterra	22,5	251,9	33,5	393,5	0,3	46,5	33,8	440,0
Rússia	17,0	15,9	17,4	33,2	5,4	136,2	22,8	169,4
França	0,9	6,0	10,6	55,5	0,5	39,6	11,1	95,1
Alemanha			2,9	12,3	0,5	64,9	3,4	77,2
Japão			0,3	19,2	0,4	53	0,7	72,2
EUA			0,3	9,7	9,4	97	9,7	106,7
Total das 6 grandes potências	40,4	273,8	65,0	523,4	16,5	437,2	81,5	960,6
Colônias não pertencentes às grandes potências (mas à Bélgica, Holanda e outros Estados)			9,9	45,3			9,9	45,3
Três países semi-colônias (Turquia, China e Pérsia)							14,5	361,2
Total							105,9	1367,1
Restantes Estados e países							28,0	289,9
Todo o globo terrestre (exceto a região polar)							133,9	1657

A guerra é a continuação da política por outros meios (precisamente pela violência)

Esta célebre sentença pertence a Clausewitz, um dos mais profundos autores militares. Os marxistas sempre consideraram justamente esta tese como base teórica das concepções sobre o significado das guerras. Marx e Engels sempre encararam as diferentes guerras precisamente deste ponto de vista.

Apliquemos esta concepção à presente guerra. Veremos que durante décadas, durante quase meio século, os governos e as classes dominantes da Inglaterra, da França, da Alemanha, da Itália, da Áustria e da Rússia praticaram uma política de pilhagem das colônias, de opressão de nações estrangeiras, de repressão do movimento operário. É precisamente essa política, e apenas ela, que é seguida na atual guerra. Em particular, a política da Áustria, assim como a da Rússia, tanto do tempo de paz como do tempo de guerra consiste na escravização das nações e não na sua libertação. Pelo contrário, na China, na Pérsia, na Índia e em outros países dependentes, vemos, ao longo das últimas décadas, uma política de despertar para a vida nacional de dezenas e centenas de milhões de pessoas, da sua libertação da opressão das "grandes" potências reacionárias. Sobre tal terreno histórico, uma guerra pode ter, incluso agora, caráter progressista burguês, e pode ser de libertação nacional.

Basta considerar que a presente guerra é a continuação da política das "grandes" potências e das classes fundamentais no seio delas para ver imediatamente o caráter clamorosamente anti-histórico, mentiroso e hipócrita da opinião segundo a qual seria possível justificar a ideia de "defesa da pátria" em sua condução.

O exemplo da Bélgica

Os social-chauvinistas da Tripla – atualmente Quádrupla – Entente (na Rússia, Plekhanov e cia) gostam, acima de tudo, de invocar o exemplo da Bélgica. Mas esse exemplo fala contra eles. Os imperialistas alemães violaram sem vergonha a neutralidade da Bélgica, como fizeram sempre e em toda a parte os Estados beligerantes, que, quando era conveniente, pisoteavam *todos* os tratados e *todos* os compromissos. Admitamos que todos os Estados interessados em obedecer os tratados internacionais declarassem guerra à Alemanha, exigindo a libertação e uma indenização à Bélgica. Em tal caso a simpatia dos socialistas estaria, claro, do lado dos inimigos da Alemanha. Contudo, a questão está precisamente em que *não* é pela Bélgica que a "Tripla (e Quádrupla) Aliança" faz a guerra: isso é perfeitamente conhecido e só os hipócritas o dissimulam. A Inglaterra rouba as colônias da Alemanha e a Turquia; a Rússia rouba a Galícia e a Turquia; a França obtém a Alsácia-Lorena e mesmo a margem esquerda do Reno; com a Itália foi concluído um tratado sobre a partilha do saque (a Albânia e a Ásia Menor); com a Bulgária e a Romênia se disputa também a partilha do saque. No terreno da guerra atual, dos governos atuais, *é impossível ajudar* a Bélgica *a não ser* ajudando a estrangular a Áustria ou a Turquia, etc! Que vem aqui fazer a "defesa da pátria"? É nisso precisamente que consiste a especificidade da guerra imperialista, da guerra entre governos burgueses reacionários, historicamente caducos, com o fim de oprimir outras nações. Quem quer que justifique a participação nesta guerra perpetua a opressão imperialista das nações. Quem defende a utilização das atuais dificuldades dos governos para lutar pela revolução social, defende a verdadeira liberdade de todas as nações sem exceção, que não pode ser alcançada por outro caminho que não o socialismo.

A REIVINDICAÇÃO DOS ESTADOS UNIDOS DA EUROPA

Publicado em 23 de agosto de 1915 no número 44 de *Sotsial-Demokrat.*

No número 40 do *Sotsial-Demokrat*, informamos que a conferência das seções do nosso partido no estrangeiro concordaram em adiar a defesa da reivindicação dos "Estados Unidos da Europa" até que o aspecto *econômico* do problema seja discutido na imprensa.

Os debates em torno desta questão assumiram em nossa conferência um caráter político unilateral. Talvez isso tenha ocorrido, em parte, pelo fato de que no manifesto do Comitê Central a referida pauta ter sido formulada diretamente como uma divisa política ("a pauta *política* imediata...", diz), com a particularidade de que não só é proposto os Estados Unidos republicanos da Europa, mas é especialmente enfatizado que "se as monarquias alemã, austríaca e russa não forem derrubadas por meios revolucionários", esta palavra de ordem não tem sentido e é falsa.

Se opor a tal forma de colocar o problema *nos limites* da apreciação política da referida palavra de ordem, por exemplo, do ponto de vista de que eclipsa ou enfraquece, etc., a palavra de ordem da revolução socialista é totalmente errado. As transformações políticas levadas a cabo num sentido verdadeiramente democrático, e ainda mais as revoluções políticas, nunca poderão, de forma alguma, quaisquer que sejam as circunstâncias, eclipsar ou enfraquecer a palavra de ordem da revolução socialista. Pelo contrário, contribuem sempre para aproximar esta revolução, alargando a sua base e incorporando novas camadas da pequena burguesia e das massas semi proletárias na luta socialista. Por outro lado, as revoluções políticas são inevitáveis no processo da revolução socialista, que não deve ser considerada um ato único, mas um período de violentas convulsões políticas e econômicas, de luta de classes levada ao extremo, de guerra civil, de revoluções e contra-revoluções.

Mas sim, a pauta dos Estados Unidos republicanos da Europa, que está ligada à derrubada revolucionária das três monarquias mais reacionárias da Europa, liderada pela russa, é absolutamente invulnerável como mote político, permanece ainda a questão muito importante do conteúdo econômico e do significado desta reivindicação. Do ponto de vista das condições econômicas do imperialismo, isto é, da exportação de capitais e da repartição do mundo pelas potências coloniais "avançadas" e "civilizadas", os Estados Unidos da Europa são impossíveis ou reacionários no capitalismo.

O capital tornou-se internacional e monopolista. O mundo já está dividido entre um punhado de grandes potências, ou seja, potências que prosperam com a grande pilhagem e opressão das nações. Quatro grandes potências da Europa – Inglaterra, França, Rússia e Alemanha – com uma população de 250 a 300 milhões de habitantes e com um território de cerca de 7 milhões de quilômetros quadrados, possuem colônias com uma população de quase quinhentos milhões de habitantes (494,5 milhões) e com um território de 64,6 milhões de quilômetros quadrados, ou seja, quase metade da superfície terrestre (133 milhões de quilômetros quadrados sem a zona polar). A isto devemos acrescentar três Estados asiáticos – China, Turquia e Pérsia – que estão atualmente sendo dilacerados por saqueadores que travam uma guerra de "libertação", nomeadamente o Japão, a Rússia, a Inglaterra e a França. Estes três Estados asiáticos, que podem ser chamados de semi colônias (na verdade, são hoje 90% colônias), têm uma população de 360 milhões de habitantes e uma área de 14,5 milhões de quilômetros quadrados (ou seja, quase 50% a mais que a área total da Europa). Além disso, Inglaterra, França e Alemanha investiram capitais não inferiores a 70 bilhões de rublos no estrangeiro. Para obter um rendimento "legítimo" desta agradável soma – uma pequena renda de mais de três bilhões de rublos anuais –, servem os comitês nacionais de milionários, chamados governos, dotados de exércitos e marinhas de guerra, que "colocam" como vice-reis, cônsules, embaixadores, funcionários de todos os tipos, padres e outras sanguessugas nas colônias e semi-colônias aos filhinhos e irmãozinhos do "Sr. Bilhões".

É assim que, na era do maior desenvolvimento do capitalismo, se organiza o saque de quase um bilhão de habitantes da Terra por um punhado de grandes potências. E no capitalismo qualquer outra forma de organização é impossível. Desistir das colônias, das "esferas de influência", da exportação de capitais? Pensar nisso significa descer ao nível de um padre que prega aos ricos todos os domingos sobre a grandeza do cristianismo e os aconselha a dar aos pobres... bem, se não alguns bilhões, então algumas centenas de rublos ao ano.

No capitalismo, os Estados Unidos da Europa equivalem a um acordo sobre a divisão das colônias. Mas no capitalismo não pode haver outra base ou princípio de distribuição que não seja a força. O multimilionário não pode partilhar o "rendimento nacional" de um país capitalista com ninguém, excepto na proporção "do capital" (acrescentando, além disso, que o capital com o maior montante deve receber mais do que a ele corresponde). O capitalismo é a propriedade privada dos meios de produção e a anarquia da produção. Pregar uma distribuição "justa" de rendimentos nesta base é proudhonismo, uma tolice pequeno-burguesa e filisteia. Não pode haver mais distribuição do que proporcionalmente "à força". E a força muda no decurso do desenvolvimento econômico. Desde 1871, a Alemanha tornou-se mais forte três ou quatro vezes mais rápido que a Inglaterra e a França. O Japão, dez vezes mais rápido que a Rússia. Não existe e não pode haver outro meio, além da guerra, para verificar o verdadeiro poder de um Estado capitalista. A guerra não está em contradição com os fundamentos da propriedade privada, mas é o desenvolvimento direto e inevitável de tais fundamentos. Sob o capitalismo, é impossível um processo uniforme de desenvolvimento econômico das diferentes economias e dos diferentes Estados. No capitalismo, para restabelecer de quando em quando o equilíbrio alterado, não há outro meio possível que as crises na indústria e as guerras na política.

Desde já, são possíveis acordos *temporários* entre os capitalistas e entre as potências. Neste sentido, os Estados Unidos da Europa também são possíveis, como um acordo dos capitalistas europeus... sobre quê? Apenas sobre a forma de esmagar juntos o socialismo na Europa, de defender juntos as colônias roubadas *contra* o Japão e a América do Norte, cujos interesses são gravemente prejudicados pela atual distribuição das colônias e que nos últimos cinquenta anos foram fortalecidos de um modo incomensuravelmente mais rápido do que a Europa atrasada, monárquica, que começou a apodrecer de velha. Em comparação com os Estados Unidos da América, a Europa apresenta, em conjunto, uma estagnação econômica. Com a base econômica atual, ou seja, com o capitalismo, os Estados Unidos da Europa significaria a organização da reação para travar o desenvolvimento mais rápido da América do Norte. Os tempos em que a causa da democracia e do socialismo estava ligada apenas à Europa já passaram e nunca mais voltarão.

Os Estados Unidos do mundo (e não da Europa) constituem a forma estatal de unificação e liberdade das nações, uma forma que relacionamos com o socialismo, enquanto a vitória completa do comunismo não traga o desaparecimento definitivo de todos os Estados, incluindo o Estado democrático. No entanto, como uma reivindicação independente, a dos Estados Unidos do mundo duvidosamente seria justa, em primeiro lugar, porque se funde com o socialismo e, em segundo lugar, porque poderia levar à falsa ideia da impossibilidade da vitória do socialismo num único país e a uma interpretação errônea das relações deste país com outros.

A desigualdade do desenvolvimento econômico e político é uma lei absoluta do capitalismo. Se deduz então que é possível que o socialismo triunfe primeiro em alguns países capitalistas, ou mesmo num único país capitalista. O proletariado triunfante deste país, depois de expropriar os capitalistas e organizar a produção socialista dentro das suas fronteiras, *enfrentaria* o resto do mundo, o mundo capitalista, atraindo para o seu lado as classes oprimidas de outros países, levantando neles a rebelião contra os capitalistas, empregando, se necessário, até mesmo a força das armas contra as classes exploradoras e seus Estados. A forma política da sociedade em que o proletariado triunfe, derrubando a burguesia, será uma república democrática que centralizará cada vez mais as forças do proletariado da referida nação ou das referidas nações na luta contra os Estados que ainda não passaram para o socialismo. É impossível suprimir as classes sem uma ditadura da classe oprimida, do proletariado. A livre circulação das nações no socialismo é impossível sem uma luta tenaz e mais ou menos prolongada das repúblicas socialistas contra os Estados atrasados.

Estas são as considerações que, após repetidas discussões sobre o problema na conferência das seções do POSDR no estrangeiro e depois dela, levaram à Redação do órgão central[119] à conclusão de que a reivindicação dos Estados Unidos da Europa é errônea.

---

[119] A Redação do órgão central: a Redação do jornal clandestino *Sotsial-Demokrat* (O Social-Democrata), órgão central do Partido Operário Social-Democrata Russo (POSDR), que foi publicado em Paris e Genebra de 1908 a 1917. Lênin foi diretor do jornal a partir de 1911.

Fragmento do artigo O IMPERIALISMO E O SOCIALISMO NA ITÁLIA

Publicado em 1915 nos números 1 e 2 de *Kommunist*.

(Comentário)

Para esclarecer os problemas que se colocam ao socialismo como resultado da atual guerra imperialista, é útil olhar para os diferentes países europeus, a fim de aprender a diferenciar as variações nacionais e os detalhes do quadro geral, de um lado, do fundamental e, do outro, substancial. Costuma-se dizer que as coisas são vistas melhor de fora. Portanto, quanto menos semelhança houver entre a Itália e a Rússia, mais interessante será, em certos aspectos, comparar o imperialismo e o socialismo em ambos os países.

Neste comentário pretendemos apenas destacar os dados fornecidos sobre esta questão por duas obras que surgiram no pós-guerra: *O Imperialismo Italiano*, do professor burguês Roberto Michels, e *Internacionalismo ou Nacionalismo de Classe?* (*O proletariado da Itália e a guerra europeia*), do socialista T. Barboni*. O tagarela Michels permanece tão superficial como em outras obras e mal toca no aspecto econômico do imperialismo; porém, compilou em seu livro dados valiosos sobre a origem do imperialismo italiano

* Roberto Michels. *L'imperialismo italiano*. Milano, 1914. T. Barboni. *Internazionalismo o Nazionalismo di Classe?* (*Il proletariato d'Italia e la guerra europea*). Edito dall'autore a Campione d'Intelvi (provincia di Como), 1915.

e sobre a transição que constitui a essência da era contemporânea e que se manifesta com particular evidência na Itália, a saber: a transição da era das guerras de libertação nacional para a das guerras imperialistas, predatórias e reacionárias. A Itália democrática e revolucionária, isto é, burguesa-revolucionária, que derrubou o jugo da Áustria; a Itália dos tempos de Garibaldi está se transformando definitivamente, diante de nossos olhos, na Itália que oprime outros povos e saqueia a Turquia e a Áustria; na Itália de uma burguesia repugnante e brutal, repulsivamente reacionária, que baba de prazer porque foi admitida na repartição do saque. Como todo professor honesto, Michels considera, naturalmente, que o seu servilismo para com a burguesia é "objetivismo científico" e descreve esta distribuição da pilhagem como "distribuição da parte do mundo que ainda está nas mãos de povos fracos" (p. 179) . Michels rechaça com desprezo, chamando-o de "utópico", o ponto de vista dos socialistas inimigos de todas as políticas coloniais e repete o raciocínio daqueles que consideram que a Itália "deveria ser a segunda potência colonial", cedendo a primazia apenas à Inglaterra devido à densidade populacional e a força do movimento de imigração. O argumento de que 40% da população da Itália é analfabeta, de que os motins causados por epidemias de cólera, etc., etc., continuam a ocorrer ainda hoje, é refutado com o exemplo da Inglaterra: que não foi, dizem-nos, um país de incrível ruína, humilhação e morte por fome das massas trabalhadoras, de alcoolismo e monstruosa miséria e imundície nos bairros pobres da cidade durante a primeira metade do século XIX, quando a burguesia inglesa lançou com tanto sucesso as bases de seu atual poderio colonial?

E devemos dizer que, do ponto de vista burguês, este raciocínio é irrecorrível . A política colonial e o imperialismo não são, de forma alguma, desvios mórbidos e curáveis do capitalismo (como pensam os filisteus, e Kautsky entre eles), mas antes uma consequência inevitável dos próprios fundamentos do capitalismo.

A concorrência entre diferentes empresas coloca a questão de uma só forma: ir à falência ou arruinar outras; a concorrência entre diferentes países coloca a questão de uma só forma: permanecer em nono lugar e arriscar eternamente o destino da Bélgica ou arruinar e subjugar outros países, conquistando a cotoveladas uma posição entre as "grandes" potências.

O imperialismo italiano tem sido chamado de "imperialismo dos pobres" ("l'imperialismo della povera gente") levando em consideração a pobreza da Itália e a miséria desesperada das massas de imigrantes italianos. O chauvinista italiano Arturo Labriola[121], que difere do antigo adversário J. Plekhanov apenas porque revelou antes dele o seu social-chauvinismo e chegou a esse social-chauvinismo através do semi-anarquismo pequeno-burguês, e não do oportunismo pequeno-burguês; esse Arturo Labriola dizia em seu panfleto sobre a guerra tripolitana (em 1912):

> (...) É claro que não lutamos apenas contra os turcos... mas também contra as intrigas, as ameaças, o dinheiro e as tropas da Europa plutocrática, que não pode tolerar que pequenas nações se atrevam a fazer um único gesto, a dizer uma única palavra que comprometa a sua férrea hegemonia" (pág. 92). E o chefe dos nacionalistas italianos, Corradini, declarava: "Da mesma forma que o socialismo tem sido o método para emancipar o proletariado da burguesia, o nacionalismo será para nós, os italianos, o método para nos emanciparmos dos franceses, dos alemães, dos ingleses e dos americanos do Norte e Sul, que, em relação a nós, são burguesia.

Todo país que tem mais colônias, capitais e tropas que "nós", "nos" priva de certos privilégios, de um certo lucro ou super lucro. Da mesma forma que entre os capitalistas, recebe super lucro o que

[121] Arturo Labriola (1873-1959): economista e teórico do sindicalismo italiano.

tem máquinas superiores à média ou possui determinados monopólios, entre os países recebe super lucro o que se encontra em melhor situação econômica que os demais. Cabe à burguesia lutar por privilégios e vantagens para o seu capital nacional e enganar o povo ou as massas (com a ajuda de Labriola e Plekhanov), apresentando a guerra imperialista pelo "direito" de saquear os outros como uma guerra de libertação nacional.

Até a guerra de Trípoli, a Itália não tinha saqueado – pelo menos em grande escala – outros povos. Isso não é, talvez, uma ofensa intolerável ao orgulho nacional? Os italianos são oprimidos e humilhados perante outras nações. Na década de 70 do século passado, a emigração italiana era de cerca de 100.000 homens por ano; hoje varia entre 500.000 e 1.000.000. E todos eles são pobres, que a fome expulsa de seu país, no sentido mais literal da palavra; todos eles servem como mão-de-obra para os ramos industriais com os menores salários; toda esta massa vive nos bairros mais apertados, miseráveis e sujos das cidades americanas e europeias. O número de italianos residentes no estrangeiro, que em 1881 era de um milhão, aumentou em 1910 para cinco milhões e meio, com a particularidade de a esmagadora maioria corresponder aos países ricos e "grandes", em relação aos quais os italianos são a massa trabalhadora mais ordinária e humilhada, mais pobres e sem direitos. Estes são os principais países que consomem a barata de mão-de-obra italiana: França, 400.000 italianos em 1910 (240.000 em 1881); Suíça, 135.000 (41.000) (entre parênteses indicamos o número correspondente a 1881); Áustria, 80.000 (40.000); Alemanha, 180.000 (7.000); Estados Unidos, 1.779.000 (170.000); Brasil 1.500.000 (82.000); Argentina 1.000.000 (254.000). A França "iluminada", que 125 anos atrás lutou pela liberdade e que, por esta razão, denomina "libertadora" sua atual guerra pelo escravista "direito de ter colônias" para ela e para a Inglaterra; essa França, mantém em verdadeiros guetos especiais centenas de milhares de italianos, de quem a canalha pequeno-burguesa da "grande" nação tenta distanciar-se o máximo possível e a quem tenta humilhar e ultrajar por todos os meios. O apelido depreciativo "macarroni" é aplicado aos italianos (lembre-se o leitor russo de quantos apelidos depreciativos são aplicados em nosso país aos "estrangeiros" que não tiveram a sorte de nascer com o direito de desfrutar dos nobres privilégios do grande poder, usados pelos Purishkevich como instrumento de opressão tanto do povo russo *como* de todos os outros povos da Rússia). A grande França concluiu um acordo com a Itália em 1896, em virtude do qual a última se comprometeu a não aumentar o número de escolas italianas na Tunísia! E desde então, a população italiana da Tunísia aumentou seis vezes. Na Tunísia há 105.000 italianos e 35.000 franceses, mas dos primeiros apenas 1.167 são proprietários, que possuem 83.000 hectares de terras, enquanto entre estes últimos há 2.395, que saquearam 700.000 hectares na "sua" colônia. Como podemos não concordar com Labriola e outros "plekhanovistas" italianos que a Itália tem "direito" à sua colônia em Trípoli, à opressão dos eslavos na Dalmácia, à divisão da Ásia Menor, etc.!*

---

* É muito esclarecedor destacar a relação existente entre a passagem da Itália ao imperialismo e a conformidade do governo em efetuar a reforma eleitoral. Esta reforma fez o número de eleitores passar de 3.219.000 para 8.562.000, ou seja, "quase" concedeu o sufrágio universal. Até a guerra de Trípoli, o mesmo Giolitti que efetuou a reforma era resolutamente contra ela. "A motivação da mudança de linha do governo" e dos partidos moderados – escreve Michels – era, em essência, patriótica. "A despeito da inveterada aversão teórica à política colonial, e contra tudo o que foi previsto, os trabalhadores industriais, e mais ainda os soldados, lutaram contra os turcos com extraordinária disciplina e obediência. Um comportamento tão servil com relação à política governamental merecia uma recompensa, a fim de incitar o proletariado a seguir por este novo caminho. O presidente do Conselho de Ministros declarou no Parlamento que a classe trabalhadora italiana, com seu comportamento patriótico nos campos de batalha

Da mesma forma que Plekhanov apoia a guerra "libertadora" da Rússia contra o desejo da Alemanha de transformá-la em sua colônia, o chefe do partido reformista Leônidas Bissolati clama contra "a invasão do capital estrangeiro na Itália" (p. 97): capital alemão na Lombardia, ou na Sicília, francês em Piacentino, belga nas empresas de bonde, e assim sucessivamente e até o infinito.

O problema tem sido abordado de forma decisiva e é necessário reconhecer que a guerra europeia trouxe à humanidade um grande benefício ao colocá-la como imposição perante centenas de milhões de seres das diferentes nações: *ou bem* defender, com armas ou com a caneta, direta ou indiretamente, qualquer que seja a forma, os privilégios ou as vantagens ou pretensões das grandes potências e, em geral, nacionais da "própria" burguesia, o que significa ser seu adepto ou lacaio; *ou bem* aproveitar toda luta, sobretudo armada, pelos recursos das grandes potências para desmascarar e derrubar qualquer governo, sobretudo o *seu próprio*, através das ações revolucionárias do proletariado solidário em escala internacional. Nesta questão não pode haver meio-termo, ou, em outras palavras: a tentativa de ocupar uma posição intermediária significa, de fato, uma deserção encoberta para o campo da burguesia imperialista.

---

da Líbia, demonstrou perante a pátria ter alcançado hoje o grau mais elevado de amadurecimento político. Que é capaz de sacrificar a própria vida em defesa de um nobre objetivo, é capaz também de defender os interesses da pátria como eleitor e, por isso, tem o direito de ser considerado plenamente digno de todos os direitos políticos pelo Estado" (pg. 177) Como falam bem os ministros italianos! Mas falam melhor ainda os "radicais" social-democratas alemães, que repetem agora este raciocínio lacaiesco: "nós" cumprimos com nosso dever, ajudamos "vocês" a espoliar outros países e "vocês" não querem conceder a "nós" o sufrágio universal na Prússia...

A REVOLUÇÃO SOCIALISTA E O DIREITO DAS NAÇÕES À AUTODETERMINAÇÃO (TESE)

Escrito entre janeiro e fevereiro de 1916. Publicado em abril de 1916, em alemão, no número 2 da revista *Vorbote*.

O imperialismo, o socialismo e a libertação das nações oprimidas

O imperialismo é a fase mais elevada do desenvolvimento capitalista. Nos países avançados, o capital superou o marco dos Estados nacionais, substituiu a concorrência pelo monopólio, criando todas as premissas objetivas para a realização do socialismo. Por esta razão, na Europa Ocidental e nos Estados Unidos, a luta revolucionária do proletariado pela derrubada dos governos capitalistas e pela expropriação da burguesia, está na ordem do dia. O imperialismo empurra as massas para esta luta ao exacerbar as contradições de classe em proporções imensas, ao piorar a situação das massas tanto economicamente - trustes, carestia - como politicamente - crescimento do militarismo, maior frequência de guerras, recrudescimento da reação, consolidação e expansão do jugo nacional e pilhagem colonial. O socialismo triunfante deve implantar necessariamente a democracia completa e, consequentemente, não só tornar efetiva a plena igualdade de direitos das nações, mas também tornar uma realidade o direito à autodeterminação das nações oprimidas, isto é, o direito à livre separação política. Os partidos socialistas que não demonstram com toda a sua atividade, tanto hoje como durante a revolução e depois de seu triunfo, que libertarão as nações oprimidas e estabelecer relações com elas baseadas na aliança livre – e a aliança livre nada mais é do que uma frase mentirosa sem a liberdade de separação –, esses partidos trairão o socialismo.

Está claro que a democracia também é uma forma de Estado que deverá desaparecer juntamente com ele, mas isso ocorrerá apenas quando passarmos do socialismo, definitivamente triunfante e consolidado, para o comunismo completo.

A revolução socialista e a luta pela democracia

A revolução socialista não é um ato único, não é uma batalha numa única frente, mas toda uma era de exacerbados conflitos entre as classes, uma longa série de batalhas em todas as frentes, isto é, em todas as questões da economia e da política, que só podem culminar na expropriação da burguesia. Seria um grande erro pensar que a luta pela democracia pode separar o proletariado da revolução socialista, ou atenuá-la, velar-la, etc. Ao contrário; da mesma forma que é impossível um socialismo triunfante que não implemente a democracia completa, também é impossível que um proletariado se prepare para a vitória sobre a burguesia se não sustentar uma luta múltipla, consistente e revolucionária pela democracia.

Não seria menos errôneo eliminar um dos pontos do programa democrático, a autodeterminação das nações, por exemplo, partindo do pressuposto de que ela é "irrealizável" ou "ilusória" no imperialismo. A afirmação de que o direito das nações à autodeterminação é irrealizável no quadro do capitalismo pode ser entendida num sentido absoluto, econômico, ou num sentido relativo, político.

No primeiro caso, é profundamente errôneo do ponto de vista teórico. Em primeiro lugar, nesse sentido, por exemplo, os bônus de trabalho ou a abolição das crises, etc., são irrealizáveis no capitalismo. É completamente errado que a autodeterminação das nações seja irrealizável *da mesma forma*. Em segundo lugar, mesmo o único exemplo da separação da Noruega da Suécia em 1905 é suficiente para refutar a irrealização neste sentido. Em terceiro lugar, seria ridículo negar que com uma pequena mudança nas relações políticas e estratégicas, por exemplo, de Alemanha e Inglaterra, hoje ou amanhã é plenamente "realizável" a formação de novos Estados: o polonês, o hindú, etc. Em quarto lugar, o capital financeiro, seus desejos de expansão, comprará e subornará "livremente" o governo republicano e democrático mais livre e os funcionários eletivos de qualquer país, ainda que seja "independente". O domínio do capital financeiro, como o do capital em geral, não pode ser eliminado por *nenhuma* transformação no campo da democracia política; e a autodeterminação corresponde total e exclusivamente a este terreno. Mas este domínio do capital financeiro não anula de forma alguma a importância da democracia política como uma *forma* mais livre, ampla e clara da opressão de classe e da luta de classes. Portanto, todos os argumentos sobre o fato de, sob o capitalismo, uma das exigências da democracia política ser irrealizável no sentido econômico, implicam uma definição errada, do ponto de vista teórico, das relações gerais e fundamentais existentes entre o capitalismo e a democracia política em geral.

No segundo caso, essa afirmação é incompleta e imprecisa. Porque não só o direito das nações à autodeterminação, mas *todas* as reivindicações básicas da democracia política são "realizáveis" no imperialismo apenas de uma forma incompleta e desfigurada e como uma rara excepção (por exemplo, a separação da Noruega da Suécia em 1905). A exigência de libertação imediata das colônias, defendida por todos os social-democratas revolucionários, também é "irrealizável" no capitalismo sem uma série de revoluções. Mas disto não se segue de forma alguma que a social-democracia deva renunciar à luta imediata e mais determinada por *todas* essas reivindicações (tal renúncia nada mais seria do que fazer o jogo da burguesia e da reação), mas precisamente o contrário: a necessidade de formular e satisfazer todas estas exigências não de forma reformista, mas de forma revolucionária; não se limitando ao quadro da legalidade burguesa, mas rompendo-o; não se contentando com discursos parlamentares e protestos verbais, mas arrastando as massas para a luta ativa, ampliando e atiçando a luta por toda reivindicação democrática fundamental até chegar ao ataque direto do proletariado à burguesia, isto é, à revolução socialista que expropria a burguesia. A revolução socialista pode eclodir não só por ocasião de uma grande greve, ou de uma manifestação de rua, ou de um motim de famélicos, ou de uma revolta militar, ou de uma insurreição colonial, mas também por ocasião de qualquer crise política, como é o caso Dreyfus, ou o incidente de Saverne[123], ou de um referendo sobre a separação de uma nação oprimida, etc.

---

[123] Caso Dreyfus: processo provocatório levado a cabo em 1894 pelos círculos reacionários monarquistas da camarilha militar da França contra Dreyfus, oficial judeu do Estado Maior Central, acusado falsamente de espionagem e alta traição. Dreyfus foi condenado à prisão perpétua por um Conselho de Guerra. A campanha lançada na França em prol da revisão de sua condenação ocorreu em meio a uma encarniçada luta entre republicanos e monarquistas e conduziu à reabilitação definitiva de Dreyfus em 1906.

O incidente de Saverne ocorreu na cidade de Saverne, no leste da França, em novembro de 1913. Foi motivado pela conduta de um oficial prussiano que teceu comentários depreciativos sobre a população da região da Alsácia, onde se localiza a cidade. Este fato fez com que explodisse a indignação da população local, majoritariamente francesa, contra a opressão dos militares prussianos acantonados na cidade.

A intensificação da opressão nacional no imperialismo torna necessário que a social-democracia não renuncie à luta "utópica", como qualifica a burguesia, pela liberdade de separação das nações, mas, ao contrário, utilize vigorosamente os conflitos que *também* surgem nesta área como pretexto para a atividade de massas e ações revolucionárias contra a burguesia.

O significado do direito de autodeterminação e sua relação com a federação

O direito à autodeterminação das nações significa exclusivamente o direito à independência no sentido político, à livre separação política da nação opressora. Concretamente, esta exigência de democracia política significa plena liberdade de agitação em prol da separação e para que esta seja decidida através de um referendo da nação que deseja separar-se. Portanto, esta exigência não equivale de forma alguma à de separação, fracionamento e formação de pequenos Estados. Nada mais é do que uma expressão consistente da luta contra toda a opressão nacional. Quanto mais próximo o regime democrático do Estado estiver da plena liberdade de separação, mais fracas e raras serão, na prática, as aspirações à separação, uma vez que são indubitáveis as vantagens dos grandes Estados, tanto do ponto de vista do progresso econômico como dos interesses das massas, com a particularidade de que estas vantagens crescem incessantemente ao mesmo tempo que o capitalismo. O reconhecimento da autodeterminação não equivale ao reconhecimento da federação como princípio. Se pode ser inimigo decidido deste princípio e partidário do centralismo democrático, mas preferir a federação à desigualdade nacional, vendo na primeira o único caminho capaz de conduzir a um centralismo democrático pleno. Precisamente deste ponto de vista, Marx, que era centralista, preferiria inclusive a federação da Irlanda com a Inglaterra à submissão violenta pelos ingleses[124].

O objetivo do socialismo não consiste apenas em acabar com o fracionamento da humanidade em Estados pequenos e com todo isolamento das nações, não consiste apenas em aproximá-las, mas também em fundi-las. E precisamente para alcançar este objetivo devemos, por um lado, explicar às massas o caráter reacionário da ideia de Renner[125] e O. Bauer[126] sobre a chamada "autonomia cultural nacional" e, por outro lado, exigir a libertação das nações oprimidas não com vagas frases genéricas, não com declarações vazias, não "adiando" a questão até ao socialismo, mas num programa político formulado com clareza e exatidão, que dê conta especialmente da hipocrisia e da covardia dos socialistas das nações opressoras. Da mesma forma que a humanidade só pode alcançar a supressão de classes através do período de transição que significa a ditadura da classe oprimida, da mesma forma que a humanidade só pode alcançar a fusão inevitável das nações através do período de transição que significa a emancipação completa de todas as nações oprimidas, isto é, a sua liberdade de separação.

---

[124] Ver as cartas de Karl Marx a Friedrich Engels de 2 e 30 de novembro de 1867.

[125] Karl Renner (1870-1950): político austríaco, líder e teórico dos social-democratas de direita; um dos autores da teoria nacionalista burguesa sobre a "autonomia nacional-cultural".

[126] Otto Bauer (1882-1938): dirigente da social-democracia austríaca e da II Internacional; um dos ideólogos do oportunismo, autor da teoria da "autonomia nacional-cultural". Em 1918, foi ministro de Relações Exteriores da República Austríaca. Lutou contra o movimento revolucionário.

A abordagem revolucionária do proletariado frente ao problema da autodeterminação das nações

Tanto a reivindicação da autodeterminação das nações como *todos* os pontos do nosso programa mínimo democrático foram levantados *antes*, nos séculos XV e XVIII, pela pequena burguesia. E a pequena burguesia continua a levantar utopicamente *todos* estes pontos, sem ver a luta de classes e a sua intensificação com a democracia, confiando no capitalismo "pacífico". Assim é, precisamente, a utopia da aliança pacífica das nações com igualdade de direitos sob o imperialismo, utopia defendida pelos kautskianos e que engana o povo. Em contrapartida, a social-democracia deve apresentar como fundamental, como a coisa mais essencial e inevitável sob o imperialismo, a divisão das nações em opressores e oprimidos.

O proletariado das nações opressoras não pode limitar-se a frases genéricas e estereotipadas, repetidas por qualquer burguês pacifista, contra as anexações e a favor da igualdade de direitos das nações de forma abstrata. O proletariado não pode se calar sobre o assunto, particularmente "desagradável" para a burguesia imperialista, das *fronteiras* do Estado baseado na opressão nacional. O proletariado não pode deixar de lutar contra a retenção violenta das nações oprimidas dentro das fronteiras de um Estado específico, e isso significa lutar pelo direito à autodeterminação. O proletariado deve exigir liberdade de separação política para as colônias e nações oprimidas por "sua" nação. Caso contrário, o internacionalismo do proletariado permanecerá um conceito furado e verbal; a confiança e a solidariedade de classe entre os trabalhadores da nação oprimida e os da nação opressora serão impossíveis; não será desmascarada a hipocrisia dos defensores reformistas e kautskianos da autodeterminação, que não falam das nações que são oprimidas pela "sua" nação e retidas pela violência em "seu próprio" Estado.

Por outro lado, os socialistas das nações oprimidas devem defender e implementar especialmente a unidade total e absoluta, incluindo a unidade orgânica, entre os trabalhadores da nação oprimida e os da nação opressora. Caso contrário, com todas as manobras, traições e armadilhas da burguesia, seria impossível defender a política proletária independente e a sua solidariedade de classe com o proletariado de outros países, uma vez que a burguesia das nações oprimidas converte constantemente as reivindicações de libertação nacional em engodo para os trabalhadores: na política interna, utiliza estas reivindicações para concluir acordos reacionários com a burguesia das nações dominantes (por exemplo, os poloneses na Áustria e na Rússia, que confabulam com a reação para oprimir os judeus e os ucranianos); na política exterior trata de se comprometer com uma das potências imperialistas que competem entre si a fim de realizar seus objetivos de rapina (a política dos Estados pequenos nos Bálcãs, etc.).

O fato de a luta pela liberdade nacional contra uma potência imperialista poder ser utilizada, sob certas condições, por outra "grande" potência para alcançar fins igualmente imperialistas, não pode forçar a social-democracia a renunciar ao reconhecimento do direito das nações à autodeterminação, da mesma forma que os repetidos casos de utilização de reivindicações republicanas pela burguesia para fins de fraude política e pilhagem financeira (por exemplo, nos países latinos) não podem forçar os social-democratas a renunciar ao seu republicanismo*.

---

* É necessário dizer que seria o cúmulo do ridículo rechaçar o direito à autodeterminação por a partir dele se supor que a ele se associa, supostamente, a "defesa da pátria". Com a mesma razão – quer dizer, com a mesma falta de seriedade –, os social-chauvinistas utilizam em

O marxismo e o proudhonismo perante a questão nacional

Ao contrário dos democratas pequeno-burgueses, Marx viu em todas as reivindicações democráticas, sem exceção, não algo absoluto, mas a manifestação histórica da luta das massas populares lideradas pela burguesia contra o feudalismo. Qualquer uma destas reivindicações pode ser utilizada, e assim tem sido em certas circunstâncias, pela burguesia como forma de enganar os trabalhadores. Destacar nesse sentido uma das exigências da democracia política, justamente a autodeterminação das nações, e contrapô-la às demais, é profundamente errado do ponto de vista teórico. Na prática, o proletariado apenas pode conservar sua independência se subordina sua luta por todas as reivindicações democráticas – sem excluir a da República – à sua luta revolucionária pela derrubada da burguesia.

Por outro lado, ao contrário dos proudhonistas que "negaram" o problema nacional "em nome da revolução social", Marx, tendo em conta sobretudo os interesses da luta de classes do proletariado nos países avançados, destacava em primeiro plano o princípio fundamental do internacionalismo e do socialismo: o povo que oprime outros povos não pode ser livre. Precisamente do ponto de vista dos interesses do movimento revolucionário dos

---

1914-1916, para justificar a "defesa da pátria", qualquer reivindicação democrática (por exemplo, o republicanismo) e qualquer fórmula da luta contra a opressão nacional. O marxismo pressupõe o reconhecimento da defesa da pátria nas guerras da Grande Revolução Francesa, por exemplo, ou nas guerras de Garibaldi, na Europa, assim como a negação da defesa da pátria na guerra imperialista de 1914-1916, da análise das particularidades históricas concretas de cada guerra, e de modo algum, de qualquer "princípio geral", de qualquer ponto isolado do programa.

trabalhadores alemães, Marx exigia em 1848 que a democracia triunfante na Alemanha proclamasse e colocasse em prática a liberdade dos povos oprimidos pelos alemães[128]. Partindo precisamente do ponto de vista da luta revolucionária dos trabalhadores ingleses, Marx exigia em 1869 a separação da Irlanda da Inglaterra, acrescentando: "ainda que, após a separação, se possa chegar a uma federação". Só ao levantar tal exigência é que Marx educou verdadeiramente os trabalhadores ingleses no espírito internacionalista. Só assim Marx poderia opor aos oportunistas e ao reformismo burguês - que ainda hoje, meio século depois, ainda não realizou a "reforma" irlandesa - uma solução revolucionária para este problema histórico. Só assim, em oposição aos apologistas do capital, que proclamaram em voz alta o caráter utópico e irrealizável da liberdade de separação das pequenas nações e o caráter progressista da concentração econômica e política, poderia Marx defender de uma forma *não* imperialista o caráter progressista desta concentração, defender a aproximação das nações baseada na união livre dos trabalhadores de todos os países e não na coerção. Só assim Marx pôde opor o reconhecimento verbal - e muitas vezes hipócrita - da igualdade de direitos e da autodeterminação das nações à ação revolucionária das massas *também* no campo da resolução dos problemas nacionais. A guerra imperialista de 1914-1916 e os estábulos de Augias[129] da hipocrisia dos oportunistas e kautskianos, revelados por ela, confirmaram eloquentemente a certeza desta

---

[128] Lênin faz referência ao artigo A insurreição de Praga, publicado no jornal *Neue Rheinische Zeitung* de 18 de junho de 1848.

[129] Estábulos de Augias: grandes estábulos do rei Augias, da Élida, que passaram muitos anos sem serem limpos, tarefa executada por Hércules em apenas um dia. A expressão é utilizada para se referir ao acúmulo de lixo/imundície ou a um extremo estado de abandono e desordem.

política de Marx, que deve servir de modelo para todos os países avançados, já que, hoje, todos eles oprimem outras nações*.

Três tipos de países no terreno da autodeterminação das nações

Nesta questão devemos distinguir três tipos principais de países:

Primeiro, os países capitalistas avançados da Europa Ocidental e os Estados Unidos. Neles terminaram, há muito tempo, os movimentos nacional burgueses de tendência progressista. Cada uma destas "grandes" nações oprime outras, nas colônias e dentro do próprio país. As tarefas do proletariado das nações dominantes são exatamente as mesmas que tinham na Inglaterra do século XIX em relação à Irlanda**.

---

* Frequentemente se alude – como o fez recentemente, por exemplo, o chauvinista alemão Lensch no número 8-9 de Die Glocke – à oposição de Marx ao movimento nacional de alguns povos, por exemplo, dos tchecos em 1848, afirmando que ele refuta por meio do marxismo a necessidade de reconhecer a autodeterminação das nações. Mas isso não é centro, pois em 1848 existiam fundamentos históricos e políticos para estabelecer uma diferença entre nações "reacionárias" e nações democrático-revolucionárias. Marx tinha razão ao condenar as primeiras e defender as segundas. O direito à autodeterminação é uma reivindicação democrática que, naturalmente, deve ser subordinada aos interesses gerais da democracia. Em 1848 e nos anos posteriores, estes interesses gerais consistiam, primeiro, em lutar contra o czarismo.

** Em alguns Estados pequenos que ficaram à margem da guerra de 1914-1916, como, por exemplo, a Holanda e a Suíça, a burguesia utiliza intensamente a reivindicação da "autodeterminação das nações" para justificar a participação na guerra imperialista. Esse é um dos motivos que impelem os social-democratas de tais países a negar a autodeterminação. Defendem com argumentos errôneos a política

Em segundo lugar, o leste europeu: Áustria, os Balcãs e, especialmente, a Rússia. Precisamente o século XX desenvolveu os movimentos democráticos burgueses nacionais de uma forma única e exacerbou a luta nacional. As tarefas do proletariado desses países, tanto na culminação de suas transformações democráticas burguesas, como na ajuda à revolução socialista de outros Estados, não podem ser cumpridas sem a defesa do direito das nações à autodeterminação. Neles, a tarefa de fundir a luta de classes dos trabalhadores das nações opressoras e dos trabalhadores das nações oprimidas é singularmente difícil e importante.

Terceiro, os países semicoloniais, como a China, a Pérsia e a Turquia, e todas as colônias, que juntas somam cerca de um bilhão de habitantes. Neles apenas começaram, em uma parte, os movimentos democráticos burgueses e, em outra, estão longe de haver terminado. Os socialistas não devem limitar-se a exigir a libertação imediata e absoluta, sem resgate, das colônias, uma exigência que, na sua expressão política, significa precisamente o reconhecimento do direito à autodeterminação; os socialistas devem apoiar com a maior determinação os elementos mais revolucionários dos movimentos democráticos burgueses de libertação nacional nestes países e auxiliar sua insurreição – e,

---

proletária acertada, a saber: a negação da "defesa da pátria" na guerra *imperialista*. No âmbito da teoria isso é uma tergiversação do marxismo; no âmbito da prática, uma espécie de estreiteza do critério de pequena nação, um apagamento das *centenas de milhões* de habitantes das nações subjugadas pelas "grandes potências". Em seu magnífico panfleto *O imperialismo, a guerra e a social-democracia*, o camarada Gorter nega de maneira equivocada o princípio da autodeterminação das nações, mas o *aplica* acertadamente ao exigir a *imediata* "independência política e *nacional*" da Índia Holandesa e ao desmascarar os oportunistas holandeses, que se negam a apresentar tal reivindicação e a lutar por ela.

se necessário, a sua guerra revolucionária – *contra* as potências imperialistas que os oprimem.

O social-chauvinismo e a autodeterminação das nações

A era imperialista e a guerra de 1914-1916 colocam de modo especial a tarefa de combater o chauvinismo e o nacionalismo nos países avançados. No problema da autodeterminação das nações existem duas nuances principais entre os social-chauvinistas, isto é, entre os oportunistas e os kautskianos, que floreiam a guerra imperialista e reacionária, aplicando-lhe o conceito de "defesa da pátria".

Por um lado, vemos lacaios bastante descarados da burguesia que defendem as anexações, afirmando que o imperialismo e a concentração política são fenômenos progressistas e que negam o direito à autodeterminação, chamando-o de utópico, ilusório, pequeno burguês, etc. Entre eles figuram Cunow[132], Parvus[133] e os grandes oportunistas na Alemanha, uma parte dos fabianos[134] e

---

132 Heinrich Wilhelm Karl Cunow (1862-1936): Social-democrata de direita alemão, historiador, sociólogo e etnógrafo. Inicialmente esteve próximo dos marxistas, mas após algum tempo assumiu posições revisionistas. Foi teórico do social-imperialismo durante a Primeira Guerra Mundial.

133 Alexandr Lazarevitch Helfand (Parvus) (1869-1924): Menchevique, integrou o movimento social-democrata russo e alemão. No período da Primeira Guerra assumiu posições extremamente chauvinistas e defendeu, consequentemente, o imperialismo alemão. Seu nome verdadeiro era Israel Lazarevic Gelfand.

134 Fabianos: membros da Sociedade Fabiana, reformista e oportunista, fundada na Inglaterra em 1884 por um grupo de intelectuais burgueses. Se chamava assim em referência ao líder Fabiano Máximo "Cunctator" (o "Contemporizador"), conhecido por sua tática

os chefes dos sindicatos na Inglaterra e os oportunistas na Rússia: Semkovski, Libman, Yurkevich, etc.

Em outra parte, vemos os kautskianos, entre os quais também devem ser incluídos Vandervelde[135], Renaudel[136], muitos pacifistas da Inglaterra e da França, etc. São a favor da unidade com os primeiros e, na prática, concordam plenamente com eles em defender o direito à autodeterminação de uma forma puramente verbal e hipócrita: consideram "excessiva" ("*zu viel verlangt*": Kautsky em *Neue Zeit*, 21 de maio de 1915) a exigência de liberdade de separação política, não apoiam a necessidade das táticas revolucionárias dos socialistas precisamente das nações opressoras, mas, pelo contrário, velam suas obrigações revolucionárias, justificam o seu oportunismo, os ajudam a enganar o povo, ignoram precisamente o problema das *fronteiras* do Estado que retém à força nações com direitos tolhidos, etc.

Ambos são igualmente oportunistas que prostituem o marxismo, pois perderam toda a capacidade de compreender a importância teórica e a relevância prática das táticas de Marx, explicadas por ele com o exemplo da Irlanda.

Mas no que diz respeito, em particular, às anexações, o problema adquiriu singular relevância devido à guerra. Mas, o que é uma anexação? É fácil convencer-se de que o protesto contra as anexações se reduz ao reconhecimento da autodeterminação das

---

expectante, que consistia em evitar os combates decisivos. Os fabianos negavam a luta de classes, se propunham a tarefa de "introduzir" na burguesia ideias "socialistas" e afirmavam a possibilidade de passar gradualmente ao socialismo por meio de pequenas reformas. A Sociedade Fabiana ingressou no Partido Trabalhista em 1900.

135 Émile Vandervelde (1866-1938): líder do Partido Socialista Belga, líder oportunista da II Internacional. Após o início da Primeira Guerra Mundial integrou o governo burguês da Bélgica.

136 Pierre Renaudel (1871-1935): socialista de direita francês. Assumiu posição social-chauvinista durante a Primeira Guerra Mundial.

nações ou se baseia no palavreado pacifista, defensor do *status quo* e oposta a *toda* violência, inclusive a revolucionária. Semelhante frase é profundamente falsa e é conflituosa em relação ao marxismo.

As tarefas concretas do proletariado no futuro imediato

A revolução socialista pode começar no futuro mais imediato. Nesse caso, a tarefa urgente de conquistar o poder, expropriar os bancos e aplicar outras medidas ditatoriais surgirá perante o proletariado. A burguesia – e especialmente os intelectuais do tipo dos fabianos e kautskyanos – tratará, neste momento, de fracionar e frear a revolução, impondo a ela objetivos limitados, democráticos. Se *todas* as reivindicações puramente democráticas são capazes, quando o proletariado iniciar o assalto às bases do poder da burguesia, de desempenhar em certo sentido o papel de obstáculo à revolução, a necessidade de proclamar e tornar efetiva a liberdade de *todos* os povos oprimidos (isto é, o seu direito à autodeterminação) será tão imperativo na revolução socialista como o foi para a vitória da revolução democrática burguesa, por exemplo, na Alemanha em 1848 ou na Rússia em 1905.

Pode acontecer, no entanto, que se passem cinco ou dez anos, ou até mais, antes que a revolução socialista comece. A tarefa da educação revolucionária das massas será então colocada para evitar que os chauvinistas socialistas e os oportunistas pertençam ao partido operário e tenham sucesso como tiveram em 1914-1916. Os socialistas devem explicar às massas que agirão como chauvinistas, como lacaios das monarquias imperialistas e da burguesia imperialista, cobertos de sangue e lama, os socialistas ingleses que não exijam a liberdade de separação das colônias e da Irlanda; os socialistas alemães que não exijam a liberdade de separação das colônias, dos alsacianos, dinamarqueses e poloneses, que não estendam directamente a propaganda revolucionária e as ações revolucionárias de massa ao campo da luta contra a opressão nacional ou usem incidentes como Saverne para a mais ampla propaganda ilegal entre o proletariado da nação opressora, para manifestações nas ruas e para ações revolucionárias de massas; os socialistas russos que não exijam a liberdade de separação de Finlândia, Polônia, Ucrânia, etc., etc.

Atitude da social-democracia da Rússia e da Polônia e da II Internacional perante a autodeterminação

As discrepâncias entre os social-democratas revolucionários russos e os social-democratas poloneses sobre o problema da autodeterminação foram reveladas já em 1903, no Congresso que aprovou o Programa do POSDR e que, apesar do protesto da delegação dos social-democratas poloneses, incluiu nesse programa o parágrafo 9, que reconhece o direito das nações à autodeterminação. Desde então, os social-democratas poloneses não repetiram nenhuma vez, em nome do seu partido, a proposta de excluir o referido parágrafo do nosso programa partidário ou de substituí-lo por qualquer outra formulação.

Na Rússia, onde nada menos que 57% da população (mais de 100 milhões) provém de nações oprimidas, onde estas nações povoam, principalmente, as regiões periféricas; onde uma parte destas nações é mais culta que os russos; onde o regime político se distingue pela sua barbárie única e medieval; onde a revolução democrática burguesa ainda não terminou, o reconhecimento do direito das nações oprimidas pelo czarismo de se separarem dele com total liberdade é absolutamente obrigatório para os social-democratas, em nome das suas tarefas democráticas e socialistas. Nosso partido, reconstituído em janeiro de 1912, aprovou em 1913 uma resolução que ratificava o direito à autodeterminação, explicando-o precisamente com o significado concreto acima exposto. A violência do chauvinismo russo em 1914-1916, tanto entre a burguesia como entre os socialistas oportunistas (Rubanovish, Plekhanov, *Nashe Dielo*, etc.) nos faz insistir ainda mais nesta exigência e reconhecer que aqueles que a negam, apoiam na prática o chauvinismo russo e o czarismo. Nosso partido declara que não assume, absolutamente, a menor responsabilidade por semelhante atuação contra o direito de autodeterminação.

A fórmula mais recente da posição que a social-democracia polonesa mantém sobre o problema nacional (declaração da social-democracia polonesa na Conferência de Zimmerwald) contém as seguintes ideias:

Esta declaração estigmatiza o governo alemão e a todos os outros que vêem nas "regiões polonesas" como garantias no futuro jogo das compensações, "*privando o povo polonês da possibilidade de decidir o seu próprio destino*". "A social-democracia polonesa protesta enérgica e solenemente contra o fato de ser *recortado e despedaçado todo um país (...)*". Critica os socialistas que confiaram aos Hohenzollern (...) "a causa *da libertação dos povos oprimidos*." Ele expressa a convicção de que apenas a participação na próxima luta, na luta do proletariado revolucionário internacional pelo socialismo, "*quebrará as correntes da opressão nacional* e destruirá *todas as formas* de dominação *estrangeira*, garantirá ao *povo polonês* a possibilidade de se desenvolver livremente, em todos os aspectos, como membro *com direitos iguais* na união dos povos." A declaração reconhece que a guerra é "*duplamente* fratricida" "*para os poloneses*" (Boletim da Comissão Socialista Internacional, nº 2, 27 de setembro de 1915, p. 15; traduzido para o russo na compilação *A Internacional e a guerra*, p. 97).

Essencialmente, estas teses não diferem em nada do reconhecimento do direito das nações à autodeterminação, embora sofram de maior vagueza e imprecisão das fórmulas políticas do que a maioria dos programas e resoluções da II Internacional. Qualquer tentativa de expressar estas ideias em fórmulas políticas exatas e de determinar sua aplicação ao regime capitalista ou apenas ao regime socialista mostrará com ainda mais clareza o quão equivocado é que os social-democratas poloneses neguem a autodeterminação das nações.

O acordo do Congresso Socialista Internacional de Londres (1896), que reconhece a autodeterminação das nações, deve ser complementado com as teses acima expostas, indicando: 1) a especial urgência desta reivindicação sob o imperialismo; 2) o convencionalismo político e o conteúdo de classe de todas as reivindicações da democracia política, incluindo a reivindicação em questão; 3) a necessidade de diferenciar as tarefas concretas dos social-democratas das nações opressoras e as dos social-democratas das nações oprimidas; 4) o reconhecimento inconsequente, puramente verbal e, por conta disso, hipócrita pelo seu significado político, da autodeterminação pelos oportunistas e kautskianos; 5) a semelhança, de fato, com os chauvinistas por parte dos social-democratas, sobretudo das nações dominantes (russos, anglo-americanos, alemães, franceses, italianos, japoneses, etc.), que não defendem a liberdade de separação das colônias e nações oprimidas por "suas" nações; 6) a necessidade de direcionar a luta a partir desta reivindicação, como por todas as reivindicações fundamentais da democracia política, à luta revolucionária direta das massas pela derrubada dos governos burgueses e pela realização do socialismo.

Estender a toda a Internacional o ponto de vista de algumas nações pequenas, em particular dos social-democratas poloneses – cuja luta contra a burguesia polonesa, que engana o povo com bordões nacionalistas, levou à negação errada da autodeterminação – consistiria em um erro teórico, a substituição do marxismo pelo proudhonismo, e significaria, na prática, um apoio involuntário ao mais perigoso chauvinismo e oportunismo das nações dominantes.

A Redação do Sotsial-Demokrat, órgão central do POSDR

Post Scriptum. Na edição de 3 de março de 1916 da *Neue Zeit*, que acaba de ser publicada, Kautsky estende abertamente a mão cristã da reconciliação ao representante do mais repulsivo chauvinismo alemão, Austerlitz, negando à Áustria dos Habsburgos a liberdade de separação das nações oprimidas, mas reconhecendo-a perante a Polônia *russa*, a fim de se mostrar como um serviçal de Hindenburg[137] e Guilherme II[138]. Seria difícil desejar um desmascaramento melhor do kautskismo!

---

137 Paul von Hindenburg (1847-1934): marechal de campo alemão; em 1916-1917, comandante em chefe do exército da Alemanha. Um dos organizadores da intervenção armada contra a Rússia Soviética. Presidente da República Alemã entre 1925-1934. Em janeiro de 1933 nomeou Adolf Hitler como Chanceler da Alemanha, abrindo caminho para a ascensão e consolidação do poder nazista após seu falecimento em 2 de agosto do ano seguinte.

138 Guilherme II (em alemão Wilhelm II) (1859-1941): imperador alemão entre 1888-1941.

Fragmento do artigo
SOBRE O PANFLETO DE JUNIUS

Publicado em outubro de 1916 no número 1 de *Sbórnik Sotsial-Demokrata.*

A primeira das definições errôneas de Junius foi endossada na 5ª tese do Grupo Internacional[139]: "(...) Na época (era) deste imperialismo desenfreado já não pode mais haver nenhuma guerra nacional. Os interesses nacionais servem apenas como meio para enganar e colocar as massas populares trabalhadoras a serviço do seu inimigo mortal: o imperialismo..." O início da 5ª tese, que termina com esta definição, é dedicado à definição da guerra *atual* como imperialista. É possível que a negação das guerras nacionais em geral seja um descuido ou uma paixão casual em realçar a ideia, absolutamente correta, de que a *presente* guerra é

---

[139] Grupo Internacional: organização fundada pelos social-democratas alemães de esquerda Karl Liebknecht, Rosa Luxemburgo, Franz Mehring, Clara Zetkin e outros no início da Primeira Guerra Mundial. O Grupo Internacional lutou contra o imperialismo alemão e desmascarou perante a classe trabalhadora os líderes da social-democracia que passaram a defender o imperialismo. O grupo foi cruelmente perseguido pelo governo alemão por suas atividades revolucionárias. Polemizaram com Lênin em uma série de questões teóricas e políticas, que foram criticadas nos artigos *Sobre o panfleto de Junius*, *Sobre a caricatura do marxismo e o "economicismo imperialista"* (pgs. 221-236), entre outros. Em janeiro de 1916 o Grupo Internacional passou a se denominar Grupo Spartacus e, mais tarde, Liga Spartacus. Em dezembro de 1918 fundaram o Partido Comunista da Alemanha.

uma guerra imperialista, e não uma guerra nacional. Mas como também pode ser o contrário, uma vez que em alguns social-democratas se observa a negação errônea de *todas* as guerras nacionais pelo fato de a guerra *atual* ser falsamente apresentada como uma guerra nacional, é necessário se atentar a este erro.

Junius tem toda a razão quando destaca a influência decisiva da "situação imperialista" na guerra *atual*, quando diz que por trás da Sérvia está a Rússia, que "por trás do nacionalismo sérvio está o imperialismo russo", que a participação da Holanda, por exemplo, na guerra seria *também* imperialista, pois ela, primeiro, defenderia as suas colônias e, segundo, seria aliada de uma das coalizões *imperialistas*. Isto é indiscutível em relação à guerra *atual*. E quando Junius enfatiza especialmente o que é de primordial importância para ele – a luta contra o "fantasma da guerra nacional", "que atualmente predomina na política social-democrata" (p. 81) –, devemos reconhecer que seu raciocínio é justo e plenamente oportuno.

O erro seria exagerar esta verdade, se afastar da exigência marxista de ser concreto, transplantar a apreciação de todas as guerras possíveis para a atual guerra do imperialismo, esquecer os movimentos nacionais *contra* o imperialismo. O único argumento em defesa da tese "nacional" é que o mundo está dividido entre um punhado de "grandes" potências imperialistas e que, portanto, qualquer guerra, mesmo que seja nacional, a princípio, *se transforma* em imperialista ao afetar os interesses de uma das potências ou coalizões imperialistas (p. 81 do panfleto de Junius).

A inconsistência deste argumento é evidente. É claro que a tese fundamental da dialética marxista afirma que todas as fronteiras, tanto na Natureza como na sociedade, são relativas e variáveis, que não existe um único fenômeno que não possa, sob certas condições, ser transformado na sua antítese. A guerra nacional pode tornar-se imperialista *e vice-versa*. Por exemplo: as guerras da Grande Revolução Francesa começaram como nacionais e de fato eram. Essas guerras foram revolucionárias porque defenderam a grande revolução contra a coligação de monarquias contra-revolucionárias. Mas quando Napoleão criou o Império francês, escravizando toda uma série de grandes Estados nacionais na Europa, formados muito antes e com capacidade vital, as guerras francesas deixaram de ser nacionais e tornaram-se imperialistas, engendrando por sua vez as guerras de libertação nacional *contra* o imperialismo napoleônico.

Só um sofista poderia ignorar a diferença entre a guerra imperialista e a guerra nacional, com base no fato de uma *pode* se transformar na outra. A dialética serviu mais de uma vez – também na história da filosofia grega – como uma ponte que leva ao sofisma. Mas continuaremos sendo dialéticos e lutaremos contra os sofismas, negando a possibilidade de toda transformação genérica, senão analisando de modo concreto *a presente* em seu entorno e desenvolvimento.

É altamente improvável que a atual guerra imperialista (1914-1916) se transforme em nacional, uma vez que a classe que representa o *progresso* é o proletariado, que objetivamente tende a transformá-la em guerra civil contra a burguesia. E, além disso, porque as forças de ambas as coalizões não diferem muito e o capital financeiro internacional criou em todas as partes uma burguesia reacionária. Mas não se pode declarar como *impossível* semelhante transformação: *se* o proletariado da *Europa* ficasse sem forças durante 20 anos; *se* a guerra atual *terminasse* com vitórias semelhantes às napoleônicas e com a subjugação de uma série de Estados nacionais viáveis; *se* o imperialismo extra-europeu (japonês e norte-americano em primeiro lugar) também se mantivessem 20 anos sem passar ao socialismo, por exemplo, como resultado de uma guerra nipo-americana, então seria possível uma grande guerra nacional na Europa. Isso significaria um *retrocesso* de várias décadas na Europa. É improvável. Mas *não é* impossível, porque imaginar que a história universal avança de forma suave e ordenada, sem retrocessos gigantescos em algumas ocasiões, não é dialético, é anticientífico, falso do ponto de vista teórico.

Continuemos. Na era do imperialismo não apenas são prováveis, mas *inevitáveis* as guerras nacionais por parte das colônias e semi colônias. Quase 1 bilhão de almas vivem nas colônias e semi-colônias (China, Turquia, Pérsia), ou seja, *mais da metade* da população da Terra. Nesses países, o movimento de libertação nacional já é muito forte ou está crescendo e amadurecendo. Toda guerra é a continuação da política com outros meios. As guerras nacionais das colônias *contra* o imperialismo serão *inevitavelmente* uma continuação da sua política de libertação nacional. Essas guerras *podem* levar a uma guerra imperialista das atuais "grandes" potências imperialistas, mas podem também podem não levar a ela: isso dependerá de muitas circunstâncias.

Um exemplo: Inglaterra e França lutaram na Guerra dos Sete Anos pelas colônias, ou seja, travaram uma guerra imperialista (que é possível tanto na base da escravidão e do capitalismo primitivo como na base moderna do capitalismo altamente desenvolvido). A França é derrotada e perde parte de suas colônias. Alguns anos depois, começou a guerra de libertação nacional dos Estados Unidos da América do Norte contra a Inglaterra apenas. A França e a Espanha, que possuíam certas partes dos atuais Estados Unidos, movidas por sua hostilidade à Inglaterra, isto é, por seus interesses imperialistas, concluem um tratado de amizade com os Estados da América do Norte, insurgidos contra a Inglaterra. As tropas francesas, com as americanas, derrotam os ingleses. Nos encontramos perante uma guerra de libertação nacional, em que a rivalidade imperialista é um elemento acessório, sem grande importância, ou seja, o oposto do que vemos na guerra de 1914-1916 (na guerra austro-sérvia, o elemento nacional não tem grande importância, em comparação com a rivalidade imperialista, que é determinante). Isto nos mostra quão absurdo seria utilizar o conceito de imperialismo de acordo com um padrão fixo, deduzindo dele a "impossibilidade" de guerras nacionais. A guerra de libertação nacional, por exemplo, de uma aliança da Pérsia, Índia e China contra uma ou outra potência imperialista é muito possível e provável, uma vez que deriva do movimento de libertação nacional desses países. E a transformação de tal guerra numa guerra imperialista entre as atuais potências imperialistas dependeria de muitas circunstâncias concretas, cuja ocorrência seria ridículo garantir.

Em terceiro lugar, nem mesmo na Europa as guerras de libertação nacional podem ser consideradas impossíveis na era do imperialismo. A "era do imperialismo" fez da guerra atual imperialista, engendrará inevitavelmente (enquanto o socialismo não for alcançado) novas guerras imperialistas e tem tornado imperialista até a medula a política das grandes potências atuais; mas esta "era" não exclui de forma alguma as guerras nacionais, por exemplo, por parte dos pequenos Estados (suponhamos que anexados ou nacionalmente oprimidos) contra potências imperialistas, da mesma forma que não exclui movimentos nacionais de grande escala no leste europeu. Junius fala sobre a Áustria, por exemplo, de maneira muito sensata, levando em consideração tanto o fator "econômico" como o peculiar fator político, apontando a "carência de vitalidade interna da Áustria" e reconhecendo que "a monarquia dos Habsburgos não é uma organização política do Estado burguês, mas apenas um sindicato, com vínculos débeis, de alguns bandos de parasitas sociais" e que a "liquidação da Áustria-Hungria nada mais é, do ponto de vista histórico, do que a continuação do colapso da Turquia e, com ela, uma exigência do processo histórico de desenvolvimento". A situação não é melhor no que diz respeito a alguns Estados balcânicos e à Rússia. E se as condições de um forte esgotamento das "grandes" potências na guerra atual ou do triunfo da revolução na Rússia forem satisfeitas, as guerras nacionais, inclusive vitoriosas, são plenamente possíveis.

A intervenção das potências imperialistas é praticamente realizável *não* em todas as condições. Isso por um lado. Por outro, quando se diz "despretensiosamente" que a guerra de um pequeno Estado contra um gigante carece de perspectivas, é preciso atentar que uma guerra sem perspectivas é também uma guerra; além disso, certos fenômenos dentro dos "gigantes" - por exemplo, o início da revolução - podem transformar uma guerra sem "perspectivas" numa guerra com muitas "perspectivas".

Temos analisado detalhadamente a tese desacertada de que "já não pode haver nenhuma guerra nacional" não só porque é claramente errada do ponto de vista teórico. Seria muito triste, claro, se os "esquerdistas" começassem a dar sinais de despreocupação pela teoria marxista num momento em que a fundação da III Internacional só é possível sobre as bases de um marxismo não vulgarizado. Mas este equívoco também é muito prejudicial no sentido político prático: se deduz dele a propaganda estúpida do "desarmamento", como se não pudesse haver outras guerras além das reacionárias; dele deduzimos também a indiferença, ainda mais estúpida e claramente reacionária, perante os movimentos nacionais. Esta indiferença se transforma em chauvinismo quando os membros das grandes nações europeias, isto é, das nações que oprimem uma massa de povos pequenos e coloniais, declaram com ar de sabichões: "não pode haver nenhuma guerra nacional"! As guerras nacionais *contra* as potências imperiais não apenas são possíveis e prováveis, mas também inevitáveis e *progressistas*, *revolucionárias*, *ainda que*, claro está, para que tenham sucesso seja essencial unir os esforços de um imenso número de habitantes dos países oprimidos (centenas de milhões no exemplo da Índia e da China, auxiliados por nós) ou que exista uma conjugação *especialmente* favorável dos fatores que caracterizam a situação internacional (por exemplo, fim da intervenção das potências imperialistas como consequência de seu esgotamento, de sua guerra, de seu antagonismo, etc.), ou a *simultânea* insurreição do proletariado de uma das grandes potências contra a burguesia (este caso, o último da nossa enumeração, é o primeiro do ponto de vista do que é desejável e vantajoso para a vitória do proletariado).

Devemos indicar, no entanto, que seria injusto acusar Junius de indiferença aos movimentos nacionais. Junius aponta, pelo menos, entre os pecados da minoria social-democrata, o seu silêncio face à execução por "traição" (certamente, pela tentativa de revolta por ocasião da guerra) de um chefe indígena em Camarões, enfatizando em outro ponto (para os Srs. Legien[140], Lensch[141] e outros canalhas que se consideram "social-democratas") que as nações coloniais também são nações. Junius declara com a maior precisão: "o socialismo reconhece o direito de cada povo à independência e à liberdade, a dispor livremente do seu destino"; "o socialismo internacional reconhece o direito das nações livres, independentes e iguais; mas só ele pode criar essas nações, só ele pode pôr em prática o direito das nações à autodeterminação. E esta palavra de ordem do socialismo – destaca com razão o autor – serve, como todas as outras, não como uma justificação do que existe, mas como um guia para o caminho a seguir, como um estímulo para a política ativa, revolucionária e transformadora do proletariado." (pp. 77 e 78). Portanto, se enganariam profundamente aqueles que pensassem que todos os social-democratas de esquerda alemães caíram na estreiteza de espírito e na caricatura do marxismo a que chegaram alguns social-democratas holandeses e poloneses ao negar a autodeterminação das nações inclusive no socialismo. Mas das *especiais* origens holandesas e polonesas *deste* erro falamos em outro lugar.

---

[140] Carl Legien (1861-1920): líder da ala reformista do movimento sindical alemão. Social-chauvinista durante a Primeira Guerra Mundial.

[141] Paul Lensch (1873-1926): social-democrata alemão. Foi um obstinado chauvinista durante a Primeira Guerra Mundial. Acabou expulso do Partido Social-Democrata em 1922.

Fragmento do artigo BALANÇO DA DISCUSSÃO SOBRE AUTODETERMINAÇÃO

Escrito em julho de 1916. Publicado em outubro de 1916 no número 1 de *Sbórnik Sotsial-Demokrat*. Assinado: *N. Lênin.*

O que é a anexação?

Esta pergunta foi formulada de forma precisa em nossas teses (parágrafo 7). Os camaradas poloneses *não* a responderam, *deixaram-na de lado*, 1) declarando insistentemente que são inimigos das anexações e 2) explicando por que se opõem a elas. São questões muito importantes, desde já. Mas são *outras* questões. Se nos preocupamos, por pouco que seja, com uma fundamentação teórica séria de nossos princípios, de formulá-los com clareza e precisão, *não podemos ignorar* aqueles que perguntem o que é a anexação, toda vez que este conceito aparecer em nossa propaganda e agitação políticas. Evitar este assunto em uma discussão coletiva só pode ser interpretado como renúncia a nossas posições.

Por que abordamos esta questão? Explicamos isso no ato. Porque o "protesto contra as anexações não é outra coisa que o reconhecimento do direito à autodeterminação". O conceito de anexação abrange normalmente: 1) a ideia de violência (incorporação forçada); 2) a ideia de opressão nacional estrangeira (incorporação de uma região "*alheia*", etc.), e, às vezes, 3) a ideia de alteração do *status quo*. Também destacamos isso nas teses, onde nossas indicações foram objeto de críticas[142].

Surge uma pergunta: os social-democratas podem ser inimigos da violência em geral? É claro que não. Então, não somos contra as anexações por representarem uma violência, mas por outro motivo. Da mesma forma, os social-democratas não podem ser partidários do *status quo*. Por mais que se tente fugir, não se pode ignorar a conclusão de que a anexação é uma *violação da autodeterminação* das nações, é a delimitação das fronteiras de um Estado contra a vontade da população.

Estar contra as anexações *significa* ser a favor do direito à autodeterminação. Ser "contra a retenção violenta de qualquer nação dentro das fronteiras de um dado Estado" (*também* utilizamos deliberadamente esta fórmula, apenas modificada, da mesma ideia no parágrafo 4 de nossas teses, e os camaradas poloneses *nos responderam* com *plena* clareza, declarando em seu parágrafo I, 4, no começo, que estão "contra a retenção violenta das nações oprimidas dentro das fronteiras de um Estado anexador") *é o mesmo* que estar a favor da autodeterminação das nações.

Não queremos discutir as palavras. Se há um partido que diga em seu programa (ou em uma resolução obrigatória para todos, não se trata da forma) que é contra as anexações*, contra a retenção violenta das nações oprimidas dentro das fronteiras de *seu* Estado, declaramos que, por princípio, estamos completamente de acordo com esse partido. Seria absurdo apegar-se à *palavra* "autodeterminação". E se há em nosso partido quem deseje modificar nesse sentido *as palavras*, a fórmula do parágrafo

---

[142] N. E. Lênin se refere ao artigo *A revolução socialista e o direito das nações à autodeterminação (Tese)* (pgs. 161-178 desta compilação).

* "Contra as anexações velhas e novas", diz o chavão de K. Radek em um dos artigos publicados por ele no *Berner Tagwacht* (Sentinela de Berna).

9 de nosso programa, consideraremos que as discrepâncias com *esses* camaradas não têm de forma alguma caráter de princípio.

O cerne da questão está apenas na clareza política e na fundamentação teórica de nossas reivindicações.

Nas discussões verbais sobre este problema – cuja importância ninguém nega, sobretudo agora, por ocasião da guerra – foi apresentado o seguinte argumento (não o encontramos na imprensa): o *protesto contra* um mal conhecido não significa obrigatoriamente o reconhecimento de um conceito positivo que suprime o mal. É evidente que o argumento carece de fundamento e talvez por isso não foi reproduzido pela imprensa em nenhum lugar. Se um partido socialista declara que é "contra a retenção violenta de uma nação oprimida dentro das fronteiras do Estado anexador", esse partido *se compromete, com isso, a renunciar* à retenção *violenta* quando chegue ao poder.

Não duvidamos nem um instante que se Hindenburg semi-vence a Rússia amanhã e essa semi-vitória se manifesta (por conta do desejo da Inglaterra e da França de debilitar um pouco o czarismo) na criação de um novo Estado polonês, plenamente "realizável" desde o ponto de vista das leis econômicas do capitalismo e do imperialismo, e se depois de amanhã a revolução socialista triunfa em Petrogrado, Berlim e Varsóvia, o Governo socialista polonês, igual ao russo e o alemão, renunciará à "retenção violenta", por exemplo, dos ucranianos "dentro das fronteiras do Estado polonês". E se nesse governo estiverem incluídos membros da redação da *Gazeta Robotnicza*, sacrificarão, sem dúvidas, suas "teses" e refutarão com isso a "teoria" de que o "direito de autodeterminação é inaplicável à sociedade socialista". Se pensássemos de outra maneira, não pautaríamos como ordem do dia a discussão fraternal com os social-democratas da Polônia, mas a luta implacável contra eles como chauvinistas.

Imaginemos que eu saia à rua em qualquer cidade europeia e expresse publicamente, repetindo depois na imprensa, meu "protesto" contra o fato de que não me seja permitido comprar um homem como escravo. Não há a menor dúvida de que serei considerado, com razão, um escravista, um partidário do princípio ou do sistema, como queiram, da escravidão. Não muda nada o fato de que minha simpatia pela escravidão adote a forma negativa de protesto, e não uma forma positiva ("sou a favor da escravidão"). A "manifestação" política equivale *por completo* a um programa político. Isto é tão evidente, que inclusive é violento se ver obrigado a explicá-lo. Em todo caso, estamos firmemente seguros de que a esquerda de Zimmerwald, ao menos – não falamos de todos os zimmerwaldianos[144] por-

---

[144] Em Zimmerwald (Suíça) ocorreu, em setembro de 1915, uma Conferência Internacional de socialistas internacionalistas, que, segundo o próprio Lênin, foi "o primeiro passo" no desenvolvimento do movimento mundial contra a guerra imperialista (Primeira Guerra Mundial). A conferência contou com a participação de socialistas de 11 países europeus, entre os quais figuravam Rússia, Alemanha, França e Itália.

Na ocasião foi aprovado um manifesto dirigido contra os governos imperialistas que haviam desencadeado a guerra, em que se condenava também, ainda que de forma não muito enfática, os social-chauvinistas. O manifesto serviu de base para a constituição da chamada União de Zimmerwald.

Na Conferência de Zimmerwald se formou um grupo de esquerda, encabeçado por Lênin, que criticou duramente a maior parte dos conferencistas, por suas posições próximas ao centrismo. A Esquerda de Zimmerwald propôs que nas resoluções fosse destacada a necessidade de romper por completo com o social-chauvinismo e de exortar as massas populares à luta revolucionária contra seus governos imperialistas.

A Esquerda de Zimmerwald elegeu um Birô, que depois da conferência continuou trabalhando para coesionar as forças dos grupos revolucionários internacionalistas.

que entre eles figuram Martov[145] e outros kautskianos –, não "protestará" se dissermos que na III Internacional não haverá lugar para os que sejam capazes de separar o protesto político do programa político, de opor um ao outro, etc.

Como não desejamos discutir sobre as palavras, nos permitimos expressar a firme esperança de que os social-democratas poloneses buscarão formular oficialmente com a maior rapidez sua reivindicação de excluir o parágrafo 9 de nosso (e também *seu*) programa do partido, assim como do programa da Internacional (resolução do Congresso de Londres de 1896), *e sua* definição das ideias políticas correspondentes sobre as "velhas e novas anexações" e da "retenção violenta de uma nação oprimida dentro das fronteiras do Estado anexador".

Passemos à questão seguinte.

A favor ou contra as anexações?

No parágrafo 3 da primeira parte de suas teses, os camaradas poloneses declaram com toda precisão que são contra todo tipo de anexação. Lamentavelmente, no parágrafo 4 desta mesma parte encontramos afirmações que não podemos considerar menos que anexionistas. Esse parágrafo começa com a seguinte... como dizê-lo de forma mais suave?... frase estranha:

> A luta da social-democracia contra as anexações, contra a retenção violenta das nações oprimidas dentro das fronteiras do Estado anexador tem como ponto de partida o *repúdio a toda defesa da pátria* (o destaque é dos autores), que na era do imperialismo

145 Yuli Osipovich Tsederbaum (Julius Martov) (1873-1923): um dos líderes e ideólogos dos mencheviques, integrante da ala oportunista da social-democracia russa.

> é a defesa dos direitos da própria burguesia a oprimir e saquear povos estrangeiros...

O que é isso? Como é isso?

"A luta contra as anexações tem como ponto de partida o repúdio a *toda* defesa da pátria (...)" Mas se pode-se denominar "defesa da pátria", e até agora essa denominação era *totalmente* admitida, toda guerra nacional e toda insurreição nacional! Somos contra as anexações, *mas*... entendemos isto no sentido de que somos contra a guerra dos anexados *para* libertar-se dos indexadores, somos contra a insurreição dos anexados com o propósito de libertar-se dos anexadores. Isso não é uma afirmação anexionista?

Os autores das teses argumentam sobre sua... estranha afirmação dizendo que, "na era do imperialismo", a defesa da pátria é a defesa dos direitos de sua própria burguesia de oprimir povos estrangeiros. Mas isso é certo *apenas* com relação à guerra imperialista, quer dizer, à guerra *entre* potências imperialistas, ou entre grupos de potências, quando *ambas* as partes beligerantes, além de oprimir "povos estrangeiros", fazem a guerra *para decidir* quem deve oprimir *mais* povos estrangeiros!

Pelo visto, os autores abordam o problema da "defesa da pátria" de uma maneira completamente diferente de como nosso partido aborda. Nós repudiamos a "defesa da pátria" na guerra *imperialista*. Isto é afirmado de forma clara como cristal no manifesto do Comitê Central do nosso partido e nas resoluções de Berna[146], reproduzidas no folheto *O socialismo e a guerra*, que foi publicado em alemão e em francês. Também destacamos isso duas vezes em nossas teses (notas nos parágrafos 4 e 6). Ao que

[146] O Manifesto do Comitê Central do POSDR, intitulado *A guerra e a social-democracia da Rússia*, foi escrito por Lênin e publicado em 1 de novembro de 1914 no periódico *Sotsial-Demokrat*.

parece, os autores das teses polonesas repudiam a defesa da pátria *em geral*, ou seja, *também em uma guerra nacional*, considerando, talvez, que na "era do imperialismo" *as guerras nacionais são impossíveis*. Dizemos "talvez" porque os camaradas poloneses não expuseram em suas teses opinião semelhante.

Semelhante opinião foi claramente expressa nas teses do grupo alemão A Internacional e no panfleto de Junius, às quais dedicamos um artigo especial[147]. Destaquemos como complemento do que dizemos ali, que a insurreição nacional de uma região ou país anexados contra os indexadores pode ser denominada precisamente insurreição, e no guerra (ouvimos essa objeção e por isso a citamos, apesar de considerar que esta disputa terminológica não é séria). Em todo caso, é pouco provável que haja alguém que se atreva a negar que Bélgica, Sérvia, Galícia e Armênia, anexadas, denominarão sua "insurreição" contra o anexador de "defesa da pátria", *e o farão justamente*. Acontece que os camaradas poloneses são contra essa insurreição por conta de, nesses países anexados, também haver burguesia, que *também* oprime povos estrangeiros, ou, melhor dizendo, que pode oprimi-los, pois se trata unicamente de "seu *direito* de oprimir". Consequentemente, para analisar uma determinada guerra ou uma determinada insurreição não se toma seu *verdadeiro* conteúdo social (a luta da nação oprimida contra a opressora por sua independência), mas o eventual exercício de seu "*direito* de oprimir" pela burguesia oprimida hoje. Se a Bélgica, por exemplo, é anexada pela Alemanha em 1917, mas em 1918 se levanta para libertar-se, os camaradas poloneses estarão contra a insurreição, baseando-se no fato de que a burguesia belga possui o "direito de oprimir povos estrangeiros"!

Este raciocínio não tem nada de marxismo, nem de revolucionário em geral. Sem trair o socialismo, *devemos* apoiar *toda*

147 Ver *Sobre o panfleto de Junius*, (pgs. 179-186 desta compilação).

insurreição contra nosso inimigo principal: a burguesia dos grandes Estados, se não se tratar da insurreição de uma classe reacionária. Nos negando a apoiar a insurreição das regiões anexadas nos convertemos – objetivamente – em anexionistas. Precisamente na "era do imperialismo", que é a era da incipiente revolução social, o proletariado apoiará hoje com particular energia a insurreição das regiões anexadas, a fim de atacar amanhã, ou ao mesmo tempo, a burguesia da "grande" potência, debilitada por essa insurreição.

Porém, os camaradas poloneses vão ainda mais longe em seu anexionismo. Não são contra apenas a insurreição das regiões anexadas; também são contra *todo* o restabelecimento de sua independência, ainda que de forma pacífica! Escutem:

> A social-democracia, ao negar toda responsabilidade pelas consequências da política opressora do imperialismo, ao lutar contra elas de modo mais enérgico, *não se pronuncia de nenhuma forma a favor da colocação de novos marcos fronteiriços na Europa, a favor do restabelecimento dos que foram arrancados pelo imperialismo* (os destaques são dos autores).

Atualmente "marcos fronteiriços foram arrancados pelo imperialismo" entre a Alemanha e a Bélgica, entre a Rússia e a Galícia. E resulta que a social-democracia internacional deve estar contra seu restabelecimento em geral, qualquer que seja com que se efetue! Em 1905, "na era do empirismo", quando a Dieta autônoma da Noruega proclamou a separação da Suécia, e a guerra da Suécia contra a Noruega, preconizada pelos suecos reacionários, não chegou a se desencadear como consequência da resistência dos operários suecos e da situação imperialista internacional, a socialdemocracia deveria ter se oposto à separação da Noruega, pois significava, sem dúvida, a "colocação de novos marcos fronteiriços na Europa"!

Isso já é anexionista franco e manifesto. Não é preciso refutá-lo, porque ele o faz sozinho. Nenhum partido socialista se atreveria a adotar posição semelhante: "somo contra as anexações em geral, mas no caso da Europa, sancionamos as anexações ou nos conformamos com elas, uma vez que já foram efetuadas..."

Devemos nos deter apenas nas origens teóricas do erro que fazem nosso camaradas poloneses chegarem a uma... "incapacidade" tão flagrante. Mais a frente falaremos do quanto tratar a "Europa" de forma distinta é infundado. As duas frases seguintes das teses explicam outras fontes errôneas:

> (...) Onde haja passado a roda do imperialismo sobre um Estado capitalista já formado, esmagando-o, tem lugar – sob a forma selvagem da opressão imperialista – a concentração política e econômica do mundo capitalista, concentração que prepara o socialismo(...).

Esta justificação da anexação é struvismo[148], e não marxismo. Os social-democratas russos, que lembram da década de 90 na Rússia, conhecem perfeitamente esta maneira de desnaturalizar o marxismo, comum aos senhores Struve, Cunow, Legien e Cia. Justamente em outra tese dos camaradas poloneses (II, 3)

---

148 Struvismo (ou "marxismo legal"): corrente política surgida nos anos 1890 nos meios intelectuais burgueses da Rússia. Os "marxistas legais", cujo um dos principais representantes era P. B. Struve, tergiversavam o marxismo e atuavam como apologistas do capitalismo. Pelo desenvolvimento capitalista na Rússia representar um progresso em relação ao feudalismo e às relações de semi-servidão, afirmavam os "marxistas legais", era necessário apoiar o capitalismo e renunciar à luta revolucionária contra ele. Mais tarde, os líderes dessa corrente organizaram o partido da burguesia imperialista russa: o Partido Democrata Constitucionalista.

lemos o seguinte trecho sobre os struvistas alemães, os chamados "social-imperialistas".

> (...)(A reivindicação da autodeterminação) permite aos social-imperialistas, tratando sempre de demonstrar o caráter ilusório desta reivindicação, apresentar nossa luta contra a opressão nacional como um sentimentalismo infundado do ponto de vista histórico, minando com isso a confiança do proletariado nos fundamentos científicos do programa social-democrata (...)

Isso significa que os autores consideram "científica" a posição dos struvistas alemães! Parabéns a eles!

Mas uma "minúcia" destrói este surpreendente argumento, que pode nos ameaçar com o fato de que os Lensch, os Cunow e os Parvus *tenham razão* perante nós: esses Lensch são homens consequentes a sua maneira, e no número 8-9 de *Die Glocke* ("O sino") chauvinista alemão – em nossas teses citamos precisamente este número de forma intencional –, Lensch pretende demonstrar ao mesmo tempo " a falta de base científica" da reivindicação de autodeterminação (os social-democratas poloneses, ao que parece, consideram irrefutável *esta* argumentação de Lensch, como pode-se ver nos raciocínios de suas teses reproduzidos por nós...) *e* a "falta de base científica" da reivindicação contra as anexações!

Porque Lensch compreendeu de forma magnífica a simples verdade que apontávamos a nossos colegas poloneses, os quais não desejaram responder nossa indicação: não existe diferença "econômica, nem política", nem lógica em geral, entre o "reconhecimento" da autodeterminação e o "protesto" contra as anexações. Se os camaradas poloneses consideram irrefutáveis os argumentos dos Lensch contra a autodeterminação, não se poderá deixar de reconhecer um *fato*: os Lensch apresentam *todos* esses argumentos também contra a luta contra as anexações.

O erro teórico em que se baseiam todos os raciocínios de nossos colegas poloneses os levou tão longe, que acabaram sendo *anexionistas inconsequentes*.

Por que a socialdemocracia é contra as anexações?

Do nosso ponto de vista, a resposta é clara: porque a anexação viola a autodeterminação das nações ou, dito de outra maneira, é uma das formas da opressão nacional.

Do ponto de vista dos social-democratas poloneses, é necessário que se explique *de forma especial* por que somos contra as anexações, e estas explicações (I, 3 nas teses) envolvem de forma inevitável os autores em uma nova série de contradições.

Apresentam duas razões para "justificar" por que "a despeito dos argumentos "cientificamente fundamentados" dos Lensch) somos contra as anexações. Primeira:

> ... A afirmação de que as anexações na Europa são imprescindíveis para a segurança militar do Estado imperialista vencedor, a social-democracia opõe o fato de que as anexações não fazem mais que exacerbar os antagonismos e, com isso, aumentar o risco de guerra...

É uma resposta insuficiente aos Lensch, pois seu argumento principal não é a necessidade militar, mas o caráter *econômico* progressivo das anexações, que significam a concentração sob o imperialismo. Onde está, neste caso, a lógica, se os social-democratas poloneses reconhecem o caráter progressivo de *semelhante* concentração, se negando a restabelecer na Europa os marcos fronteiriços arrancados pelo imperialismo, e, ao mesmo tempo, *se opõem* às anexações?

Sigamos. As anexações aumentam o perigo de quais tipos de guerra? Não as guerras imperialistas, pois estas são engendradas por outros motivos; os antagonismos principais na atual guerra imperialista são, indiscutivelmente, os antagonismos entre a Inglaterra e a Alemanha, entre a Rússia e a Alemanha. Neste caso não há e não houveram anexações. Se trata do aumento do perigo de guerras *nacionais* e de insurreições nacionais. Mas como é possível, por um lado, declarar que as guerras nacionais são *impossíveis* "na era do imperialismo" e, por outro, falar do "perigo" das guerras nacionais? Isso é ilógico.

Segunda razão:

> As anexações "abrem um abismo entre o proletariado da nação dominante e o da nação oprimida (...) o proletariado da nação oprimida se uniria à sua burguesia e veria o proletariado da nação dominante como um inimigo. A luta de classes do proletariado internacional contra a burguesia internacional seria substituída pela cisão do proletariado, pela corrupção de sua ideologia (...)".

Compartilhamos integralmente estes argumentos. Mas há lógica em apresentar ao mesmo tempo e sobre uma mesma questão argumentos que se excluem mutuamente? No parágrafo 3 da parte I das teses lemos os argumentos citados, que veem nas anexações a *cisão* do proletariado; mas junto a ele, no parágrafo 4, nos dizem que na Europa é preciso ser contra a abolição das anexações já efetuadas e a favor da "educação das massas operárias das nações oprimidas e opressoras para a luta solidária". Se a abolição das anexações é "sentimentalismo" reacionário, então *não se pode* argumentar que as anexações abrem "um abismo" entre "o proletariado" e provocam sua "cisão"; pelo contrário, as anexações deverão ser vistas como uma condição da *aproximação* do proletariado das diferentes nações.

Dizemos: para que possamos fazer a revolução socialista e derrotar a burguesia, os operários devem se unir mais fortemente, e a luta em prol da autodeterminação, ou seja, contra as anexações, contribui para o fortalecimento dessa união. Seguimos de forma consequente. Os camaradas poloneses, ao contrário, reconhecendo a "irrevogabilidade" das guerras nacionais, golpeiam a si próprios quando se colocam "contra" as anexações precisamente com argumentos *das* guerras nacionais! Precisamente com argumentos como o de que as anexações *dificultam* a aproximação e a fusão dos operários das diferentes nações!

Em outras palavras: para argumentar contra as anexações, os social-democratas poloneses se veem obrigados a tirar seus argumentos da bagagem teórica que *eles mesmos* rechaçam por princípio.

Vemos isso de forma muito mais evidente no problema das colônias.

Pode-se contrapor as colônias à "Europa" nessa questão?

Em nossas teses é dito que a reivindicação de libertação imediata das colônias é tão "irrealizável" no capitalismo (ou seja, irrealizável sem uma série de revoluções e inconsistente sem o socialismo) como a autodeterminação das nações, a eleição dos funcionários pelo povo, a república democrática, etc., e, por outro lado, que a reivindicação de libertação das colônias não é outra coisa que o "reconhecimento da autodeterminação das nações".

Os camaradas poloneses não responderam a nenhum destes argumentos. Tentaram estabelecer uma diferença entre a "Europa" e as colônias. São anexionistas inconsequentes apenas para a Europa, negando-se a abolir as anexações que já tenham sido efetuadas. Proclamam para as colônias uma reivindicação absoluta: "Saiam das colônias!"

Os socialistas russos devem exigir: "Saiam do Turquestão, de Quiva, de Bucara, etc!"; mas cairão, segundo eles, na "utopia", no "sentimentalismo acientífico", etc., se reivindicam essa mesma liberdade de separação para a Polônia, Finlândia, Ucrânia e afins. Os socialistas ingleses devem exigir: "Saiam da África, da Índia, da Austrália!", mas não saiam da Irlanda. Que fundamentos teóricos podem explicar esta diferenciação, que salta aos olhos por sua incongruência? É impossível evitar esta questão.

A "base" principal dos inimigos da autodeterminação consiste em que ela é "irrealizável". Essa mesma ideia, com uma ligeira variação, está expressa na alusão à "concentração econômica e política".

Está claro que a concentração se efetua *também* por meio da anexação de colônias. A diferença econômica entre as colônias e os povos europeus – pelo menos a maioria destes últimos – consistia antes em que as colônias eram arrastadas à troca de *mercadorias*, mas não ainda para a *produção* capitalista. O imperialismo mudou essa situação. O imperialismo é, entre outras coisas, a exportação de *capital*. A produção capitalista é transplantada com crescente rapidez para as colônias. É impossível arrancá-las da dependência do capital financeiro europeu. Do ponto de vista militar, como do ponto de vista da expansão, a separação das colônias é realizável, como regra geral, apenas com o socialismo; com o capitalismo, essa separação é realizável apenas excepcionalmente ou mediante uma série de revoluções e insurreições tanto nas colônias como nas metrópoles.

Na Europa, a maior parte das nações dependentes (ainda que não todas: os albaneses e muitos alógenos da Rússia) estão mais desenvolvidas, do ponto de vista capitalista, que nas colônias. Mas precisamente isso suscita maior resistência à opressão nacional e às anexações! Exatamente como consequência disso *está mais assegurado* o desenvolvimento do capitalismo na Europa – quaisquer que sejam as condições políticas, inclusive a separação – que nas colônias... "Ali – dizem os camaradas poloneses, em referência às colônias (I,4) –, o capitalismo deverá enfrentar ainda a tarefa do desenvolvimento independente das forças produtivas...” Na Europa isto é ainda mais visível: na Polônia, na Finlândia, na Ucrânia e na Alsácia o capitalismo desenvolve, sem dúvida, as forças produtivas com mais energia, rapidez e independência que na Índia, no Turquestão, no Egito e em outras colônias do tipo mais puro. Em uma sociedade baseada na produção mercantil, o desenvolvimento independente – e, em geral, qualquer desenvolvimento – é impossível sem o capital. Na Europa, as nações dependentes possuem capital *próprio* e uma maior facilidade de consegui-lo nas condições mais diversas. As colônias não dispõem, ou quase não dispõem, de capital *próprio*, na situação criada pela existência do capital financeiro, só podem consegui-lo submetendo-se politicamente. O que significa, em virtude disso tudo, a reivindicação de libertar imediata e absolutamente as colônias? Não está claro que é muito mais "utópica", no sentido vulgar, de caricatura do "marxismo", em que usam a palavra "utopia" os Struve, os Lensch e os Cunow, e depois deles, desgraçadamente, os camaradas poloneses? Neste caso se entende por "utopia" tudo o que se afaste do habitual, assim como tudo o que é revolucionário. Mas na situação da Europa, os movimentos revolucionários de *todos* os tipos – incluindo os nacionais – são mais possíveis, mais realizáveis, mais tenazes, mais conscientes e mais difíceis de esmagar que nas colônias.

O socialismo – dizem os camaradas poloneses (I, 3) – "saberá prestar aos povos não desenvolvidos das colônias uma *ajuda cultural desinteressada, sem dominá-los*". Completamente justo. Mas com base em quais fundamentos pensam que uma nação grande, um Estado grande, ao passar para o socialismo, não saberá atrair uma pequena nação oprimida da Europa por meio da "ajuda cultural desinteressada"? Precisamente a liberdade de separação, que os social-democratas poloneses "*concedem*" às colônias, atrairá a aliança com os Estados socialistas grandes e as pequenas nações europeias oprimidas, mas cultas e *exigentes* no campo político, pois um Estado grande significará no socialismo: tantas horas a *menos* de trabalho diário e muito mais *rendimentos* por dia. As massas trabalhadoras, libertas do jugo da burguesia, *tenderão* com todas as suas forças à aliança e à fusão com as nações socialistas grandes e avançadas, por causa dessa "ajuda cultural", sempre que os opressores de ontem não ofendam o sentimento democrático, altamente desenvolvido, da dignidade da nação oprimida por tanto tempo; sempre que se conceda a esta igualdade em tudo, incluída a igualdade na edificação do Estado, na experiência de edificar "seu" Estado. No capitalismo, essa "experiência" implica guerras, isolamento, particularismo e egoísmo estreito das pequenas nações privilegiadas (Holanda, Suíça). No socialismo, as próprias massas trabalhadoras não aceitarão em nenhum lugar o particularismo pelos motivos puramente econômicos expostos mais acima; e a diversidade de formas políticas, a liberdade de separar-se do Estado, a experiência de edificação do Estado constituirão – enquanto não sejam extintos os Estados em geral – a base de uma vida cultural plena, a garantia do processo mais acelerado de aproximação e fusão voluntários das nações.

Ao segregar as colônias e contrapô-las à Europa, os camaradas poloneses caem em uma contradição de tal natureza, que destrói imediatamente toda a sua errônea argumentação.

Marxismo ou proudhonismo?

Nossa alusão à atitude adotada por Marx com relação à separação da Irlanda é contestada pelos camaradas poloneses, a título de exceção, não de forma indireta, mas direta. Em que consiste sua objeção? Segundo eles, as alusões à posição de Marx em 1848-1871 não têm "o menor valor". Esta afirmação, exasperada e extremamente categórica, é fundamentada dizendo que Marx se manifesta "ao mesmo tempo" contra os desejos de independência "dos tchecos, dos eslavos do sul, etc., etc."

Esta argumentação é extremamente enfurecida por carecer de fundamentos. Segundo os marxistas poloneses Marx era um simples confusionista, que afirmava "ao mesmo tempo" coisas opostas! Isto, além de ser completamente falso, não tem nada a ver com o marxismo. Precisamente a exigência de uma análise "concreta", que os camaradas poloneses formularam *para não aplicá-la*, nos obriga a examinar se a diferente atitude de Marx perante os distintos movimentos "nacionais" concretos não partia de apenas uma concepção socialista.

Como se sabe, Marx era partidário da independência da Polônia partindo do ponto de vista dos interesses da democracia *europeia* em sua luta contra a força e a influência – poderia ser dito: contra a onipotência e a predominante influência reacionária – do czarismo. O acerto deste ponto de vista foi confirmado de forma óbvia e verdadeira em 1849, quando o exército feudal russo esmagou a insurreição nacional-libertadora e democrático-revolucionária na Hungria. E desde então até a morte de Marx, e inclusive mais tarde, até 1890, quando pairou a ameaça de uma guerra reacionária do czarismo, em aliança com a França, contra a Alemanha *não imperialista*, mas nacionalmente independente, Engels se mostrava partidário, antes de mais nada e sobretudo, da luta contra o czarismo. Por isso, e apenas por isso, Marx e Engels se manifestaram contra o movimento nacional dos tchecos e dos eslavos do sul. A simples consulta dos escritos de Marx e Engels em 1848-1849 demonstrará a todos os que se interessam pelo marxismo, não para renegá-lo, que eles *contrapunham* na época, direta e concretamente, "povos inteiramente reacionários" que serviam de "postos avançados da Rússia" na Europa e os "povos revolucionários": alemães, poloneses e magiares. Isto é fato. E este fato foi destacado *então* de forma *indiscutivelmente* acertada: em 1848, os povos revolucionários lutavam pela liberdade, cujo principal inimigo era o czarismo, enquanto que os tchecos e outros eram realmente povos reacionários, postos avançados do czar.

O que nos ensina este exemplo concreto, que deve ser analisado *concretamente* se queremos permanecer fiéis ao marxismo? Apenas que: 1) os interesses da libertação de vários povos grandes e muito grandes da Europa então acima dos interesses do movimento libertador das nações pequenas; 2) que a reivindicação por democracia deve ser considerada em escala europeia (agora deveríamos dizer: em escala mundial), e não isoladamente.

E nada mais. Nem sombra de refutação do princípio socialista elementar que os poloneses esquecem e ao que Marx *sempre* foi fiel: não pode ser livre o povo que oprime outros povos. Se a situação concreta perante a qual se encontrava Marx na época da influência predominante do czarismo na política internacional se repetisse sob outra forma, por exemplo, se vários povos iniciassem a revolução socialista (como em 1848 iniciaram na Europa a revolução democrática burguesa), e *outros* povos se tornasse os principais pilares da reação burguesa, nós também deveríamos ser partidários da guerra revolucionária contra eles, postular por "esmagá-los", pela destruição de todos seus postos avançados, quaisquer que fossem os movimentos de pequenas nações que ali surgissem. Portanto, não devemos rechaçar, nem muito menos, os exemplos da tática de Marx – o que significa reconhecer apenas em palavras o marxismo e romper com ele de fato –, mas, por meio de suas análises concretas, extrair ensinamentos inestimáveis para o futuro. As distintas reivindicações da democracia, incluindo a da autodeterminação, não são algo absoluto, mas um *fragmento* de todo o movimento democrático (hoje socialista) *mundial*. Pode acontecer que, em um caso específico, um fragmento se encontre em contradição com o todo; então há que descartá-lo. É possível que em um país, o movimento republicano não seja mais que um instrumento das intrigas clericais ou financeiro-monárquicas de outros países;

então, nós *não* deveremos apoiar esse movimento concreto. Mas seria ridículo excluir do programa da social-democracia internacional a reivindicação da república por isso.

Como a situação concreta mudou desde 1848-1871 até 1898-1916 (considerando os marcos mais importantes do imperialismo como um período: desde a guerra imperialista hispano-norte-americana até a guerra imperialista europeia)? O czarismo deixou de ser, de forma manifesta e indiscutível, o baluarte principal da reação; primeiro, a consequência do apoio prestado pelo capital financeiro internacional, sobretudo o da França; segundo, como resultado do ano de 1905. Naquele momento, o sistema dos grandes Estados nacionais – das democracias da Europa – levava ao mundo a democracia e o socialismo, apesar do czarismo*. Marx e Engels não chegaram a viver até a época do imperialismo. Em nossos dias se formou um sistema de um punhado de "grandes" potências imperialistas (5 ou 6), cada uma das quais oprime outras nações. Esta opressão é uma das fontes do atraso artificial da derrocada do capitalismo e do apoio artificial ao oportunismo e ao social-chauvinismo das nações imperialistas que dominam o

* Riazanov publicou no *Arquivo da história do socialismo*, de Grünberg (1916, t. I), um interessantíssimo artigo de Engels sobre o problema polonês, com a data de 1866. Engels destaca que o proletariado deve reconhecer a independência política e a "autodeterminação" (*right to dispose of itself*) das nações grandes e importantes da Europa, enfatizando a absurdez do "princípio das nacionalidades" (sobretudo em sua aplicação bonapartista), ou seja, de equiparar qualquer nação pequena a estas, maiores. "Rússia – diz Engels – possui uma enorme quantidade de propriedades roubadas" (quer dizer, de nações oprimidas), "que terá que devolver no dia do ajuste de contas" [Citação do artigo de Engels *Que importância tem a Polônia para a classe trabalhadora?*]. Tanto o bonapartismo como o czarismo *se aproveitam* dos movimentos das pequenas nações em benefício *próprio* e *contra* a democracia europeia.

mundo. Então, a democracia da Europa Ocidental, que liberava as nações mais importantes, era inimiga do czarismo, que, com intenções reacionárias, se aproveitava de alguns movimentos de pequenas nações. Agora, a *aliança* do imperialismo czarista com os países capitalistas europeus mais adiantados, baseada na opressão de uma série de nações, se depara com o proletariado socialista, dividido em dois campos: o chauvinista, "social-imperialista", e o revolucionário.

Eis aqui a mudança concreta da situação, que os social-democratas poloneses ignoram, apesar de sua promessa de serem concretos! Dele também se tira uma mudança concreta na *aplicação* desses mesmos princípios socialistas: *antes*, sobretudo, "contra o czarismo" (assim como contra alguns pequenos movimentos nacionais utilizados *por ele* com uma orientação antidemocrática) e a favor dos povos revolucionários do Ocidente agrupados em grandes nações. *Agora*, contra a frente única formada pelas potências imperialistas, a burguesia imperialista e os social-imperialistas, e *a favor* do aproveitamento, para os fins da revolução socialista, *de todos* os movimentos nacionais dirigidos contra o imperialismo. Quanto *mais pura* seja a luta do proletariado contra a frente comum imperialista hoje, tanto mais vital será, evidentemente, o princípio internacionalista de que "não pode ser livre o povo que oprime outros povos".

Os proudhonianos, *em nome* da revolução social interpretada de modo doutrinário, ignoravam o papel internacional da Polônia e não queriam saber de movimentos nacionais. Da mesma forma doutrinária procedem os social-democratas poloneses, que *rompem* a frente internacional de luta contra os social-imperialistas e os ajudam (objetivamente) com suas vacilações perante o problema das anexações. Porque é precisamente a frente internacional de luta proletária que mudou no que se refere à posição concreta das pequenas nações: antes (1848-1871), as pequenas nações eram possíveis aliados da "democracia ocidental" e dos povos revolucionários, ou do czarismo; agora (1898-1914), as pequenas nações perderam esse significado e são uma das fontes que alimentam o parasitismo e, consequentemente, o social-imperialismo das "grandes potências". O importante não é que antes da revolução socialista se liberte 1/50 ou 1/100 das pequenas nações; o importante é que o proletariado, na época imperialista e por razões objetivas, se dividiu em dois campos internacionais, um dos quais está corrompido pelas migalhas que caem da mesa da burguesia imperialista – às custas, certamente, da exploração dobrada ou triplicada das pequenas nações –, enquanto que o outro não pode alcançar sua própria liberdade sem libertar as pequenas nações, sem educar as massas no espírito anti-chauvinista, ou seja, anti-anexionista, ou seja, no espírito "da autodeterminação".

Este aspecto da questão, o principal, é deixado de lado pelos camaradas poloneses, que *não* consideram as coisas a partir da posição central na época do imperialismo, a partir do ponto de vista da existência de dois campos no proletariado internacional.

Temos aqui outros exemplos palpáveis de seu proudhonismo: 1) a atitude frente a insurreição irlandesa de 1916[150], sobre as quais falaremos mais adiante, 2) a declaração em suas teses (II, 3, no

150 A insurreição ocorreu em abril de 1916 e tinha o objetivo de conquistar a independência da Irlanda. Os trabalhadores de Dublin, a pequena burguesia urbana e os Voluntários Irlandeses – organização encabeçada pelos líderes esquerdistas do movimento de libertação nacional irlandês – tomaram o poder na cidade e proclamaram a República da Irlanda. Ao mesmo tempo começaram ações armadas em outras cidades e condados do país.

O governo inglês lançou unidades militares e artilharia contra os insurgentes. Dublin foi bombardeada por um navio de guerra. A luta heróica dos dublinenses sublevados contra a superior força militar inglesa durou cerca de uma semana. Depois de esmagar a revolta, o governo inglês impôs cruéis represálias ao povo irlandês. Milhares

final do parágrafo 3) de que a reivindicação da revolução socialista "não deve ser velada por nada". É profundamente anti-marxista a ideia de que se possa "velar" a reivindicação da revolução socialista, *relacionando-a* com uma posição revolucionária consequente em qualquer problema, incluindo o nacional.

Os social-democratas poloneses opinam que nosso programa é "nacional-reformista". Comparemos duas proposições práticas: 1) pela autonomia (teses polonesas, III, 4) e 2) pela liberdade de separação. É isso, e apenas isso, o que diferencia nossos programas! Por acaso não está claro que o primeiro programa é precisamente o reformista e não o segundo? Uma mudança reformista é aquela que não dilapida as bases do poder da classe dominante e que representa apenas uma concessão dela, mas conservando seu domínio. Uma mudança revolucionária é a que enfraquece as bases do poder. O reformismo no programa nacional *não* rescinde *todos* os privilégios da nação dominante, *não* estabelece a igualdade completa de direitos, *não* elimina *toda* opressão nacional. Uma nação "autônoma" não possui os mesmos direitos que a nação "dominante"; os camaradas poloneses não poderiam deixar de notar, se não se empenhassem em obstinadamente em ignorar (da mesma forma que nossos antigos "economicistas"), a análise dos conceitos e categorias *políticas*. A Noruega autônoma, fazendo parte da Suécia, gozava da mais ampla autonomia até 1905, mas não tinha direitos iguais. Apenas sua livre separação revelou *de fato* e demonstrou sua igualdade de direitos (acrescentemos, entre parênteses, que foi precisamente esta livre separação que criou as bases para uma aproximação mais estreita e mais democrática, assentada na igualdade de direitos). Enquanto a Noruega era apenas autônoma, a aristocracia sueca tinha *um* privilégio a mais, que com a separação não foi "debilitado" (a essência do

---

de pessoas foram encarceradas e os líderes da insurreição acabaram sendo executados.

reformismo consiste em *atenuar* o mal, mas não em eliminá-lo), mas *eliminado por completo* (o que constitui o expoente principal do caráter revolucionário de um programa).

A propósito: a autonomia, como reforma, é distinta por princípio da liberdade de separação, como medida revolucionária. Isto é inquestionável. Mas, na prática, a reforma – como todos sabem – não é, em muitos casos, mais que um passo em direção à revolução. Precisamente a autonomia permite a uma nação mantida pela força dentro dos limites de um Estado constituir-se de modo definitivo como nação, reunir, conhecer e organizar suas forças, escolher o momento mais adequado para *declarar*... ao modo "norueguês": nós, a Dieta autônoma de tal o qual nação ou comarca, declaramos que o imperador da Rússia deixou de ser rei da Polônia, etc. Isto "é questionado" habitualmente: problemas semelhantes se resolvem por meio das guerras e não com declarações. É justo: na imensa maioria dos casos, se resolvem por meio das guerras (igual aos problemas da forma de governo dos grandes Estados se resolvem também, na esmagadora maioria dos casos, unicamente por meio de guerras e revoluções). Porém, não será demais refletir se a lógica é *semelhante* à "objeção" contra o programa político de um partido revolucionário. Por acaso somos contrários às guerras e revoluções *em prol* de uma causa justa e útil para o proletariado, *em prol* da democracia e do socialismo?

"Mas não podemos ser partidários da guerra entre os povos grandes, da matança de 20 milhões de homens, por causa da libertação problemática de uma nação pequena, composta, talvez, por não mais que 10 ou 20 milhões de habitantes"! Está claro que não podemos! Mas não porque tenhamos eliminado de nosso programa a igualdade nacional completa, mas porque os interesses da democracia de *um* país devem ser subordinados aos interesses da democracia *de vários e de todos os países*. Imaginemos que entre duas grandes monarquias se encontra uma monarquia pequena, cujo reizinho está "ligado", por laços de parentesco e de outro gênero, aos monarcas de ambos os países vizinhos. Imaginemos, além disso, que a proclamação da república no país pequeno e o desterro de seu monarca significasse, de fato, uma guerra entre os dois grandes países vizinhos pela restauração de tal o qual monarca do pequeno país. Não cabe dúvida que, neste caso concreto, toda a social-democracia internacional, igual que a parte verdadeiramente internacionalista da social-democracia do pequeno país, *ficaria contra a substituição da monarquia pela república.* A substituição da monarquia pela república não é um objetivo absoluto, mas uma das reivindicações democráticas subordinadas aos interesses da democracia (e mais ainda, naturalmente, aos interesses do proletariado socialista) em seu conjunto. É certo que um caso assim não suscitaria nem sombra de divergências entre os social-democratas dos diferentes países. Mas se qualquer social-democrata propusesse por *este* motivo eliminar completamente do programa da social-democracia internacional a reivindicação da república, seguramente o considerariam louco. Diriam a ele: apesar de tudo, não se deve esquecer a diferença lógica elementar que existe entre *o particular* e *o geral.*

Este exemplo nos faz ver um aspecto um tanto diferente do problema da educação *internacionalista* da classe trabalhadora. Esta educação pode – sobre cuja necessidade e importância imprescindíveis não há divergências entre a Esquerda de Zimmerwald – ser *concretamente igual* nas grandes nações opressoras e nas pequenas nações oprimidas? Nas nações anexadoras e nas nações anexadas?

Evidentemente, não. O caminho para objetivo único – a completa igualdade de direitos, a mais estreita aproximação e a ulterior *fusão* de *todas* as nações – segue aqui, evidentemente, distintas rotas concretas, o mesmo que, por exemplo, o caminho que conduz a um ponto situado no centro desta página parte para a esquerda de uma de suas margens e até a direita da margem oposta. E o social-democrata de uma grande nação opressora, anexada, professando, em geral, a teoria da fusão das nações, se esquece, ainda que apenas por um instante, de que "seu" Nicolau II, "seu" Guilherme, "seu" Jorge, "seu" Poincaré, etc., etc., *advogam também pela fusão* com as nações pequenas (por meio de anexações) – Nicolau II advoga pela "fusão" com a Galícia, Guilherme II pela "fusão" com a Bélgica, etc. –, esse social-democrata acabará sendo, teoricamente, um ridículo doutrinário e, na prática, um cúmplice do imperialismo.

O centro de gravidade da educação internacionalista dos trabalhadores dos países opressores precisa estar necessariamente na prédica e na defesa da liberdade de separação dos países oprimidos. De outra forma, *não há* internacionalismo. Temos o direito e o dever de tratar como imperialista e canalha todo social-democrata de uma nação opressora que *não* realize tal propaganda. Esta é uma exigência incondicional, ainda que, *praticamente*, a separação não seja possível e nem "realizável" antes do socialismo mais que em um caso entre mil.

Temos o dever de educar os trabalhadores na "indiferença" perante as diferenças nacionais. Isto é indiscutível. Mas não se trata da indiferença dos *anexionistas*. O membro de uma nação opressora deve permanecer "indiferente" perante o problema de se as nações pequenas pertencem ao *seu* Estado, ao Estado *vizinho* ou a si mesmas, de acordo com suas simpatias: sem essa "indiferença" *não será* um social-democrata. Para ser social-democrata internacionalista é necessário pensar *não* apenas na própria nação, mas colocar *acima dela* os interesses de todas as nações, a liberdade e a igualdade de direitos de todas. "Teoricamente", todos estão de acordo com estes princípios; mas, na prática, revelam precisamente uma indiferença anexionista. Aí está a raiz do mal.

E, do outro lado, o social-democrata de uma nação pequena deve ter como centro de gravidade de suas campanhas de agitação a *primeira* palavra de nossa fórmula geral: "*união* voluntária" das nações. Sem faltar com seus deveres de internacionalista, pode se pronunciar *tanto* a favor da independência política de sua nação *como* a favor de sua incorporação ao Estado vizinho X, Y, Z, etc. Mas deverá lutar em todos os casos *contra* a estreiteza de critério, o isolamento, o particularismo de nação pequena, para que se leve em consideração o total e o geral, pela subordinação dos interesses do particular aos interesses do geral.

Para aqueles que não se aprofundaram no problema, parece "contraditório" que os social-democratas das nações opressoras exijam a "liberdade de *separação*" e os social-democratas das nações oprimidas a "liberdade de *união*". Mas, refletindo minimamente, se percebe que, partindo da situação *dada*, não há e nem pode haver *outro* caminho rumo ao internacionalismo e à fusão das nações, não há e nem pode haver outro caminho que conduza a este fim...

Uma carta de Engels a Kautsky

Em seu panfleto *O socialismo e a política colonial* (Berlim, 1907), Kautsky, que na ocasião ainda era marxista, publicou a carta que recebeu de Engels de 12 de setembro de 1882 e que oferece uma imensa contribuição para o problema que discutimos. Eis aqui a parte essencial da carta em questão:

> (...) A meu ver, as colônias propriamente ditas, ou seja, as terras ocupadas por população europeia, como o Canadá, o Cabo e a Austrália, se tornarão, todas, independentes; por outro lado, as terras que estão submetidas e cuja população é indígena, como a Índia, a Argélia, as possessões holandesas, portuguesas e espanholas, terão que ser tomadas temporariamente pelo proletariado e deverão ter a independência reconhecia o mais rápido possível. É difícil dizer agora como se desenvolverá este processo. A Índia talvez faça a revolução – coisa muito provável – e, posto que o pro-

> letariado, ao se libertar, não pode fazer guerras coloniais, deverá se conformar com isso, ainda que, naturalmente, serão inevitáveis diferentes destruições. O mesmo pode ocorrer também em outros lugares, como por exemplo, na Argélia e no Egito, o que seria *para nós*, sem dúvida, o melhor. Teremos muito que fazer em nossa própria casa. Uma vez reorganizadas a Europa e a América do Norte, isto dará um impulso colossal e exemplo tal, que os países semi-civilizados nos seguirão eles mesmos, pois assim irão impor, ainda que apenas isso, suas necessidades econômicas. No que diz respeito às fases sociais e políticas que atravessaram estes países até chegarem também à organização socialista, creio que apenas poderíamos criar hipóteses bastante vagas. Uma coisa é indiscutível: *o proletariado triunfante não pode impor a nenhum outro povo felicidade alguma sem enfraquecer com este ato sua própria vitória.* Como é natural, isto não exclui de modo algum as guerras defensivas de gênero distinto (...)

Engels não acredita, de forma alguma, que apenas o "econômico" salvará sozinho e diretamente de todas as dificuldades. A revolução econômica levará *todos* os povos a *tender* para o socialismo; porém, também são possíveis revoluções – contra o Estado socialista – e guerras. A adaptação da política à economia se produzirá de forma inevitável, mas não de repente ou sem obstáculos, não de um modo simples e direto. Engels aponta como "indubitável" apenas um princípio, indiscutivelmente internacionalista, que aplica a *todos* os "povos estrangeiros", ou seja, não apenas aos coloniais: impor-lhes a felicidade significa minar a vitória do proletariado.

O proletariado não se converterá em santo e nem ficará a salvo de erros e fraquezas pelo mero fato de haver levado a cabo a revolução social. Mas os possíveis erros (e também os interesses egoístas de tentar montar nas costas alheias) o levarão indesculpavelmente a compreender esta verdade.

Todos nós, os da esquerda zimmerwaldiana, temos a mesma convicção que tinha, por exemplo, Kautsky antes de sua sua mudança do marxismo para a defesa do chauvinismo em 1914, que é: a revolução socialista é completamente possível no futuro *mais próximo*, "de hoje para amanhã", como se expressou o próprio Kautsky em certa ocasião. As antipatias nacionais não desaparecerão tão rápido; o ódio – completamente legítimo – da nação oprimida pela nação opressora *continuará* existindo durante certo tempo; se dissipará apenas *depois* da vitória do socialismo e *depois* da implantação definitiva de relações plenamente democráticas entre as nações. Se queremos ser fiéis ao socialismo devemos nos dedicar desde já à educação internacionalista das massas, impossível de realizar entre as nações opressoras sem pautar a liberdade de separação das nações oprimidas.

A insurreição irlandesa de 1916

Nossas teses foram escritas antes desta insurreição que deve ser para contrastar nossos pontos de vista teóricos.

Os pontos de vista dos inimigos da autodeterminação chegam à conclusão de que a vitalidade das nações pequenas foi esgotada pelo imperialismo, de que não podem desempenhar nenhum papel contra o imperialismo, de que o apoio a suas aspirações puramente nacionais não levará a lugar algum, etc. A experiência da guerra imperialista de 1914-1916 refuta *factualmente* semelhantes conclusões.

A guerra foi uma época de crise para as nações da Europa Ocidental, para todo o imperialismo. Toda crise deixa de lado o convencional, arranca o invólucro, varre o que é retrógrado, desnuda os impulsos e as forças mais profundas. O que esta crise desnudou partindo do ponto de vista do movimento das nações oprimidas? Nas colônias, diversas tentativas de insurreição, que as nações opressoras, como é natural, trataram de ocultar por todos os meios valendo-se da censura militar. Se sabe, porém, que os ingleses esmagaram ferozmente uma sublevação de suas tropas indianas em Singapura; que tem havido tentativas de insurreição no Aname francês (ver *Nashe Slovo*) e no Camarões alemão (ver o panfleto de Junius); que na Europa, de um lado, se insurgiu a Irlanda, que os ingleses "amantes da liberdade" apaziguar por meio de execuções, sem ousar estender aos irlandeses o serviço militar obrigatório; por outro lado, o governo austríaco condenou os deputados da Dieta tcheca à morte por "traição" e fuzilou regimentos tchecos inteiros pelo mesmo "delito".

É claro que esta lista está longe, muito longe, de ser completa. Porém, demonstra que as chamas das insurreições nacionais *por conta* da crise do imperialismo foram acesas *tanto* nas colônias *como* na Europa, que as simpatias e antipatias nacionais se manifestam, apesar das ameaças draconianas e das medidas repressivas. E a crise do imperialismo ainda se encontrava longe do ápice de seu desenvolvimento: o poderio da burguesia imperialista ainda não estava enfraquecido (a guerra "até a exaustão" pode levar a isso, mas ainda não o fez); os movimentos proletários no seio das potências imperialista ainda são muito fracos. O que acontecerá quando a guerra conduzir ao total esgotamento ou quando em uma potência, pelo menos, o poder da burguesia vacile sob os golpes da luta proletária, como vacilou o poder do czarismo em 1905?

O jornal *Berner Tagwacht*, órgão dos zimmerwaldianos e inclusive de alguns de esquerda, publicou em 9 de maio de 1916 um artigo sobre a insurreição irlandesa, assinado com as iniciais K.R. e com o título *Sua hora chegou*. No artigo em questão foi qualificada como "putsch" a insurreição irlandesa – nem mais, nem menos! –, pois, segundo o autor, "a questão irlandesa era uma questão agrária", os camponeses foram tranquilizados com reformas, o movimento nacionalista havia se convertido em "um movimento puramente urbano, pequeno-burguês, onde se encontravam poucas forças sociais, apesar do grande alvoroço que causou".

Não causa surpresa que esta avaliação, monstruosa por seu caráter doutrinário e pedante, tenha coincidido com a do constitucionalista democrata, senhor A. Kulisher (*Riech*, número 102, 15 de abril de 1916), nacional-liberal russo, que também qualificou a insurreição como o "putsch de Dublin".

É de se esperar que, de acordo com o provérbio de que "há males que vêm para o bem", muitos camaradas que não compreendiam em que poça escorregavam ao negar a "autodeterminação" e adotar uma atitude desdenhosa frente aos movimentos nacionais das nações pequenas, agora abrirão os olhos ao influxo desta "fortuita" coincidência nas apreciações de um representante da burguesia imperialista e de um social-democrata!

Se pode falar de "putsch", no sentido científico da palavra, unicamente quando a tentativa de insurreição não revela nada, exceto a existência de um grupinho de conspiradores ou de maníacos desatinados, e não desperta nenhuma simpatia entre as massas. O movimento nacional irlandês, que existe há séculos e passou por diferentes etapas e combinações de interesses de classe, se manifestou, entre outras coisas, no Congresso nacional irlandês de massas celebrado na América (*Vorwärts*, 20 de março de 1916), que se pronunciou a favor da independência da Irlanda; se manifestou nos combates de rua de uma parte da pequena burguesia urbana *e de uma parte dos operários*, depois de uma longa agitação de massas, de manifestações, de proibição de jornais, etc. Aqueles que chamam de putsch uma insurreição *dessa natureza* é um reacionário de marca maior ou um doutrinário absolutamente incapaz de pensar a revolução social como um fenômeno vivo.

Porque pensar que a revolução social *é concebível* sem insurreições das nações pequenas nas colônias e na Europa, sem explosões revolucionárias de uma parte da pequena burguesia, *com todos os seus preconceitos*, sem o movimento das massas proletárias e semi-proletária inconscientes contra a opressão latifundiária, clerical, monárquica, nacional, etc.; pensar assim significa *renunciar à revolução social*. Em um lugar, pensam, aparentemente, é formado um exército e se diz: "Defendemos o socialismo"; em outro lugar é formado outro exército e proclama-se: "Defendemos o imperialismo", e isso será a revolução social! Apenas com base em semelhante ponto de vista ridículo e pedante se pode ultrajar a insurreição irlandesa, qualificando-a como "putsch".

Quem espera por uma revolução social "pura", não a verá *jamais*. Será um revolucionário apenas em palavras, que não compreende a verdadeira revolução.

A revolução russa de 1905 foi democrática e burguesa. Partiu de uma série de batalhas de *todas* as classes, grupos e elementos descontentes da população. Entre elas havia massas com os preconceitos mais selvagens, com os objetivos de luta mais confusos e fanáticos; havia grupinhos que pegaram dinheiro japonês, havia especuladores e aventureiros, etc. *Objetivamente*, o movimento das massas quebrava o czarismo e abriam o caminho rumo à democracia; por isso, os operários conscientes o dirigiram.

A revolução socialista na Europa *não pode ser* outra coisa que uma explosão da luta de massas de todos e de cada um dos oprimidos e descontentes. Participarão nela, inevitavelmente, partes da pequena burguesia e dos trabalhadores atrasados – sem essa participação *não* é possível uma luta *de massas*, não é possível *nenhuma* revolução –, que aportarão ao movimento, também de modo inevitável, seus preconceitos, suas fantasias reacionárias, suas debilidades e seus erros. Mas objetivamente atacarão o capital, e a vanguarda consciente da revolução, o proletariado avançado, expressando esta verdade objetiva da luta de massas de peles e vozes distintas, heterogênea e aparentemente desmembrada, poderá uni-la e dirigi-la, tomar o poder, tomar os bancos, expropriar os trustes odiados por todos (ainda que por motivos diferentes!), e aplicar outras medidas ditatoriais, que em seu conjunto levam à derrocada da burguesia e à vitória do socialismo, vitória que não poderá "ser depurada" instantaneamente, longe disso, das escórias pequeno burguesas.

A social-democracia – lemos nas teses polonesas (I, 4) – "deve aproveitar a luta da jovem burguesia colonial, dirigida contra o imperialismo europeu, *para exacerbar a crise revolucionária na Europa*". (O destaque é dos autores.)

Não está claro que onde menos se pode permitir a contraposição da Europa com as colônias é neste âmbito? A luta das nações oprimidas *na Europa*, capaz de chegar a insurreições e batalhas de rua, de romper a férrea disciplina das tropas e provocar o estado de sítio, esta luta "exacerbará a crise revolucionária na Europa" com uma força incomparavelmente maior que uma insurreição muito mais desenvolvida em uma colônia distante. O golpe desferido contra o poder da burguesia imperialista inglesa pela insurreição na Irlanda tem uma importância política cem vezes maior que outro golpe com força semelhante na Ásia ou na África.

A imprensa chauvinista francesa informou há pouco tempo que na Bélgica apareceu o número 80 da revista clandestina *A Bélgica Livre*. É claro que a imprensa chauvinista francesa mente com muita frequência, mas esta notícia parece verossimilhante. Enquanto a social-democracia alemã, chauvinista e kautskiana, não criou em dois anos de guerra uma imprensa livre, suportando resignadamente o jugo da censura militar (apenas os elementos radicais de esquerda editaram, que seja dito em sua honra, panfletos e proclamações sem passá-los pela censura), uma nação culta oprimida responde às assombrosas ferocidades da opressão militar criando um órgão de protesto revolucionário! A dialética da história é tal que as pequenas nações, impotentes como fator *independente* na luta contra o imperialismo, desempenham seu papel como um dos fermentos ou bacilos que ajudam a entrar em cena a *verdadeira* força contra o imperialismo: o proletariado socialista.

Na guerra atual, os Altos Estados Maiores se esforçam para aproveitar todo movimento nacional e revolucionário no campo inimigo: os alemães, a insurreição irlandesa; os franceses, o movimento tcheco, etc. E, do seu ponto de vista, procedem de maneira acertada. Não se pode adotar uma atitude séria perante uma guerra séria sem utilizar a mais ínfima fraqueza do adversário, sem aproveitar cada oportunidade, ainda mais por ser impossível saber antecipadamente em que momento e com qual força "explodirá" aqui ou ali um ou outro barril de pólvora. Seríamos maus revolucionários, se na guerra libertadora do proletariado pelo socialismo não soubéssemos aproveitar *qualquer* movimento popular contra *diversas* calamidades do imperialismo, a fim de exacerbar e ampliar a crise. Se, por um lado, proclamamos e repetimos de mil maneiras que somos "contra" toda opressão nacional e, por outro lado, chamássemos de "putsch" a heróica insurreição da parte mais dinâmica e inteligente de algumas classes de uma nação oprimida contra os opressores, desceríamos a um nível de torpeza semelhante ao dos kautskianos.

A desgraça dos irlandeses consiste em que se lançaram à insurreição em um momento inoportuno: quando a insurreição europeia do proletariado *ainda* não amadureceu. O capitalismo não está organizado de forma tão harmônica para que as distintas fontes da insurreição possam se fundir de repente por si mesmas, sem reveses e derrotas. Pelo contrário, precisamente a diversidade de tempo, de caráter e de lugar das insurreições garantem a amplitude e a profundidade do movimento geral. Apenas na experiência dos movimentos revolucionários inoportunos, parciais, fracionados e, por isso, fracassados, as massas poderão adquirir experiência, aprender, reunir forças, ver seus verdadeiros guias, os proletários socialistas, e preparar assim o embate geral, do mesmo modo que as greves isoladas, as manifestações urbanas e nacionais, os motins entre as tropas, as explosões entre os camponeses, etc., prepararam o embate geral de 1905.

Fragmento do artigo
SOBRE A CARICATURA DO MARXISMO E O "ECONOMICISMO IMPERIALISTA"

Escrito em agosto/outubro de 1916. Publicado pela primeira vez em 1924, nos números 1 e 2 da revista *Zviezdá*. Assinado: *V. Lenin.*

As demais questões políticas abordadas e falsificadas por P. Kievski

Declaramos em nossas teses que a libertação das colônias não era outra coisa que a autodeterminação das nações. Os europeus frequentemente esquecem que os povos coloniais *também* são nações, mas tolerar esta "falta de memória" significa tolerar o chauvinismo.

> O proletariado, no sentido próprio da palavra, *não existe*" em colônias do tipo puro (final do parágrafo *c* do capítulo II). "Para quem devemos propor, então, a "autodeterminação"? Para a burguesia colonial? Para os felás? Para os camponeses? Claro que não. É absurdo que os *socialistas* (o destaque é de P. Kievski[151]) abor-

[151] Georgi Leonidovitch Piatakov (P. Kievski, Yuri) (1890-1937): anarquista durante a revolução de 1905-1907, se torna membro do Partido Bolchevique em 1910, onde foi membro do Comitê Central nos períodos 1923-1927 e 1930-1936. Em muitas ocasiões se manifestou contra Lênin e a política do partido sobre o problema nacional. Depois da Revolução de Fevereiro de 1917 se opôs às Teses de Abril e à linha do partido orientada para a revolução socialista. Durante a discussão sobre os sindicatos, combateu, junto a Trotski, a posição leninista.

> dem a reivindicação da autodeterminação em relação às colônias, porque, em geral, é absurdo propor as reivindicações do partido operário para os países onde não há operários.

Por mais que seja terrível a ira de P. Kievski, que declara ser "absurdo" nosso ponto de vista, nos atrevemos, contudo, a mostrar-lhe com todo respeito que seus argumentos são equivocados. Apenas os "economicistas"[152],[153] de triste memória, pensavam que as "reivindicações do partido operário" são propostas *apenas* para os operários*. Não, estas reivindicações são propostas

---

Desde 1923 foi um dos líderes da oposição trotskista. Ocupou importantes cargos em órgãos soviéticos, como presidente do Banco Estatal da URSS (1930) e vice-comissário da Indústria Pesada (1934). Preso em 1936, acabou expulso do partido em 1937 e condenado ao fuzilamento no processo do "Centro Trotskista Anti-Soviético".

152 "Economicistas": denominação que se dava aos partidários do "economicismo", corrente oportunista existente na social-democracia da Rússia no final do século XIX e início do século XX. Os "economicistas" defendiam que a luta política contra o czarismo deveria ser conduzida, principalmente, pela burguesia liberal, enquanto que os trabalhadores deveriam se limitar à luta econômica para melhorar as condições de trabalho, elevar os salários, etc. Negavam o papel dirigente do partido e a importância da teoria revolucionária no movimento operário, afirmando que este último deveria se desenvolver exclusivamente pela via espontânea. Lênin demonstrou toda a inconsistência e o caráter prejudicial das concepções "economicistas" em seu livro *O que fazer?*, publicado em 1902, e também em outros trabalhos.

153 N.T. Em traduções anteriores o termo utilizado para se referir a essa tendência é "economismo", porém, preferimos utilizar "economicismo" por entender que facilita a compreensão da ênfase excessiva nos aspectos econômicos.

* Aconselhamos P. Kievski a reler os escritos dos anos 1899-1901 de A. Martinov e cia. Encontrará ali muitos de "seus" argumentos.

para toda a população trabalhadora, para todo o povo. Com a parte democrática de nosso programa – sobre as quais P. Kievski "absolutamente" não refletiu acerca de seu significado – nos dirigimos especialmente a todo o povo e por isso nela falamos do "povo"**.

Calculamos em 1 bilhão a população das colônias e semi colônias, mas P. Kievski não teve a dignidade de refutar nossa concretíssima afirmação. Desta população de 1 bilhão, mais de 700 milhões (China, Índia, Pérsia, Egito) pertencem a países onde ***há*** operários. Mas ainda nas colônias onde não há operários, onde não há mais que escravistas e escravos, etc., não apenas *não é* absurdo, como é *obrigatório* para todo marxista abordar a "autodeterminação". Depois de pensar um pouquinho, P. Kievski provavelmente compreenderá, como compreenderá também que a "autodeterminação" se aborda sempre "para" duas nações: a oprimida e a *opressora*.

Outra "objeção" de P. Kievski:

> Por essa razão, nos limitamos com relação às colônias a uma reivindicação negativa, isto é, a uma exigência dos socialistas a seus governos: 'Saiam das colônias!' Esta exigência, irrealizável nos marcos do capitalismo, exacerba a luta contra o imperialismo, mas não está em contradição com o desenvolvimento, uma vez que a sociedade socialista não possuirá colônias.

A incapacidade ou falta de vontade do autor de refletir, ainda que brevemente, sobre o conteúdo teórico das reivindicações

** Alguns curiosos adversários da "autodeterminação das nações" argumentam, retrucando-nos, que as "nações" se encontram divididas em classes! Habitualmente, indicamos a estas caricaturas de marxistas que na parte democrática de nosso programa se fala do "poder soberano do povo".

políticas é surpreendente! Será que as coisas mudarão porque usamos, em vez de um termo político teoricamente exato, uma frase de agitação? Dizer "saiam das colônias" significa, justamente, evitar uma análise teórica, escondendo-se atrás de uma frase de agitação. Cada agitador do nosso partido, quando fala da Ucrânia, da Polônia, da Finlândia, etc., tem o direito de dizer ao czarismo ("ao seu governo") "saiam da Finlândia, etc."; mas um agitador inteligente compreenderá que reivindicações positivas ou negativas não devem ser levantadas apenas para "exacerbar". Somente pessoas do tipo de Aléxinski poderiam insistir que a reivindicação "negativa" "Saiam da Duma negra!" poderia se justificar pelo desejo de "exacerbar" a luta contra certo mal.

A exacerbação da luta é uma frase vazia dos subjetivistas, que esquecem que o marxismo exige, para justificar cada reivindicação, uma análise exata da realidade *econômica*, da situação *política* e do significado *político* desta reivindicação. Chega a ser violento repetir isto, mas o que podemos fazer se somos forçados a isso?

Interromper uma discussão teórica sobre uma questão teórica com gritos de agitação é um proceder de Alexinski[156] que conhecemos bem, mas é um mau caminho. O conteúdo político e econômico da palavra de ordem "saiam das colônias" é um e apenas um: a liberdade de separação das nações coloniais, a liberdade de formação de um Estado separado! Se as leis *gerais* do imperialismo impedem a autodeterminação das nações, tornam-na utópica, ilusória, etc., etc., segundo P. Kievski, como, então, alguém pode, sem refletir, abrir uma exceção destas leis gerais para a *maioria* das nações do mundo? É claro que a "teoria" de P. Kievski nada mais é do que uma caricatura de teoria.

---

[156] Grigori Alexeievitch Alexinski (1879-1967): social-democrata russo que adotou a posição chauvinista durante a Primeira Guerra Mundial. Depois da Revolução de Outubro (1917) emigrou da Rússia, passando a apoiar movimentos contrarrevolucionários.

A produção mercantil e o capitalismo, os cordões das relações do capital financeiro, existem na imensa maioria das colônias. Como se pode, então, exortar aos Estados, aos governos dos países imperialistas, a "saírem das colônias", se *do ponto de vista* da produção mercantil, do capitalismo e do imperialismo isto é uma exigência "não científica", "utópica", "refutada" *mesmo por* Lensch, por Cunow, etc.?

Não há vestígios de *reflexão* nos raciocínios do autor!

O autor não pensou que a libertação das colônias "não é possível" apenas em um sentido: "é irrealizável sem uma série de revoluções". Tampouco pensou que é possível *em relação* com a revolução socialista na Europa. Não pensou que a "sociedade socialista não possuirá" *não apenas* colônias, mas nações oprimidas *em geral*. Não pensou em que, na questão abordada, *não há* nenhuma diferença, nem econômica, nem política, entre a "possessão" da Polônia ou do Turquestão pela Rússia. Não pensou em que a "sociedade socialista" quer "sair das colônias" *apenas* no sentido de conceder a estas o *direito* de se separar livremente, mas ***de forma alguma*** no sentido de *recomendar-lhes essa separação*.

P. Kievsky nos insultou ao chamar-nos de "prestidigitadores" por esta distinção entre o direito à separação e a recomendação da separação, e para "fundamentar cientificamente" este juízo perante os trabalhadores, ele escreve:

"O que pensará o operário quando perguntar ao propagandista como deve proceder um proletário frente ao problema do samostíinost" (isto é, a independência política da Ucrânia) "quando lhe for respondido: os socialistas querem alcançar o direito à secessão e eles fazem propaganda contra a separação?"

Acredito poder responder com bastante exatidão a esta pergunta: suponho que todo operário inteligente *pensará* que P. Kievski *não sabe pensar*.

Todo trabalhador inteligente "pensará": mas se o próprio Padre Kievsky ensina a nós, trabalhadores, a gritar: "saiam das colônias"! Portanto, nós, os operários russos, devemos exigir que nosso governo saia da Mongólia, do Turquestão, da Pérsia; os trabalhadores ingleses, que o governo inglês saia do Egito, da Índia, da Pérsia, etc. Mas isto significa que *nós*, os proletários, *queremos* nos separar dos trabalhadores e felás egípcios, dos trabalhadores e camponeses mongóis e do Turquestão ou hindus? Significa que *nós* aconselhamos as massas trabalhadoras das colônias a "separarem-se" do proletariado europeu consciente? Nada disso. Sempre fomos, somos e seremos pela aproximação e a fusão dos operários conscientes dos países avançados com os operários, camponeses e escravos de *todos* os países oprimidos. Sempre aconselhamos, e continuaremos a aconselhar, todas as classes oprimidas em todos os países oprimidos, incluindo as colônias, a *não* se separarem de nós, mas a se unirem e se fundirem conosco o mais estreitamente possível.

Se exigirmos que os nossos governos saiam das colônias, isto é – para nos expressar em termos políticos exatos e não em gritos de agitação –, que *outorguem* às colônias plena *liberdade* de separação, *direito* real *à autodeterminação*; se nós mesmos o colocarmos em prática, sem falta, este direito e outorgarmos essa liberdade assim que conquistarmos o poder; se exigimos isso do atual governo e o *faremos* quando nós mesmos formos o governo, não é *absolutamente* para "recomendar" a separação, mas pelo contrário: de facilitar e acelerar a aproximação e a fusão *democrática* das nações. Não pouparemos esforços para nos aproximar e nos fundir com os mongóis, persas, hindus e egípcios; consideramos que fazer isto é o nosso dever e o *nosso interesse*, pois, caso contrário, o socialismo na Europa *não será* ***sólido***. Trataremos de fornecer a estes povos, mais atrasados e oprimidos do que nós, uma "ajuda cultural desinteressada", segundo a magnífica expressão dos social-democratas poloneses, ou seja, os ajudaremos a passar ao uso de máquinas, ao alívio do trabalho, à democracia, ao socialismo.

Se exigimos liberdade de separação para os mongóis, persas, egípcios e, sem exceção, para *todas* as nações oprimidas com direitos restringidos, não é porque *estejamos a favor* da sua separação, mas *apenas* porque somos a favor da aproximação e da fusão *livres e voluntários*, e não violentos. Só por isso!

Neste sentido, a *única* diferença entre o camponês e o operário mongol ou egípcio, por um lado, e o polonês ou finlandês, por outro, consiste no fato de estes últimos serem pessoas altamente desenvolvidas, com maior experiência política que os russos, mais preparada no aspecto econômico, etc., e, por isso, provavelmente convencerão *muito rápido* o seu povo – que atualmente odeiam, com razão, os russos pelo papel de carrascos que desempenham – de que é tolice estender esse ódio aos operários *socialistas* e à Rússia socialista, de que tanto o interesse econômico como o instinto e a consciência do internacionalismo e da democracia exigem a mais rápida aproximação e a fusão de todas as nações na sociedade socialista. Dado que os poloneses e os finlandeses são pessoas altamente cultas, se convencerão muito rápido, provavelmente, da justeza deste raciocínio, e a separação da Polônia e da Finlândia após a vitória do socialismo pode durar pouquíssimo tempo. Os felás, mongóis e persas, muitíssimo menos cultos, podem separar-se por um período mais longo, mas tentaremos encurtá-lo, como já dissemos, com ajuda cultural desinteressada.

Não existe e não pode haver *nenhuma* outra diferença na nossa atitude em relação aos poloneses e aos mongóis. Não existe e não pode existir *nenhuma* "contradição" entre a propaganda a favor da liberdade de separação das nações e a firme decisão de pôr em prática esta liberdade quando *nós* sejamos o governo, por um lado, e a propaganda a favor da reaproximação e da fusão das nações, de outra. Estamos convencidos de que isto é o que "pensará" todo operário inteligente, verdadeiramente socialista, verdadeiramente internacionalista, sobre a nossa discussão com P. Kievski*.

Ao longo do artigo de P. Kievski se destaca esta perplexidade principal: porquê pregar a liberdade de *separação* das nações, e colocá-la em prática quando estivermos no poder, se todo o desenvolvimento leva à *fusão* das nações? Pela mesma razão – respondemos – que pregamos a ditadura do proletariado, e a poremos em prática quando estivermos no poder, apesar de todo o desenvolvimento levar à supressão da dominação violenta de uma parte da sociedade sobre outra. A ditadura é a dominação de uma parte da sociedade sobre toda a sociedade, uma dominação, por certo, que se apoia diretamente na violência. A ditadura do proletariado, única classe revolucionária até o fim, é imprescindível para derrubar a burguesia e rechaçar suas tentativas contra revolucionárias. A questão da ditadura do proletariado

---

* Ao que parece, P. Kievski simplesmente *repetiu*, na trilha de alguns marxistas alemães e holandeses, a reivindicação "saiam das colônias" sem pensar no conteúdo e nem no significado teóricos desta palavra de ordem nem na peculiaridade concreta da Rússia. Se pode perdoar um marxista holandês ou alemão – até certo ponto – que se limita à palavra de ordem "saiam das colônias", pois, primeiro, a opressão das colônias é, para a maioria dos países europeus *ocidentais*, o caso *típico* de opressão das nações, e, segundo, nos países da Europa Ocidental é particularmente claro, evidente e vivo o conceito de "colônia".

E na Rússia? Sua peculiaridade consiste cabalmente em que a diferença entre "*nossas*" "colônias" e "nossas" nações oprimidas não é clara, concreta e nem viva!

Se esquecer *desta* peculiaridade da Rússia é tão imperdoável em P. Kievski como é perdoável em um marxista que escreva, por exemplo, em alemão. Para um socialista russo que quer não apenas *repetir*, mas *pensar*, deveria estar claro que é particularmente absurdo tratar de fazer na Rússia alguma diferenciação séria entre nações oprimidas e colônias.

tem tanta importância que quem a nega ou a reconhece apenas em palavras não pode ser membro do Partido Social-Democrata. Agora bem, não se pode negar que em casos particulares, a título de exceção – por exemplo, em algum Estado pequeno depois de que um país vizinho grande haja realizado a revolução social –, seja *possível* a renúncia pacífica do poder pela burguesia, se esta se convence de que sua resistência será inútil e prefira conservar a cabeça. Mas é mais provável, naturalmente, que o socialismo *tampouco* se realize nos países pequenos sem uma guerra civil; por isso, o *único* programa da social-democracia internacional deve consistir em reconhecer essa guerra, apesar de que em nosso ideal não haja lugar para a violência contra os indivíduos. O mesmo, *mutatis mutandis* (com as mudanças *correspondentes*), se pode dizer das nações. Somos partidários de sua fusão; mas, *na atualidade*, sem a liberdade de separação não se pode passar da fusão por meio da violência, das anexações, à fusão voluntária. Reconhecemos – e com toda razão – a primazia do fator econômico; mas interpretá-la como P. Kievski significa cair em uma caricatura do marxismo. No imperialismo moderno, mesmo os trustes e os bancos, sendo igualmente inevitáveis no capitalismo desenvolvido, não são idênticos por sua forma concreta nos diferentes países. Diferem em relação com, apesar de sua homogeneidade no fundamental, as formas políticas nos países imperialistas avançados – EUA, Inglaterra, França e Alemanha. A mesma diversidade aparecerá no caminho que a humanidade deve percorrer do imperialismo de hoje à revolução socialista de amanhã. Todas as nações chegarão ao socialismo, isso é inevitável, mas não chegarão da mesma forma; cada uma delas aportará seus elementos particulares a uma ou outra forma de democracia, a um outra variante da ditadura do proletariado, a um ou outro ritmo das transformações socialistas dos diversos aspectos da vida social. Não há nada mais mesquinho no aspecto teórico, nem mais ridículo no aspecto prático que, "em nome do materialismo histórico", imaginar o futuro *neste* terreno pintado uniformemente com uma cor de tom acinzentado: isso não seria mais que um borrão de Suzdal[158]. E ainda no caso de que a realidade da vida demonstrasse que *antes* do primeiro triunfo do proletariado socialista se libertará e separará apenas 1/500 parte das nações atualmente oprimidas que *antes* da vitória final do proletariado socialista na Terra (quer dizer, no curso dos desdobramentos da revolução socialista já iniciada) se separará também, e mais brevemente, apenas 1/500 parte das nações oprimidas, inclusive nesse caso, teríamos razão do ponto de vista teórico e político-prático ao aconselhar os operários a não permitirem que os socialistas das nações opressoras que não reconheçam nem defendam a liberdade de separação de *todas* as nações oprimidas pisem no umbral de seus partidos social-democratas. Por que, na realidade, não sabemos e nem podemos saber quantas nações oprimidas na prática da separação para aportar sua contribuição à diversidade de *formas* da democracia e de *formas* de transição ao socialismo. Mas sabemos, vemos e percebemos diariamente que a negação da liberdade de separação atualmente é uma falsificação teórica sem fim e um serviço prático aos chauvinistas das nações opressoras.

"Destacamos - escreve P. Kieviski em uma nota à passagem que citamos - nosso pleno apoio à reivindicação 'contra as anexações pela força (...)'"

O autor não responde a uma só palavra de nossa declaração, extremamente precisa, de que esta "reivindicação" equivale ao reconhecimento da autodeterminação, de que é impossível definir de maneira correta o conceito de "anexação" sem relacioná-lo à autodeterminação! Pensa, ao que parece, que para discutir

---

158 Borrão de Suzdal: trabalho grosseiro e rudimentar. Esta expressão se refere a figuras religiosas baratas, pintadas de forma grosseira, no distrito de Suzdal antes da revolução.

basta apenas abordar teses e reivindicações sem a necessidade de fundamentá-las!

> (...) Em geral – continua o autor – aceitamos plenamente, em sua fórmula *negativa*, uma série de reivindicações que aguçam a consciência do proletariado contra o imperialismo; porém, não há nenhuma possibilidade de encontrar as fórmulas *positivas* correspondentes sobre a base do regime atual. Contra a guerra, mas não pela paz democrática (...).

Isto é falso da primeira à última palavra. O autor leu nossa resolução *O pacifismo e a reivindicação da paz* (pgs. 44-45 do folheto *O socialismo e a guerra*) e, ao que parece, até a aprovou, mas é evidente que não a compreendeu. Estamos *em prol* da paz democrática, deixando os operários alerta apenas contra a mentira de que esta seja possível com os governos burgueses atuais, "sem uma série de revoluções", como é dito na resolução. Declaramos que o discurso "abstrato" da paz, ou seja, *sem* levar em consideração a verdadeira natureza de classe – mais especificamente: a natureza imperialista – dos governos *atuais* dos países beligerantes significa enganar os operários. Declaramos taxativamente nas teses do jornal *Sotsial-Demokrat* (n. 47) que nosso partido, se chegasse ao poder durante a guerra atual, iria propor, no ato, uma paz democrática a todos os países beligerantes.

Mas P. Kievski, tratando de convencer a si mesmo e de convencer os demais de que está "apenas" contra a autodeterminação e de modo algum contra a democracia em geral, chega a dizer que nós "não defendemos uma paz democrática". Não é curioso?

Não há necessidade de se deter em cada um dos outros exemplos de P. Kievski, pois não vale a pena gastar papel e tinta para refutar erros lógicos igualmente ingênuos que provocarão risos em cada leitor. Não há e nem pode haver uma só reivindicação "negativa" da social-democracia que sirva unicamente para "aguçar a consciência do proletariado contra o imperialismo", sem dar ao mesmo tempo uma resposta positiva à pergunta de *como* a social-democracia resolverá o problema correspondente quando chegar ao poder. Uma reivindicação "negativa" desvinculada de uma solução positiva concreta não "aguça", mas confunde a consciência, pois uma reivindicação assim é pura ficção, palavrório vão, uma declamação sem sentido.

P. Kievski não compreende a diferença que existe entre as reivindicações que "negam" ou estigmatizam os males *políticos* e *econômicos*. Esta diferença consiste em que certos males econômicos são próprios do capitalismo em geral, qualquer que seja sua superestrutura política; que é *impossível* do ponto de vista econômico suprimir esses males sem suprimir o capitalismo, e ninguém poderá citar um só exemplo de semelhante supressão. Pelo contrário, os males políticos consistem em desvios da democracia, plenamente possíveis do ponto de vista econômico "sobre a base do regime existente", ou seja, no capitalismo, e que, como exceção, se realiza nele: em um Estado, uma de suas partes, e em outro Estado, outra. O autor não compreende precisamente uma e outra vez as condições gerais que tornam realizável a democracia em geral.

O mesmo ocorre com a questão do divórcio. Lembremos o leitor que esta questão foi abordada, primeiramente, por Rosa Luxemburgo na discussão sobre o problema *nacional*. Ela expressou a justa opinião de que, ao defender a autonomia dentro do Estado (região, território, etc.), nós, social-democratas centralistas, devemos propor que os problemas estatais mais importantes, entre os quais figura a legislação sobre o *divórcio*, sejam resolvidos pelo poder de todo o Estado, pelo Parlamento de todo o Estado. O exemplo do divórcio mostra que não se pode ser social-democrata e socialista sem exigir imediatamente a plena liberdade de divórcio, pois a falta desta liberdade implica em uma grande sujeição do sexo oprimido, da mulher, ainda que não seja difícil entender que o reconhecimento da liberdade de deixar os maridos não significa *convidar* todas as mulheres a fazê-lo.

P. Kievski "objeta":

> Como seria esse direito" (do divórcio) "se *nestes* casos" (quando a mulher *quer* deixar o marido) "a mulher não pudesse exercê-lo? Ou se a sua realização dependesse da vontade de *terceiros*, ou, pior ainda, da vontade dos pretendentes 'próximos' da mulher em questão? Trataremos de obter a proclamação de *tal* direito? Claro que não!

Esta objeção mostra o mais completo mal-entendido da relação que existe entre a democracia *em geral* e o capitalismo. No capitalismo, as condições que tornam impossível às classes oprimidas "realizarem" os seus direitos democráticos são comuns, não como um caso isolado, mas como um fenômeno típico. O direito ao divórcio continuará a ser irrealizável no capitalismo, na maioria dos casos, uma vez que o sexo oprimido é economicamente esmagado, uma vez que as mulheres continuam a ser no capitalismo, em qualquer tipo de democracia, uma escrava doméstica, uma escrava trancada no quarto, no quarto das crianças e na cozinha. O direito de eleger juízes populares, funcionários, professores, jurados, etc., "próprios", também é irrealizável no capitalismo, na maioria dos casos, precisamente por causa do esmagamento econômico dos operários e camponeses. O mesmo acontece com a república democrática: o nosso programa "proclama-a" como o "poder soberano do povo", embora todos os social-democratas saibam muito bem que, sob o capitalismo, a república mais democrática só conduz ao suborno de funcionários pela burguesia e a aliança da Bolsa com o governo.

Apenas as pessoas que são completamente incapazes de pensar, ou que desconhecem completamente o marxismo, deduzem disto: então a república é inútil; a liberdade de divorciar-se é inútil; a democracia é inútil; a autodeterminação das nações é inútil! Os marxistas, por outro lado, sabem que a democracia *não* suprime a opressão de classe, mas antes torna a luta de classes mais pura, mais ampla, mais aberta, mais nítida, que é precisamente o que precisamos. Quanto mais ampla for a liberdade de divórcio, mais claro será para as mulheres que a fonte da sua escravatura doméstica é o capitalismo e não a falta de direitos. Quanto mais democrático for o regime político, mais claro será para os trabalhadores que a raiz do mal é o capitalismo, e não a falta de direitos. Quanto mais ampla for a igualdade nacional (que *não* está completa sem a liberdade de separação), mais claro será para os trabalhadores da nação oprimida que o cerne da questão reside no capitalismo, e não na falta de direitos. E assim por diante.

Repetimos continuamente: é violento ruminar sobre o ABC do marxismo, mas o que fazer se P. Kievski não sabe disso?

P. Kievski raciocina sobre o divórcio de maneira semelhante como fazia – em *Golos*, Paris, se bem me lembro – Semkovski, um dos secretários do CO[159] no estrangeiro. É verdade, disse ele, que a liberdade do divórcio não é um convite a todas as mulheres para abandonarem seus maridos. Mas se começarmos a mostrar para uma mulher que outros maridos são melhores que os dela, o resultado será o mesmo!!

Ao raciocinar deste modo, Semkovski esquecia de que ser extravagante não significa falhar no dever de ser socialista e democrata. Se Semkovski tivesse tentado convencer qualquer mulher de que todos os maridos eram melhores que os dela, ninguém veria nisso uma falha do dever de um democrata; o máximo que teriam dito seria: em um grande partido é inevitável que haja

159 CO (Comitê de Organização): organismo dirigente central dos mencheviques; se formou em 1912, na Conferência de Agosto entre mencheviques e outros grupos e correntes antipartido.

grandes excêntricos! Mas se tivesse ocorrido a Semkovski defender e chamar de democrata uma pessoa que negou a liberdade de divórcio e apelou, por exemplo aos tribunais, ou à polícia, ou à Igreja contra a sua esposa que o abandonava, temos a certeza de que *até* a maioria dos colegas de Semkovski do Secretariado no estrangeiro, apesar de serem uns socialistas mauzinhos, lhe negariam sua solidariedade.

Tanto Semkovski como P. Kievski "falaram" sobre o divórcio, revelaram uma falta de compreensão do problema e fugiram ao ponto essencial: no capitalismo, o direito ao divórcio, como *todos* os direitos democráticos sem exceção, é difícil de exercer, é convencional, limitado, estreito e formal; no entanto, nem um único social-democrata honesto considerará alguém que negue este direito um socialista ou mesmo um democrata. Isso é o essencial. *Toda* a "democracia" consiste em proclamar e realizar "direitos", cuja realização no capitalismo é muito escassa e muito convencional; mas sem essa proclamação, sem a luta pela concessão imediata de direitos, sem a educação das massas no espírito da tal luta, o socialismo *é impossível.*

Ao não compreender isto, P. Kievski também evitou em seu artigo a questão mais importante, relacionada com seu tema especial, a saber: como suprimiremos nós, os social-democratas, a opressão nacional? P. Kievski escapou com frases sobre *como* "o mundo se banhará em sangue", etc. (que não tem absolutamente nada a ver com o problema). No fundo, só resta uma coisa: a revolução socialista resolverá tudo! Ou como dizem às vezes aqueles que partilham das opiniões de P. Kievski: a autodeterminação é impossível no capitalismo e desnecessária no socialismo.

Esta opinião é absurda no aspecto teórico e chauvinista no aspecto político-prático. É uma prova da incompreensão do significado da democracia. O socialismo é impossível sem democracia em dois sentidos: (1) o proletariado não pode levar a cabo a revolução socialista se não se preparar para ela através da luta pela democracia; (2) o socialismo, tendo vencido, não pode consolidar sua vitória e levar a humanidade ao desaparecimento do Estado sem realizar a democracia completa. Portanto, dizer que a autodeterminação é desnecessária no socialismo é tão absurdo e implica a mesma confusão inútil como se alguém dissesse: a democracia é desnecessária no socialismo.

A autodeterminação *não é mais* impossível no capitalismo e *tão* desnecessária no socialismo como a democracia em geral.

A revolução econômica cria as premissas indispensáveis para destruir todos os tipos de opressão política. Precisamente por isso, não é lógico nem correto nos limitar a falar da revolução econômica quando a questão se coloca assim: *como* destruir o jugo nacional? É impossível destruí-lo sem uma revolução econômica. Isto é indiscutível. Mas *nos limitar* a isso significa cair no ridículo e deplorável "economicismo imperialista".

A igualdade de direitos das nações deve ser implementada; "direitos" iguais devem ser proclamados, formulados e postos em prática para todas as nações. *Todos* concordam com isso, exceto, talvez, P. Kievski. Mas, precisamente aqui, surge a questão que se pretende evitar: negar o *direito* de ter um Estado nacional próprio não significa negar direitos iguais?

Claro que sim! A democracia consequente, *quer dizer*, a democracia socialista, proclama, formula e tornará realidade este direito, sem o qual não existe o caminho que leve à aproximação e à fusão, plenas e voluntárias, das nações.

Fragmento de UMA CARTA ABERTA A BORIS SUVARIN

Escrita na segunda quinzena de dezembro de 1916.

Suvarin diz querer "examinar os fatos desde um ponto de vista marxista".

Mas do ponto de vista marxista, definições gerais e abstratas, tais como "o apatriotismo" não têm absolutamente nenhum valor. Pátria e nação são categorias históricas. Se a guerra é travada em defesa da democracia ou contra o jugo que oprime a nação, não me oponho minimamente a uma guerra deste tipo e não temo as palavras "defesa da pátria" quando se referem a esse tipo de guerra ou insurreição. Os socialistas ficam sempre ao lado dos oprimidos e, consequentemente, não podem se opor às guerras cujo objetivo é a luta democrática ou socialista contra a opressão. Portanto, seria simplesmente ridículo negar a legitimidade das guerras de 1793, das guerras da França contra as monarquias reacionárias europeias, ou das guerras garibaldinas, etc. Seria igualmente ridículo não querer reconhecer a legitimidade das guerras dos povos oprimidos contra os seus opressores, que podem eclodir na atualidade; por exemplo, a insurreição dos irlandeses contra a Inglaterra, ou a do Marrocos contra a França, ou a da Ucrânia contra a Rússia, etc...

Do ponto de vista marxista é necessário em cada caso, para cada guerra particular, determinar o seu conteúdo político.

Mas como determinar o conteúdo político de uma guerra?

Toda guerra nada mais é do que a continuação de uma política. A que política dá continuidade a guerra atual? Será uma continuação da política do proletariado, que de 1871 a 1914 foi o único representante do socialismo e da democracia na França, Inglaterra e Alemanha? Ou será a continuação de uma política imperialista, de uma política de pilhagem colonial e de opressão dos povos fracos por uma burguesia reacionária, decadente e moribunda?

Apenas colocando o problema de forma definida e correta obtemos uma resposta absolutamente clara: a guerra atual é uma guerra imperialista, é uma guerra entre escravistas que lutam pelo seu gado de carga e querem consolidar e perpetuar a escravidão. Esta guerra é esse "banditismo capitalista" de que falou Jules Guesde[160] em 1899, condenando assim, de antemão, sua própria traição futura. Guesde disse então:

> Há outras guerras... que surgem todos os dias: são as guerras pelos mercados. Nesse sentido, a guerra não apenas não tende a desaparecer, mas ameaça tornar-se ininterrupta. É uma guerra capitalista por excelência, uma guerra entre os capitalistas de todos os países pelos lucros, pela conquista do mercado mundial ao preço do nosso sangue. Agora imagine que em cada um dos países capitalistas da Europa e à frente de tal carnificina com o propósito de pilhagem esteja um socialista! Imaginemos um Millerand[161] inglês, um Millerand italiano, um Millerand alemão, somados ao Millerand francês, arrastando os trabalhadores para este banditismo capitalista, virando-os uns contra os outros! O que restaria, pergunto a vós, camaradas, da solidariedade internacional? No

---

160 Jules Bazile (Jules Guesde) (1845-1922): um dos fundadores e dirigentes do Partido Socialista Francês e da II Internacional. Após a eclosão da Primeira Guerra Mundial, compôs o governo burguês da França.

161 Etienne Alexandre Millerand (1859-1943): político reacionário francês. Foi socialista nos anos 1890, mas em 1899 acabou compondo o governo reacionário burguês da França.

> dia em que o millerandismo se tornasse um fenômeno geral, teríamos que dizer 'adeus' a todo internacionalismo e nos tornar nacionalistas, algo que nem você nem eu jamais concordaremos em ser (Ver *En Garde!*), de Jules Guesde, Paris 1911 , pp. 175-176).

Não é verdade que a França tenha lutado nesta guerra (1914-1917) pela liberdade, pela independência nacional, pela democracia, etc. Luta para manter suas colônias e para que a Inglaterra mantenha as dela, sobre as quais a Alemanha teria consideravelmente mais direitos (do ponto de vista da lei burguesa, naturalmente). Luta para que Constantinopla seja entregue à Rússia, e assim por diante... Consequentemente, não é a França democrática e revolucionária, não é a França de 1792, não é a França de 1848, nem a França da Comuna que faz esta guerra. A guerra é travada pela França burguesa, a França reacionária, aliada e amiga do czarismo, "o usurário universal" (a expressão não é minha, pertence a Lysis, colaborador do *L'Humanité*), que defende seu saque, seu "sagrado direito" às colônias, à "liberdade" de explorar o mundo todo com a ajuda de bilhões, emprestados dos povos fracos ou menos ricos.

Não digam que é difícil distinguir as guerras revolucionárias das guerras reacionárias. Gostaria que eu mencionasse outro critério puramente prático e compreensível para todos, além do critério científico que já mencionei?

Aqui está: toda guerra com alguma importância é preparada com antecedência. Quando se prepara uma guerra revolucionária, os democratas e os socialistas *não temem declarar antecipadamente* que numa guerra desta natureza são pela defesa da pátria. Quando, ao contrário, se prepara uma guerra reacionária, nenhum socialista *pode decidir de antemão*, isto é, antes de sua declaração, a determinar que em uma guerra semelhante estará pela "defesa da pátria".

Marx e Engels não tiveram medo de chamar o povo alemão à guerra contra a Rússia em 1848 e 1859.

E pelo contrário, em Basiléia, em 1912, os socialistas não ousaram falar da "defesa da pátria" numa guerra, cuja proximidade previam e que, efetivamente, eclodiu em 1914.

Nosso partido não tem medo de declarar publicamente que veria com simpatia as guerras ou as insurreições que poderiam ser iniciadas: Irlanda contra a Inglaterra; Marrocos, Argélia e Tunísia contra a França; Trípoli contra a Itália; Ucrânia, Pérsia e China, contra a Rússia, e assim por diante.

E os social-chauvinistas? E os "centristas"[162]? Se atreverão a declarar aberta e oficialmente que defendem a "defesa da pátria" em caso de guerra, por exemplo, entre o Japão e os Estados Unidos, uma guerra definitivamente imperialista, que ameaça centenas de milhões de pessoas e que vem fermentando há dezenas de anos? Que tentem! Minha opinião é que, se assim o decidirem, se tornariam motivo de chacota para as massas trabalhadoras, seriam vaiados por elas e expulsos dos partidos socialistas. É por isso que os social-chauvinistas e "centristas" evitarão qualquer declaração franca sobre o assunto e continuarão a fazer rodeios, mentindo, criando confusão com o tema e a dar-se com sofismas como o adotado pelo último Congresso do Partido Francês em 1915: "O país que é alvo de um ataque tem o direito de se defender".

---

162 Centristas: adeptos do centrismo, corrente oportunista no movimento operário mundial. Nos partidos da II Internacional, os centristas ocupavam uma posição intermediária entre os oportunistas declarados e a ala esquerda, revolucionária. Daí sua denominação de "centro", "centrismo". Durante a Primeira Guerra Mundial, os centristas apoiaram, de fato, a política dos social-chauvinistas; mas, ao mesmo tempo, proclamavam palavras de ordem pacifistas, distraindo a classe trabalhadora com relação à luta revolucionária contra a guerra imperialista e consolando-os com a esperança de "uma paz democrática sem anexações". Karl Kautsky foi um dos teóricos do centrismo.

Como se o cerne da questão fosse *quem atacou primeiro*, e não em *quais são as causas da guerra, os objetivos que ela possui e as classes que a realizam*. Pode-se admitir, por exemplo, que os socialistas, estando em seu pleno juízo, pudessem reconhecer à Inglaterra em 1796 o direito de "defender a pátria", quando as tropas revolucionárias francesas começaram a confraternizar com os irlandeses? E, no entanto, foram precisamente os franceses que agrediram naquele momento a Inglaterra, e o exército francês já se dispunha, inclusive, em desembarcar na Irlanda. E poderiam a Rússia e a Inglaterra ser reconhecidas amanhã com o direito de defender a sua pátria se, depois de terem recebido uma lição da Alemanha, a Pérsia os atacasse, em aliança com a Índia, a China e outros povos revolucionários da Ásia que estivessem realizando os seus 1789 e 1793?

Esta é a minha resposta à acusação que nos foi feita, simplesmente ridícula, de compartilhar as ideias de Tolstoi. Nosso partido repudiou tanto a teoria de tolstoiana como o pacifismo, ao declarar que os socialistas devem tender a transformar a guerra atual numa guerra civil do proletariado contra a burguesia, pelo socialismo.

Se me disser que isso é uma utopia, responderei que, obviamente, a burguesia da França, da Inglaterra, etc. não compartilha dessa opinião, pois não concordaria, naturalmente, em desempenhar esse papel infame e ridículo, chegando ao ponto de prender e mobilizar os "pacifistas", se não previsse e pressentisse o crescimento inelutável e incessante da revolução e sua iminente proximidade.

Fragmento de
UMA CARTA A INÊS ARMAND

Escrita e enviada de Zurique a Klaran (Suíça) em 19 de janeiro de 1917.

Sobre a "defesa da pátria", você adota, num primeiro momento, a meu ver, uma abordagem abstrata e a-histórica. Repito o que disse no artigo contra Yuri: a defesa da pátria equivale a justificar a participação na *guerra*. Apenas. Generalizar isto, transformá-lo num "princípio geral" *é ridículo*, é anticientífico em grau superlativo. (Lhe envio o programa norte-americano do SLP[163], que contém essa generalização ridícula). As guerras são uma coisa multifacetada, variada e complexa. Não se pode abordá-las com padronizações genéricas.

(I) Três tipos fundamentais: relação da nação oprimida com a nação opressora (toda guerra é a continuação da política; a política é a *relação* entre as nações, classes, etc.). Como regra geral, a guerra é legítima por parte da nação oprimida (independentemente de ser defensiva ou ofensiva no sentido militar).

(II) Relação entre duas nações opressoras. Luta pelas colônias, mercados, etc. (Roma e Cartago; Inglaterra e Alemanha

---

163 Socialist Labor Party of America (Partido Socialista do Trabalho da América): fundado em 1876 como resultado da fusão das seções norte-americanas da I Internacional, do Partido Operário Social-Democrata e de diversos grupos socialistas dos EUA. Por seu caráter sectário, o SLP jamais teve extensos vínculos com as massas trabalhadoras. Se inclinava ao internacionalismo durante a Primeira Guerra Mundial.

em 1914-1917). Como regra geral, uma guerra deste tipo é uma pilhagem de *ambos* os lados; e a atitude da democracia (e do socialismo) em relação a ela está incluída na máxima "se dois ladrões brigam, que morram os dois"...

(III) Terceiro tipo. *Sistema* de nações iguais em direitos. O problema é **muitíssimo mais complicado!!!!** Especialmente se, além das nações civilizadas, relativamente democráticas, existe o czarismo. Foi o que aconteceu (aproximadamente) na Europa de 1815 a 1905.

Ano de 1891. A política colonial da França e da Alemanha era *ínfima*. A Itália, o Japão e os Estados Unidos ***absolutamente não tinham*** colônias (agora possuem). Na Europa Ocidental foi formado um *sistema* (isto é VB![164], pense nisto!!, não se esqueça disto! Não vivemos em Estados isolados, mas num determinado *sistema* de Estados; os anarquistas podem se dar ao luxo de ignorar isto; não somos anarquistas), um *sistema* de Estados constitucionais, nacionais, em geral. *Ao lado* deles, o czarismo pré-revolucionário, poderoso, firme, que saqueou e oprimiu a todos durante centenas de anos e que esmagou as revoltas de 1849 e 1863.

A Alemanha (desde 1891) é o país do socialismo *avançado*. E esse país é ameaçado pelo czarismo, numa aliança com o boulangismo!

A situação é distinta, completamente distinta, que em 1914-1917, quando o czarismo foi minado pela revolução de 1905 e a Alemanha trava uma guerra em favor da dominação mundial. Isso é *outro* assunto!!

Relacionar, e mesmo comparar, as situações internacionais de 1891 e 1914 é anti-histórico em ***grau superlativo***.

O tonto Radek escreveu recentemente numa convocação polonesa (*Befreiung Polens*): "*Staatenbau*"[165] não é o objetivo

---

[164] N. E. "Veja Bem".

[165] N. T. (Libertação da Polônia): "edificação do Estado".

perseguido pela luta dos social-democratas. Isso é arqui-estupido! Isso é semi-anarquismo, semi-idiotice! Não, não, não somos indiferentes ao "*Staatenbau*", o sistema de Estados, *as relações que existem entre eles.*

Que Engels foi o pai do "radicalismo passivo"?? É impreciso! Nada disso. Jamais poderá demonstrá-lo. (Bogdanov e cia tentaram e só conseguiram cobrir-se de desgraça).

Na guerra *imperialista* de 1914-1917 entre ***duas*** coalizões imperialistas, devemos ser contra a defesa da pátria, uma vez que (1) o imperialismo é a véspera do socialismo; (2) a guerra imperialista é uma guerra de ladrões face o saque; (3) em *ambas* coalizões há proletariado *avançado*; (4) em ambas *amadureceu* a revolução socialista. ***Somente*** por isso estamos contra a "defesa da pátria", **somente** por isso! Com os melhores votos e saudações, o todo seu *Lenin*

ESTATÍSTICA E SOCIOLOGIA

Escrito em janeiro de 1917. Publicado pela primeira vez em 1935 no número 2 da revista *Bolshevik*. Assinado como *P. Piriuchev*.

Introdução

Alguns dos ensaios que oferecemos à atenção do leitor não foram publicados até agora. Outros são reproduções de artigos publicados antes da guerra em diversos jornais. O problema que estes ensaios abordam, o significado e o papel dos movimentos nacionais e a correlação entre o nacional e o internacional, desperta, naturalmente, especial interesse na atualidade. As discussões sobre este problema sofrem, na maioria dos casos e com maior frequência, de falta de concretude e de abordagem histórica. É muito comum repassar qualquer contrabando encobrindo-o com frases comuns. Acreditamos, portanto, que um pouco de estatística não fará mal. A comparação do que dissemos antes da guerra com os seus ensinamentos não nos parece inútil. Esses ensaios estão interligados pela unidade da teoria e do ponto de vista

Janeiro de 1917.

O autor

O âmbito histórico dos movimentos nacionais

Os fatos são teimosos, diz um provérbio inglês. Este provérbio vem muitas vezes à mente, especialmente quando algum escritor, gorjeando como um rouxinol, canta louvores à grandeza do princípio da nacionalidade em seus vários significados e correlações. Aliás, na maioria dos casos, este "princípio" se aplica com tanta sorte como certas e oportunas foram as exclamações de um célebre personagem de um conto popular que, perante um enterro, desejou aos que formavam o cortejo: "Tomara que tenham sempre alguém para carregar!"

Fatos exatos, fatos indiscutíveis: isso é o que é particularmente insuportável para esta classe de escritores e o que é especialmente necessário, se quisermos nos guiar no complexo e difícil problema, frequentemente atarantado com toda premeditação. Mas como reunir os fatos?, como estabelecer seu nexo e interdependência?

No campo dos fenômenos sociais não há procedimento mais difundido e mais inconsistente do que se apegar a pequenos fatos *isolados*, brincando com exemplos. Escolher exemplos em geral não é difícil, mas não tem sentido algum, ou tem um sentido puramente negativo, pois a questão está na situação histórica concreta de cada caso. Os fatos, apreendidos *em seu conjunto*, em sua *conexão*, não são "teimosos", mas absolutamente demonstrativos. Por outro lado, pequenos fatos separados do todo e sem conexão, de forma fragmentária e arbitrária, se transformam em um brinquedo ou algo pior. Por exemplo, se um escritor que já foi uma pessoa séria, ansioso por continuar a ser considerado como tal, pegar o caso do jugo mongol e o utilizar como exemplo para esclarecer certos acontecimentos ocorridos na Europa do século XX, será que seu comportamento pode ser considerado apenas um jogo, ou seria mais correcto incluí-lo no charlatanismo político? O jugo mongol é um fato histórico, sem dúvida ligado ao problema nacional. Também na Europa do século XX se observa uma série de acontecimentos indubitavelmente ligados a este problema. No entanto, haverá poucas pessoas – do tipo que os franceses chamam de "palhaços nacionais" – capazes de fingir seriedade e, ao mesmo tempo, se valerem do "fato" do jugo mongol para ilustrar o que está acontecendo na Europa do século XX.

A conclusão é clara: devemos tentar estabelecer uma base de fatos exatos e indiscutíveis nos quais seja possível apoiar-se para comparar qualquer dessas "generalistas" e "exemplares" argumentações, das quais hoje se abusa de forma desmedida em alguns países. Para que seja uma base verdadeira, é necessário tomar não fatos isolados, mas *todo o conjunto* de fatos que dizem respeito ao problema que se está examinando, *sem uma única* exceção, porque, caso contrário, surgirá inevitavelmente a suspeita muito legítima de que os fatos foram escolhidos ou reunidos de forma arbitrária; de que, ao invés de uma relação e uma interdependência objetivas dos fenômenos históricos em seu conjunto, nos é servido um guisado "subjetivo" para justificar, talvez, uma questão turva. Porque isso acontece... e com mais frequência do que parece.

Partindo destas considerações, decidimos começar pela estatística, plenamente conscientes, claro, da grande antipatia que costuma suscitar em alguns leitores, que preferem "as mentiras que nos enaltecem"[166] às "verdades infames", e em certos escritores, que gostam de transmitir contrabando político, encobrindo-o com digressões "gerais" sobre internacionalismo, cosmopolitismo, nacionalismo, patriotismo, etc.

Capítulo 1
Um pouco de estatística

I

Para realmente revisar todo o conjunto de dados sobre os movimentos nacionais, é preciso olhar para toda a população da

---

166 Lênin parafraseia um conhecido dístico do poema *O herói*, de Aleksandr Pushkin, que diz "gostamos mais da mentira que nos enaltecem / do que das verdades obscuras e baixas".

Terra. Dois traços devem ser estabelecidos com a maior precisão possível e investigados da forma mais completa: 1) a pureza ou a heterogeneidade da composição nacional de cada Estado, e 2) a divisão dos Estados (ou das formações semelhantes a Estados, quando houver dúvida se se pode falar adequadamente de Estados) em dependentes e independentes politicamente.

Tomemos os dados mais recentes, publicados em 1916, e com base em duas fontes: uma, alemã, são as *Tabelas Geográfico-Estatísticas* de Otto Hübner; a outra, inglesa, o *Anuário Político* (*The Statesman's Year-Book*). Teremos que tomar como base a primeira fonte, já que é muito mais completa no que diz respeito ao problema que nos interessa. Utilizaremos a segunda a título de comparações e algumas correções, parciais em sua maioria.

Comecemos nossa análise pelos Estados politicamente independentes e mais "puros", no sentido da homogeneidade da sua composição nacional. O que se destaca, em primeiro lugar, é o conjunto dos Estados da Europa *Ocidental*, ou seja, aqueles situados a oeste da Rússia e da Áustria.

Contamos 17 Estados, dos quais, no entanto, cinco são Estados de brinquedo devido ao seu tamanho insignificante, porém muito puros em sua composição nacional: Luxemburgo, Mônaco, San Marino, Liechtenstein e Andorra, que totalizam uma população de 310.000 habitantes. Não há dúvida de que seria melhor não incluí-los no número de Estados. Dos 12 Estados restantes, sete são de composição nacional completamente pura: em Itália, Holanda, Portugal, Suécia e Noruega, 99% da população de cada país corresponde a uma única nação, e em Espanha e Dinamarca, 96%. Seguem-se então três Estados de composição nacional quase pura: França, Inglaterra e Alemanha. Na França, apenas 1,3% da população são italianos, anexados por Napoleão III, violando e falsificando a vontade popular. Na Inglaterra, o país anexado é a Irlanda, cuja população de 4.400.000 almas constitui pouco menos de um décimo da população global da Inglaterra (46.800.000).

Na Alemanha, que conta com 64.900.000 habitantes, o elemento estrangeiro (quase completamente oprimido a nível nacional, como os irlandeses na Inglaterra) inclui os poloneses (5,47% da população), os dinamarqueses (0,25%) e os alsacianos-lorenos (1.870.000). No entanto, uma parte destes últimos (seu número exato é desconhecido) inclina-se para a Alemanha, não só pelo idioma, mas também por seus interesses econômicos e por suas simpatias. No total, cerca de 5 milhões de habitantes da Alemanha pertencem a nacionalidades estrangeiras, privados de seus direitos e até mesmo oprimidos.

Apenas dois pequenos Estados da Europa Ocidental possuem uma população mista: Suiça, com pouco menos de 4 milhões de habitantes, é composta por 69% de alemães, 21% de franceses e 8% de italianos; e a Bélgica, cuja população não chega a 8 milhões de habitantes, é composta de 53% de flamengos e 47% de franceses. Nota-se, no entanto, que apesar da composição nacional heterogênea desses Estados, não se pode falar de opressão de nacionalidades. De acordo com as Constituições de ambos Estados, todas as nacionalidades gozam dos mesmos direitos; na Suíça, esta igualdade de direitos é real e completa; na Bélgica, o elemento flamengo não goza de plenos direitos, apesar de constituir a maioria do país; mas esta desigualdade é ínfima se comparada, por exemplo, com a sofrida pelos poloneses na Alemanha ou com os irlandeses na Inglaterra, para não falar do que geralmente se observa em outros países que não pertencem ao grupo que examinamos. Por isso, entre outras coisas, o termo "Estado multinacional", rapidamente tornado moda pelos oportunistas no problema nacional – os escritores austríacos C. Renner e O. Bauer – é correto apenas em um sentido muito limitado, a saber: por um lado, se não esquecermos o lugar histórico particular ocupado pela maioria dos Estados deste tipo (falaremos disso mais tarde), e por outro, se não aceitarmos a utilização deste termo para ocultar a diferença fundamental que existe entre a verdadeira igualdade das nações e sua opressão.

Se unirmos os Estados que acabamos de examinar, obteremos um grupo de 12 países euro-ocidentais, com uma população global de 242 milhões de pessoas. Destes 242 milhões, apenas cerca de 9.500.000, ou 4%, são nacionalidades oprimidas (na Inglaterra e na Alemanha). Se somarmos todas as parcelas da população desses Estados que não pertencem à nacionalidade principal de cada um deles, resultará um total de 15 milhões de habitantes, ou seja, 6%.

Consequentemente, este grupo de países caracteriza-se, em seu conjunto, pelos seguintes traços: são os países capitalistas mais avançados e os mais desenvolvidos econômica e politicamente. Seu nível cultural também é mais elevado. Do ponto de vista nacional, a maioria destes Estados tem uma população homogênea ou quase homogênea. A desigualdade nacional, como fenômeno político especial, desempenha um papel totalmente insignificante. É o tipo de "Estado nacional" de que se fala frequentemente, esquecendo, na maioria dos casos, o caráter historicamente convencional e transitório deste tipo no desenvolvimento capitalista geral da humanidade. Mas falaremos disso de forma mais minuciosa no devido lugar.

Cabe perguntar: este tipo de Estado está limitado à Europa Ocidental? Obviamente não. Todas as características fundamentais deste tipo – econômicas (o elevado e muito rápido desenvolvimento do capitalismo), políticas (o regime representativo), culturais e nacionais – também são observados nos países adiantados da América e da Ásia: nos Estados Unidos e no Japão. A composição nacional deste último é antiga, estável e completamente pura: sua população é mais de 99% japonesa. Nos Estados Unidos, os negros (assim como os mulatos e os indígenas) constituem apenas 11,1% da população e devem ser considerados uma nacionalidade oprimida, visto que a igualdade alcançada na Guerra Civil de 1861-1865 e apoiada pela Constituição da República foi cada vez mais sendo restringida, em muitos aspectos, aos locais com maior densidade populacional negra (no Sul). Isto está ligado à transição do capitalismo progressista e pré-monopolista dos anos 1860-1870 para o capitalismo reacionário e monopolista (imperialismo) dos tempos contemporâneos, delimitada na América com particular clareza pela guerra imperialista (quer dizer, causada pela divisão do saque entre dois bandidos) que a Espanha e a América do Norte mantiveram em 1898.

Dos 88,7% da população branca dos Estados Unidos, 74,3% são americanos e apenas 14,4% são imigrantes. Como se sabe, as condições particularmente favoráveis do desenvolvimento capitalista na América do Norte e a especial rapidez deste desenvolvimento determinaram, como em nenhuma outra parte do mundo, um desaparecimento rápido e radical das enormes diferenças nacionais para formar uma única nacionalidade "norte-americana".

Se somarmos os Estados Unidos e o Japão aos países da Europa Ocidental mencionados acima, teremos 14 Estados com uma população global de 394 milhões, dos quais 26 milhões, ou seja, 7%, carecem de igualdade de direitos no aspecto nacional. No futuro, salientaremos que precisamente a maioria desses 14 países avançados se lançaram com particular ímpeto – no período do final do século XIX e início do século XX, ou seja, exatamente no período de transformação do capitalismo em imperialismo – pelo caminho da política colonial, como resultado da qual estes Estados "dispõem" hoje de mais de meio bilhão de habitantes nos países dependentes, nas colônias.

II

O grupo de Estados da Europa Oriental: Rússia, Áustria e Turquia (hoje seria mais correto considerar esta última geograficamente como um Estado Asiático e economicamente como uma "semi colônia") e 6 pequenos países dos Balcãs (Romênia, Bulgária, Grécia, Sérvia, Montenegro e Albânia) nos mostra imediatamente um quadro radicalmente diferente do anterior. *Nem um único* Estado de composição nacional pura! Apenas os pequenos Estados dos Balcãs podem ser considerados Estados nacionais. Porém, convém não esquecer que ali também existe um elemento alógeno, que constitui de 5 a 10% da população; que um número imenso (em comparação com a totalidade dos habitantes dessas nações) de romenos e sérvios está fora das fronteiras de "seus" estados, e que, em geral, a "construção de estados" nos Balcãs, no sentido nacional-burguês, nem terminou sequer com as guerras "de ontem", por assim dizer, com as guerras de 1911 e 1912. Entre os pequenos Estados balcânicos não existe *nenhum* Estado nacional *que se assemelhe* à Espanha, à Suécia, etc. E nos três grandes estados da Europa Oriental, a porcentagem de população da nacionalidade "própria" e principal atinge apenas 43%. Mais da metade dos habitantes (57%) de cada um destes três grandes Estados pertence à população "alógena". Do ponto de vista estatístico, a diferença entre os dois grupos de Estados (o da Europa Ocidental e o da Europa Oriental) é expresso da seguinte forma:

No primeiro grupo temos 10 Estados nacionais homogêneos, com uma população de 231 milhões, e só 2 Estados "heterogêneos" no aspecto nacional, mas sem opressão das nacionalidades e com igualdade de direitos das mesmas, proclamada pela Constituição e exercida na prática, com 11.500.000 habitantes.

No segundo grupo figuram 6 Estados quase homogêneos com uma população de 23 milhões, e *três* Estados "heterogêneos" ou "mistos", sem igualdade de direitos das nacionalidades e com uma população de 249 milhões.

Em seu conjunto, a população de outras nacionalidades (quer dizer, não pertencente à nacionalidade principal* de cada Estado) representa na Europa Ocidental 6%, e se agregamos os Estados Unidos e o Japão, 7%. Por outro lado, a população extranacional da Europa Oriental chega a 53%!**

---

* Na Rússia, os russos; na Áustria, os alemães e magiares; na Turquia, os turcos.

** Aqui termina o manuscrito.

O QUE ENTENDEM POR "IGNOMÍNIA" OS CAPITALISTAS E O QUE ENTENDEM POR "IGNOMÍNIA" OS TRABALHADORES

Escrito em 22 de abril de 1917. Publicado em 6 de maio de 1917 no número 39 do jornal *Pravda*.

A edição de hoje de *Edinstvo*[169] publica na primeira página, em negrito, um manifesto assinado pelos senhores Plekhanov, Deutsch e Zasulich. Nele lemos:

> ... Todo o povo tem direito a dispor livremente de seus destinos. Jamais estarão de acordo com isto Guilherme da Alemanha e nem Carlos da Áustria. Ao lutar contra eles, defendemos a liberdade, a nossa e a alheia. A Rússia não pode ser desleal com seus aliados. Isso cobriria nosso país de ignomínia...

Assim opinam todos os capitalistas. Para eles é ignomínia não respeitar os tratados acordados *entre* os capitalistas, do mesmo modo que os monarcas consideram ignominioso não cumprir os tratados acordados entre monarcas.

---

169 *Edinstvo* (Unidade): jornal dirigido por Plekhanov; expressava os pontos de vista da extrema direita dos mencheviques. Foi publicado em Petrogrado (hoje São Petersburgo) em 1917. *Edinstvo* defendia a permanência na Primeira Guerra Mundial, apoiou de maneira incondicional o Governo Provisório burguês e sustentou uma forte oposição aos bolcheviques.

E os operários? Eles também consideram ignomínia o não cumprimento dos tratados selados entre monarcas e capitalistas?

Naturalmente que não! Os operários conscientes estão *a favor* da anulação de *todos* os tratados desse tipo e pelo reconhecimentos apenas dos acordos concluídos *entre os operários e soldados de todos os países*, em favor não do interesse dos capitalistas, mas do interesse do povo, quer dizer, do interesse dos operários e camponeses pobres.

Entre os operários de todos os países existe outro tratado: o Manifesto de Basileia de 1912 (também assinado e traído por Plekhanov). Neste "tratado" dos operários se qualifica como "crime" que os trabalhadores dos diferentes países disparem uns contra os outros por causa dos lucros dos capitalistas.

Aqueles que escrevem o *Edinstvo* discorrem como capitalistas (*Riech* e os demais discorrem exatamente igual), e não como operários.

É completamente lógico que nem o monarca alemão e nem o monarca austríaco reconheçam a liberdade de cada povo, pois ambos são bandidos coroados, como Nicolau II. Mas, em primeiro lugar, os monarcas inglês, italiano e os demais ("aliados" de Nicolau II) não são nada melhores. E quem esquece disso é um monarquista ou advogado de monarquistas.

Em segundo lugar, os bandidos *não coroados*, quer dizer, os capitalistas, mostram na guerra atual não serem nada melhores que os monarcas. Não é a "democracia" norte-americana, quer dizer, os capitalistas democráticos, que saquearam as Filipinas e estão saqueando o México?

Os Guchkov e os Miliukov alemães, se substituíram Guilherme II, *também* seriam bandidos, não melhores que os capitalistas ingleses ou russos.

E em terceiro lugar, os capitalistas russos "aceitarão" a "liberdade" dos povos oprimidos por eles: Armênia, Jiva, Ucrânia e Finlândia?

Ao evitar esta questão, aqueles que escrevem o *Edinstvo* se convertem, de fato, em defensores de "seus" capitalistas em sua guerra voraz contra outros capitalistas.

Os operários internacionalistas do mundo inteiro defendem a derrubada de *todos* os governos capitalistas, contra todo pacto e todo acordo com os capitalistas, quaisquer que sejam, por uma *paz geral* acordada *pelos operários revolucionários de todos* os países e capaz de garantir realmente a liberdade de "cada" povo.

Fragmento do
DISCURSO SOBRE O PROBLEMA NACIONAL PRONUNCIADO NA VII CONFERÊNCIA (DE ABRIL) DE TODA A RÚSSIA DO POSDR(B)

Publicado pela primeira vez em 1921 nas *Obras de Lênin*, tomo XIV, parte 2.

29 de abril de 1917
Ata taquigráfica

Desde o ano de 1903, em que nosso partido adotou seu programa, tropeçamos sempre com a obstinada oposição dos camaradas poloneses. Se estudarem as atas do II Congresso, verão que já naquele momento expunham os mesmos argumentos que encontramos agora. Os social-democratas poloneses abandonaram aquele congresso por considerarem inaceitável que se reconhecesse o direito das nações à autodeterminação. E desde esse momento lidamos, uma ou outra vez, com a mesma questão. Em 1903 já existia o imperialismo, mas entre os argumentos evocados nenhum falava dele; hoje, como naquela época, a posição da social-democracia polonesa segue sendo um estranho e monstruoso erro; essa gente quer que nosso partido se rebaixe à posição dos chauvinistas.

A política da Polônia é uma política plenamente nacional como consequência de longos anos de opressão desse país pela Rússia, e todo o povo polonês está dominado por uma ideia: se vingar dos moscovitas. Ninguém oprimiu tanto os poloneses como o povo russo, que, nas mãos dos czares, serviu de carrasco da liberdade polonesa. Nenhum povo se impregnou tanto de ódio à Rússia, nenhum povo detesta tão terrivelmente a Rússia como os poloneses, e daí vem um raro fenômeno. A Polônia é, por causa da burguesia polonesa, um obstáculo para o movimento socialista. Que arda o mundo inteiro, contanto que a Polônia seja livre! Colocar assim o problema significa, naturalmente, zombar do internacionalismo. Sem dúvida, a Polônia é atualmente vítima da violência; mas que os nacionalistas poloneses possam esperar da Rússia sua emancipação, é trair a Internacional. E os nacionalistas poloneses contaminaram o povo polonês com suas ideias a tal ponto, que ele vê as coisas dessa forma.

O grande mérito histórico dos camaradas social-democratas poloneses consiste em haver lançado a reivindicação do internacionalismo, dizendo: o mais importante para nós é selar uma aliança fraternal com o proletariado de todos os países, e jamais nos lançaremos a uma guerra pela libertação da Polônia. Esse é seu mérito e por isso sempre consideramos apenas estes camaradas social-democratas poloneses como socialistas. Os outros são chauvinistas, são os Plekhanov poloneses. Mas desta singular situação, em que alguns homens, para salvar o socialismo, se veem obrigados a lutar contra um nacionalismo furioso e enfermiço, deriva um fenômeno estranho: os camaradas vêm a nós e dizem que devemos renunciar à liberdade da Polônia, à sua separação. Por que nós, os russos, que oprimimos mais nações que qualquer outro povo, renunciaríamos à proclamação do direito de Polônia, Ucrânia e Finlândia se separarem da Rússia? Nos propõem que nos tornemos chauvinistas porque com isso facilitaríamos a posição dos social-democratas poloneses. Não aspiramos à libertação da Polônia porque o povo polonês vive entre dois Estados capazes de lutar. mas em vez de dizer que os operários poloneses devem pensar assim: apenas são fiéis à democracia os social-democratas que opinam que o povo polonês deve ser livre, pois nas fileiras do Partido Socialista não há lugar para os chauvinistas, os social-democratas poloneses dizem: estamos contra a separação da Polônia precisamente porque acreditamos ser vantajosa a aliança com os operários russos. E estão em seu pleno direito. Mas há aqueles que não querem compreender que para reforçar o internacionalismo não é necessário repetir as mesmas palavras, e que na Rússia deve se insistir na liberdade de separação das nações oprimidas, enquanto na Polônia deve-se destacar a liberdade de união. A liberdade de união pressupõe a liberdade de separação. Nós, os russos, devemos destacar a liberdade de separação, e na Polônia, a liberdade de união.

Nos encontramos aqui com uma série de sofismas, que conduzem à abjuração total do marxismo. O ponto de vista do camarada Piatakov não é mais que uma repetição do ponto de vista de Rosa Luxemburgo...* (o exemplo da Holanda)...* Assim raciocina o camarada Piatakov, e ao pensar dessa forma refuta a si mesmo, pois em teoria nega a liberdade de separação, mas diz ao povo: aquele que nega a liberdade de separação não é um socialista. Tudo o que o camarada Piatakov disse aqui é um imbróglio incrível. Na Europa Ocidental predominam países em que o problema nacional foi resolvido há muito tempo. Quando é dito que o problema nacional está resolvido, se alude à Europa Ocidental. O camarada Piatakov leva isso a um terreno que não tem nada a ver com os países da Europa Oriental, caindo assim em uma situação ridícula.

---

* Lacunas na ata.

Vejam que tremenda confusão! Temos próxima a Finlândia. O camarada Piatakov não nos dá uma contestação concreta sobre ela; se meteu em um atoleiro. Vocês leram ontem na *Rabóchaya Gazeta*[171] que cresce na Finlândia o movimento separatista. Vêm os finlandeses e nos dizem que sem seu país aumenta o separatismo porque os democratas constitucionalistas não concedem a plena autonomia à Finlândia[172]. Na Finlândia aumenta a crise, o descontentamento com o governador geral Rodichev[173] é cada vez maior; mas *Rabóchaya Gazeta* escreve que os finlandeses devem esperar a Assembleia Constituinte, pois nela se chegará a um acordo entre Finlândia e Rússia. Mas o que significa "acordo"? Os finlandeses devem dizer que podem ter direito a dispor de seus próprios destinos como lhes seja conveniente, e o russo que negar esse direito será um chauvinista. Outra coisa seria se disséssemos ao operário finlandês: decida segundo te...

O camarada Piatakov se limita a rechaçar nossa reivindicação, dizendo que é o mesmo que não reivindicar a revolução socialista, mas não oferece alternativa correspondente. O método da revolução socialista sob a reivindicação "Abaixo as fronteiras!" enreda a mais completa confusão. Não conseguimos publicar o artigo em que denomino esta ideia de "economicismo imperialista"[174]. O que

---

171 *Rabóchaya Gazeta* (O Jornal Operário): órgão central dos mencheviques; publicado em Petrogrado em 1917.

172 Se refere à política do Governo Provisório burguês, que se negava a conceder o direito de autodeterminação aos povos do antigo império czarista.

173 Fiodor Ismailovitch Rodichev (1856-1933): liberal burguês, um dos líderes do Partido Democrata Constitucionalista.

174 Trata-se do artigo *Sobre a Tendência Nascente do "Economismo Imperialista"*, escrito entre agosto/setembro de 1916 e publicado pela primeira vez no número 15 da revista *Bolchevik*, em 1929. Foi publicado em português no tomo I das Obras Escolhidas de Lênin em Três Tomos das Edições Avante, de Portugal, e pode ser consultado no site

significa o "método" da revolução socialista sob a reivindicação "Abaixo as fronteiras"? Defendemos a necessidade do Estado, e o Estado pressupõe fronteiras. O Estado pode, naturalmente, incluir um governo burguês, enquanto que nós necessitamos dos Sovietes. Mas também aos Sovietes se coloca o problema das fronteiras. O que quer dizer "Abaixo as fronteiras!"? Aí começa a anarquia... O "método" da revolução socialista sob a reivindicação "Abaixo as fronteiras" é uma verdadeira besteira. Quando a revolução socialista amadurecer, quando ecloda, se estenderá também a outros países e nós a ajudaremos, ainda que não saibamos como exatamente. O "método da revolução socialista" é uma frase vazia. Enquanto existam problemas não resolvidos totalmente pela revolução burguesa, defendemos que sejam solucionados. Quanto ao movimento separatista, somos indiferentes, neutros. Se Finlândia, Polônia ou Ucrânia se separarem da Rússia, não há nenhum mal. Que mal pode haver? Aquele que afirma isto é um chauvinista. É preciso haver perdido o juízo para continuar a política do czar Nicolau. A Noruega não se separou da Suécia?... Em outros tempos, Alexandre I e Napoleão trocavam povos entre si, em outros tempos os czares utilizavam a Polônia como moeda de troca. Continuaremos essa tática dos czares? Seria o equivalente à renúncia da tática do internacionalismo, seria um chauvinismo da pior espécie. O que há de mal na separação da Finlândia? Em ambos os povos, no proletariado da Suécia e da Noruega, foi fortalecida a confiança mútua depois da separação. Os latifundiários suecos quiseram se lançar em uma guerra, mas os operários da Suécia se opuseram, dizendo: não contem conosco para essa guerra.

Os finlandeses hoje não querem mais que a autonomia. Nós opinamos que deve ser dada plena liberdade à Finlândia; se

---

Marxists Internet Archive através do link: <https://www.marxists.org/portugues/lenin/1916/09/tendencia.htm#n371>.

reforçará, então, sua confiança na democracia russa, e precisamente então, quando isso for posto na prática, não se separará. O senhor Rodichev vai à Finlândia e barganha a autonomia. Os camaradas finlandeses vêm a nós e nos dizem: precisamos de autonomia. E abrem fogo de todas as baterias contra eles, dizendo-lhes: "Esperem que a Assembleia Constituinte se reúna!" Nós, ao contrário, dizemos: "O socialista russo que nega a liberdade da Finlândia é um chauvinista!"

Dizemos que as fronteiras são estabelecidas pela vontade da população. Rússia, não se precipite a combater pela Curlândia! Alemanha, retire suas tropas da Curlândia! Assim resolvemos o problema da separação. O proletariado não pode apelar para a violência, pois não deve impedir a liberdade dos povos. A reivindicação "Abaixo as fronteiras!" será justa quando a revolução socialista for uma realidade e não um método; poderemos então dizer: Camaradas, venham a nós!...

Questão muito diferente é a da guerra. Em caso de necessidade, não renunciaremos a uma guerra revolucionária. Não somos pacifistas... Quando a Rússia manda Miliukov e envia Rodichev à Finlândia para negociar de maneira desavergonhada com o povo finlandês, nós dissemos: Não, povo russo, não se atreva a submeter a Finlândia: o povo que oprime outros povos não pode ser livre! Na resolução sobre Borgjerg dissemos: retirem as tropas e deixem que a nação decida o assunto por conta própria. E se o Soviete tomar o poder amanhã, não se tratará de um "método da revolução socialista" e então diremos: Alemanha, retire suas tropas da Polônia! Rússia, retire suas tropas da Armênia! Fazer algo diferente seria um engano.

O camarada Dzerzhinski nos disse que em sua Polônia oprimida todos são chauvinistas. Mas por que nenhum polonês disse uma só palavra sobre o que se deve fazer com Finlândia e Ucrânia? Já discutimos tanto esse assunto desde 1903 que é difícil falar sobre. Vá para onde quiser!... Quem não adota este ponto de vista será um anexionista, um chauvinista. Queremos uma aliança fraternal de todos os povos. Quando existir uma República Ucraniana e uma República Russa, haverá mais ligação e confiança entre elas. E se os ucranianos verem que na Rússia foi proclamada a República dos Sovietes, não se separarão; mas se nossa república é uma república de Miliukov, se separarão. Quando o camarada Piatakov, em plena contradição com seus pontos de vista, diz: nos opomos à retenção de qualquer um pela violência dentro das fronteiras, não faz mais que reconhecer o direito das nações à autodeterminação. Não queremos de forma alguma que o camponês de Jiva viva sob o jugo do kan de Jiva. Com o desenvolvimento de nossa revolução influiremos sobre as massas oprimidas. Só assim se pode estabelecer a agitação entre as massas subjugadas.

Mas todo socialista russo que não reconheça a liberdade da Finlândia e da Ucrânia fluirá para o chauvinismo. E não haverá, jamais, sofisma ou evocação de um "método" que possa justificá-lo.

ORDEM AOS DEPUTADOS CANDIDATOS À ELEIÇÃO PELAS FÁBRICAS E REGIMENTOS PARA O SOVIETE DE DEPUTADOS OPERÁRIOS E SOLDADOS

Escrito antes de 07 de maio de 1917. Publicado pela primeira vez em 1925, em *Recompilação Leninista IV*.

(1) Nosso deputado deve ser um opositor incondicional da atual guerra imperialista e predatória. Esta guerra é travada pelos capitalistas de todos os países – Rússia, Alemanha, Inglaterra, etc. – em prol dos seus benefícios e para estrangular os povos fracos.

(2) Enquanto estiver à frente do povo russo um governo dos capitalistas, nenhum apoio, nem um único copeque para esse governo, que faz uma guerra de conquista!

(3) Nosso deputado deve defender a publicação imediata dos gananciosos tratados secretos (sobre o estrangulamento da Pérsia, a divisão da Turquia, da Áustria e outros) concluídos pelo ex-czar Nicolau com os capitalistas da Inglaterra, França, etc.

(4) Nosso deputado deve defender a anulação imediata de todos esses tratados. O povo russo, os operários e os camponeses, não querem oprimir e não irão oprimir nenhum povo; eles não querem e não irão reter à força qualquer povo não-russo (não-grão-russo) dentro das fronteiras da Rússia. Liberdade para todos os povos, aliança fraterna dos operários e camponeses de todas as nacionalidades!

(5) O nosso deputado deve defender que o Governo Russo, imediata e incondicionalmente, sem a menor reserva ou o menor

atraso, proponha abertamente a paz a todos os países beligerantes, com base na emancipação de ***todas*** as nações oprimidas ou privadas da plenitude de direitos, ***sem nenhuma exceção***.

Isto significa que os russos não reterão pela força nem a Polônia, a Curlândia, a Ucrânia, a Finlândia e a Armênia, nenhum povo. Os russos propõem a todos os povos uma aliança fraterna e a formação de um Estado comum baseado num acordo voluntário com cada povo em particular, mas de forma alguma através da violência, direta ou indireta. Os russos comprometem-se, de acordo com estas condições de paz, a retirar imediatamente as suas tropas da Galícia, Armênia e Pérsia, concedendo a estes povos em geral, sem qualquer exclusão, plena liberdade para decidirem se desejam estabelecer-se como um Estado separado ou federado com outra nação qualquer.

Nestas condições de paz, a Alemanha deverá renunciar não apenas a ***todos*** os territórios de que se apoderou desde o início da guerra, sem exceção, mas também a todos os povos que retém pela força dentro de suas fronteiras: ao dinamarquês (províncias do norte de Schleswig), ao francês (uma parte da Alsácia-Lorena), ao polonês (Poznan), etc. A Alemanha deve comprometer-se a retirar imediatamente suas tropas, ao mesmo tempo que a Rússia, de todos os territórios por ela ocupados e de todas as regiões listadas, concedendo a todos os povos plena liberdade para decidirem pelo voto dos seus habitantes se desejam se tornar um Estado, separado ou federado com ***qualquer*** outro Estado. A Alemanha deve renunciar incondicionalmente e sem reservas a todas as suas colônias, uma vez que elas também são povos oprimidos.

De acordo com estas condições de paz, a Inglaterra deve renunciar, imediata e incondicionalmente, não só a todos os territórios estrangeiros por ela conquistados durante a guerra (colônias alemãs na África, etc., territórios turcos, Mesopotâmia, etc.), mas também a ***todas as suas colônias***. A Inglaterra deve, tal como a Rússia e a Alemanha, retirar imediatamente suas tropas de todos os territórios por ela ocupados, de todas as suas colônias e da Irlanda, concedendo a cada povo total liberdade para decidir por voto se desejam estabelecer-se como um Estado separado ou federado com qualquer outro Estado.

E assim por sucessivamente: deverá ser proposto a todos os países beligerantes, sem exceção, que ratifiquem imediatamente a paz nestas condições concretas e precisas. Os capitalistas de ***todos*** os países não devem continuar enganando o povo por mais tempo, prometendo-lhe uma "paz sem anexações" (isto é, sem conquistas), enquanto, na realidade, eles se apegam às suas ***próprias*** anexações e continuam as guerras para arrebatar dos adversários as "***suas***".

(6) Nosso deputado não deve dar qualquer apoio, nem votar a favor de qualquer empréstimo, nem dar um único centavo do dinheiro do povo, a ***nenhum*** governo que não se comprometa solenemente a propor imediatamente a todos os povos essas condições de paz imediata e não publique essa proposta, no prazo de ***dois dias***, para que chegue ao conhecimento de todos

(7) ...*

* Aqui termina o manuscrito.

Fragmento da conferência
A GUERRA E A REVOLUÇÃO

Publicado pela primeira vez em 23 de abril de 1929 no número 93 do jornal *Pravda*.

14 de maio de 1917

É conhecido o aforismo de um dos mais célebres escritores de filosofia e história das guerras, Clausewitz: "A guerra é a continuação da política por outros meios". Esta frase pertence a um escritor que estudou a história das guerras e tirou ensinamentos filosóficos desta história imediatamente depois da época das guerras napoleônicas. Este escritor, cujos pensamentos fundamentais são atualmente patrimônio imprescindível de todo homem que pense, lutava, a cerca de oitenta anos atrás, contra o preconceito filisteu, filho da ignorância, de que é possível separar a guerra da política dos governos correspondentes, das classes correspondentes; de que a guerra pode ser considerada, às vezes, como uma simples agressão que altera a paz e que termina com o restabelecimento dessa paz violada. Brigaram e fizeram as pazes! Este ponto de vista tosco e ignorante foi refutado dezenas de anos atrás, e é refutado por toda análise mais ou menos atenta de qualquer período histórico de guerras.

A guerra é a continuação da política por outros meios. Toda guerra está inseparavelmente unida ao regime político onde surge. A mesma política seguida por uma determinada potência, uma determinada classe dentro dessa potência durante um longo período antes da guerra, é continuada por essa mesma classe, de modo fatal e inevitável, durante a guerra, variando unicamente a forma de ação.

A guerra é a continuação da política por outros meios. Quando os vizinhos revolucionários franceses da cidade e do campo de fins do século XVIII derrubaram pela via revolucionária a monarquia e instauraram a república democrática – ajustando as contas com seu monarca e ajustando-as também, de modo revolucionário, com seus latifundiários –, esta política da classe revolucionária não podia deixar de sacudir até as bases o resto da Europa autocrática, czarista, realista e semifeudal. E a continuação inevitável dessa política da classe revolucionária triunfante na França foram as guerras sustentadas contra a França revolucionária por todos os povos monárquicos da Europa, que, havendo formado sua famosa coalizão, se lançaram sobre ela em uma guerra contra revolucionária. Da mesma forma que o povo revolucionário francês revelou então, pela primeira vez no decorrer de séculos, uma energia revolucionária sem precedentes na luta dentro do país, na guerra do final do século XVIII mostrou um caráter semelhante ao reestruturar todo o sistema estratégico, rompendo com todos os velhos cânones e usos bélicos e criando, no lugar do antigo exército, um exército novo, revolucionário, popular e novos métodos de guerra. Em minha opinião, este exemplo merece uma atenção especial, porque nos mostra claramente o que esquecem atualmente os propagandistas da imprensa burguesa. Eles especulam com os preconceitos e a ignorância pequeno-burguesa das massas populares ignorantes, que não compreendem o inseparável nexo econômico e histórico de toda guerra com a precedente política de cada país, de cada classe, que dominava antes da guerra e assegurava a realização de seus objetivos por meio dos pretensos meios "pacíficos". Pretensos porque é duvidoso que as repressões necessárias, por exemplo, para a dominação "pacífica" nas colônias possam ser qualificadas como pacíficas.

Na Europa reinava a paz, mas esta era mantida por conta de que o domínio dos povos europeus sobre centenas de milhões de habitantes das colônias era efetuado unicamente por meio de guerras incessantes, contínuas, ininterruptas, que nós, os europeus, não consideramos guerras porque, frequentemente, mais que guerras, pareciam matanças impiedosas e aniquiladoras de povos desarmados. As coisas são colocadas precisamente de tal forma, que para compreender a guerra contemporânea necessitamos, primeiramente, observar de forma ampla a política das potências europeias em conjunto. É necessário tomar não exemplos isolados, casos isolados, que são sempre fáceis de tirar dos fenômenos sociais, mas que carecem de valor, pois da mesma forma se pode citar um exemplo oposto. É necessário considerar toda a política de todo o sistema de Estados europeus em suas relações econômicas e políticas mútuas, para compreender como surgiu deste sistema, fatal e inescapavelmente, esta guerra.

Observamos constantes tentativas, sobretudo dos jornais capitalistas – tanto monarquistas quanto republicanos –, de dar à guerra atual um conteúdo histórico que lhe é alheio. Por exemplo, na República Francesa não há procedimento mais usual que apresentar esta guerra, por parte da França, como algo semelhante e relacionado às guerras da Grande Revolução Francesa de 1792. Não há método mais difundido para enganar as massas populares francesas, aos operários da França e de todos os países, que trazer ao nosso presente o "argot" daquela época, algumas de suas palavras de ordem, e tentar apresentar as coisas como se a França republicana também defendesse agora sua liberdade contra a monarquia. Esquecem uma "pequena" circunstância: que naquela época, em 1972, a guerra da França era empreendida pela classe revolucionária, que havia levado a cabo uma revolução sem precedente, que havia destruído até as bases com o excepcional heroísmo das massas, a monarquia francesa e se lançou contra a coligação da Europa monárquica, sem outro objetivo que a continuação de sua luta revolucionária.

A guerra na França foi a continuação da política da classe revolucionária que fez a revolução, conquistou a república, acertou as contas com os capitalistas e latifundiários franceses com um ímpeto jamais visto, e que em nome dessa política, de sua continuação, sustentou a guerra revolucionária contra a Europa monárquica coligada.

Mas agora nos encontramos, sobretudo, perante dois grupos de potências capitalistas. Nos encontramos perante as maiores potências capitalistas do mundo – Inglaterra, França, América do Norte e Alemanha –, cuja política ao longo de uma série de décadas consistiu em uma rivalidade econômica ininterrupta pela dominação no mundo inteiro, estrangular as nações pequenas, assegurar lucros triplicados e decuplicado ao capital bancário, que acorrentou o mundo inteiro com sua influência. É o que consiste a verdadeira política de Inglaterra e Alemanha. Destaco. Nunca devemos cansar de destacar, porque se esquecemos, não poderemos compreender nada da guerra contemporânea e estaremos enfraquecidos, à mercê de qualquer jornalista burguês que queira nos enganar com frases mentirosas.

A autêntica política de ambos grupos dos maiores gigantes capitalistas – Inglaterra e Alemanha, que, com seus aliados, arremeteram uma contra a outra –, praticada durante uma série de décadas anteriores ao conflito, deve ser estudada e compreendida em seu conjunto. Se não o fizermos, esqueceremos a principal exigência do socialismo científico e de toda a ciência social em geral e, além disso, nos privaríamos da possibilidade de entender algo da guerra atual. Acabaríamos em poder de Miliukov, charlatão que atiça o chauvinismo e o ódio de um povo contra outro com métodos que empregam em toda parte, sem exceção alguma, com métodos que descrevia Clausewitz, mencionado por mim no início, há oitenta anos, o qual ridicularizava então o ponto de vista dos que pensa: os povos vivam em paz e do nada começaram a brigar! Como se isso fosse verdade! É possível explicar a guerra em relacioná-la com a política precedente deste ou daquele Estado, deste ou daquele sistema de Estados, destas ou daquelas classes? Repito uma vez mais: esta é a questão cardinal, que é sempre esquecida, e cuja incompreensão faz com que de dez discussões sobre a guerra, nove resultem em uma disputa improdutiva e em mero palavrório. Nós dizemos: sem o estudo da política praticada por ambos grupos de potências beligerantes durante décadas – para evitar casualidades, para não escolher exemplos isolados –, sem demonstrar a ligação desta guerra com a política precedente, não se pode entender nada dessa guerra.

E essa política nos mostra a cada passo apenas uma coisa: a incessante rivalidade econômica dos dois maiores gigantes do mundo, de duas economias capitalistas. De um lado, Inglaterra, Estado que é dono da maior parte do globo, Estado que ocupa o primeiro lugar por suas riquezas, compostas não tanto pelo esforço de seus operários, mas, principalmente pela exploração de um número infinito de colônias, pela imensa força dos bancos ingleses. Estes bancos formaram, a frente de todos os demais, um grupo de bancos-gigantes, restrito em sua composição – três, quatro ou cinco –, que manejam centenas de bilhões de rublos de tal forma, que se pode dizer sem nenhum exagero: não há um só pedaço de terra em todo o globo em que este capital não haja cravado sua pesada garra, não há um pedaço de terra que não esteja envolto por milhares de cordões do capital inglês. Este capital alcançou tais proporções no final do século XIX e início do XX, transferindo suas atividades para muito além dos limites de cada país, formando um grupo de bancos-gigantes com uma riqueza sem precedentes. Se valendo desse número insignificante de bancos, este capital envolveu o mundo inteiro em uma rede de centenas de bilhões de rublos. Aí está o fundamental na política econômica da Inglaterra e na política econômica da França, das quais os próprios escritores franceses, colaboradores, por exemplo, do L'Humanité, jornal dirigido atualmente por ex-socialistas (por exemplo, Lysis, conhecido jornalista especializado em assuntos financeiros), já escreviam vários anos antes da guerra: "A República Francesa é uma monarquia financeira... é uma oligarquia financeira... é o agiota do universo".

Do outro lado, frente a este grupo, principalmente anglo-francês, se destaca outro grupo de capitalistas ainda mais voraz, ainda mais bandidesco: um grupo que chegou à mesa do banquete capitalista quando todos os lugares já estavam ocupados, mas que introduziu na luta novos métodos de desenvolvimento da produção capitalista, uma técnica melhor, uma organização incomparável, que transforma o velho capitalismo, o capitalismo da época da livre concorrência, em capitalismo dos gigantescos trustes, consórcios e cartéis. Este grupo introduziu o princípio da estatização da produção capitalista, da fusão em um só mecanismo da força gigantesca do capitalismo com a força gigantesca do Estado, mecanismo que incorpora dezenas de milhões de pessoas em uma só organização do capitalismo de Estado. Essa é a história econômica, a história diplomática de muitas décadas, que ninguém pode evitar. É a única que abre o caminho rumo à solução correta do problema da guerra e leva à conclusão de que esta guerra é também um produto da política das classes que se enredaram nela, dos dois maiores gigantes, que muito antes do conflito haviam envolvido o mundo inteiro, todos os países, em suas redes de exploração financeira e haviam repartido o mundo no terreno econômico. Tinham que partir para o embate porque a nova divisão desse domínio era inevitável do ponto de vista capitalista.

A antiga divisão se baseava no fato de a Inglaterra, por séculos, ter levado à ruína seus rivais anteriores. Seu rival anterior foi a Holanda, que estendia seu domínio por todo o mundo; seu concorrente anterior foi a França, que durante quase um século guerreou por esse domínio. Mediante prolongadas guerras, Inglaterra, baseando-se em sua potência econômica, de seu capital mercantil, consolidou seu domínio incontestável do mundo. Mas surgiu uma nova fera: em 1871 se formou outra potência capitalista, que se desenvolveu muitíssimo mais rapidamente que a Inglaterra. Este é um fato fundamental. Não há nenhum livro de história que não reconheça este fato indiscutível: o desenvolvimento mais acelerado da Alemanha. O rápido desenvolvimento do capitalismo na Alemanha foi o desenvolvimento de uma fera jovem e forte, que surgiu entre as potências europeias e disse: "Vocês arruinaram a Holanda, destruíram a França, se apoderaram de meio mundo; agora tratem de entregar-nos a parte que nos corresponde". Mas o que significa "a parte que nos corresponde"? Como determiná-la no mundo capitalista, no mundo dos bancos? No mundo capitalista, a força se determina pelo número de bancos. A força se determina, como definiu certo órgão dos multimilionários norte-americanos com a franqueza e o cinismo genuinamente norte-americanos, do seguinte modo: "Na Europa se faz a guerra pela hegemonia mundial. Para dominar o mundo são necessárias duas coisas: dólares e bancos. Temos dólares, criaremos os bancos e seremos donos do mundo". Esta declaração pertence ao jornal porta voz dos multimilionários norte-americanos. Devo manifestar que nesta cínica frase norte-americana do pretensioso e insolente multimilionário há mais verdade que em milhares de artigos dos burgueses mentirosos, que apresentam esta guerra como um guerra por certos interesses nacionais, por certos problemas nacionais e outras mentiras do gênero, tão claras, tão evidentes, que descartam toda a história em seu conjunto e tomam um exemplo isolado, como o da fera alemã se lançando sobre a Bélgica. Este caso é, sem dúvida, verdadeiro. Como resultado, esse bando de abutres caiu sobre a Bélgica com uma ferocidade inusitada, mas fazendo o mesmo que fez antes o outro grupo, valendo-se de outros métodos, que aplica hoje em outros povos.

Quando discutimos sobre as questão das anexações – que compõe o que tratamos de expor brevemente como parte da história das relações econômicas e diplomáticas que originaram a presente guerra –, esquecemos sempre de que elas são atualmente a causa da guerra: a divisão das conquistas ou, dito em uma linguagem mais popular, a divisão do espólio roubado por dois grupos de bandidos. E quando discutimos sobre as anexações, nos encontramos com métodos que desde o ponto de vista científico não resistem a nenhuma crítica, e desde o social e jornalístico não podem ser qualificados senão como um grosseiro engano. Perguntem ao chauvinista ou social-chauvinista russo, e ele explicará de forma magnífica o que são as anexações por parte da Alemanha: compreendem isso perfeitamente. Mas jamais responderão se os pedirem uma definição geral das anexações, aplicável tanto à Alemanha como à Inglaterra e à Rússia. Jamais o farão!O periódico *Riech* (para passar da teoria à prática), zombando de nosso jornal, *Pravda*, disse: "Estes pravdistas consideram o ocorrido na Curlândia como uma anexação! Que discussão pode haver com essa gente?" E quando respondemos: "Tenham a bondade de nos dar uma definição de tais anexações que possa ser aplicada aos alemães, ingleses e russos e acrescentamos que ou bem trataram de evitá-la, ou bem os desmascaramos imediatamente", *Riech* respondeu com o silêncio. Afirmamos que nenhum jornal, nem dos chauvinistas em geral – que dizem simplesmente que é necessário defender a pátria –, nem dos social-chauvinistas, jamais deu uma definição das anexações que pudesse ser aplicada tanto à Alemanha como à Rússia, que posse ser aplicada a qualquer dos beligerantes. E não pode dá-la, porque toda esta guerra é uma continuação da política de anexações, quer dizer, de conquistas, de saque capitalista pelas duas partes, pelos dois grupos que fazem a guerra.

Se compreende, a partir disso, que a questão de qual destes dois bandidos sacou primeiro a faca não tem nenhuma importância para nós. Tomemos a história dos gastos navais e militares de ambos grupos durante várias décadas, ou a história das pequenas guerras que mantiveram antes da grande. "Pequenas" porque nelas morreram poucos europeus; mas, em contrapartida, morreram centenas de milhares dos povos oprimidos, às quais nem sequer consideravam povos (asiáticos, africanos, são, por acaso, povos?). Contra esses povos se faziam guerras do seguinte tipo: estavam desarmados e os varriam com fogo de metralhadoras. São guerras, por acaso? Falando propriamente, nem sequer são guerras e se pode esquecê-las. E dessa forma conduzem esta enganação completa das massas populares.

A presente guerra é a continuação da política de conquistas, de extermínio de nações inteiras, de inacreditáveis atrocidades cometidas por alemães e ingleses na África, por ingleses e russos na Pérsia – não sei quais deles mais –, pelo que os capitalistas alemães os consideram inimigos. Ah! Vocês são fortes por serem ricos? Mas nós somos mais fortes que vocês, e por isso temos o mesmo direito "sagrado" ao saque. A isto se reduz a verdadeira história do capital financeiro inglês e alemão durante as várias décadas que precederam a guerra. A isto se reduz a história das relações russo-alemãs, russo-inglesas e germano-inglesas. Aí está a chave para compreender o motivo da guerra. Por isso não é mais que charlatanismo e enganação o mito corrente sobre a causa desta guerra. Esquecendo a história do capital financeiro, a história de como vinha sendo incubada esta guerra por uma nova divisão do mundo, se apresenta o assunto assim: dois povos viviam em paz, e logo uns agrediram e outros se defenderam. Se esquece toda a ciência, se esquecem todos os bancos; se convida os povos a pegar em armas, se convida o camponês a pegar em armas, que ignora o que é a política. É preciso defender e pronto! Seguindo este raciocínio, seria lógico suspender todos os jornais, queimar todos os livros e proibir que sejam mencionados na imprensa as anexações; por essa via se pode chegar à justificação de semelhante ponto de vista sobre as anexações. Eles não podem dizer a verdade sobre as anexações, porque toda a história da Rússia, da Inglaterra e da Alemanha, é uma guerra contínua, cruenta e desapiedada, pelas anexações. Na Pérsia, na África, os liberais fazem guerras sem quartel, os mesmos que espancam criminosos políticos na Índia por atreverem-se a fazer reivindicações semelhantes a aquelas pelas quais se lutava na Rússia. As tropas coloniais francesas também oprimem os povos. Aí está a história prévia, a verdadeira história do despojo sem precedentes! Aí está a política dessas classes cuja continuação é a guerra atual! Aí está o porquê, na questão das anexações, não podem responder da mesma forma que nós quando dizemos: todo povo que está unido a outro não por vontade expressa pela maioria, mas por decreto do czar ou do governo, é um povo anexado, um povo conquistado. Renunciar às anexações significa conceder a cada povo o direito de formar um Estado à parte, ou a viver em união com quem quer que seja. Essa resposta está completamente clara para todo operário mais ou menos consciente...

Sobre a entrada da América do Norte na guerra, tenho que dizer a vocês o seguinte. Se afirma o fato de que na América do Norte há democracia, de que ali existe a Casa Branca. Eu digo: a escravidão foi abolida há meio século. A guerra contra a escravidão terminou em 1865[176]. Mas desde então apareceram ali os multimilionários, que mantêm todo o país sob seus punhos

---

176 Se trata da guerra civil norte-americana (1861-1865) entre os estados do norte, defensores da abolição da escravatura, e os latifundiários escravistas dos estados do sul. Como dizia Marx, a guerra entre o sul e o norte foi a luta "de dois sistemas sociais: o sistema da escravidão e o sistema do trabalho livre". A guerra terminou com a vitória dos estados do norte e a abolição da escravidão no país.

financeiros, preparam o estrangulamento do México e chegarão a uma inevitável guerra com o Japão pela divisão do Oceano Pacífico. Esta guerra é gestada há várias décadas. Todas as publicações falam dela. E o objetivo real da entrada da América do Norte na guerra é preparar-se para a futura guerra com o Japão. O povo norte-americano, não obstante, goza de uma considerável liberdade, e é difícil supor que suporte o serviço militar obrigatório, a criação de um exército para fins de conquista determinados, para a luta com o Japão, por exemplo. Os norte-americanos veem para onde isso leva a partir do exemplo da Europa. E os capitalistas norte-americanos precisaram intervir nesta guerra para contar com um pretexto que lhes permitisse criar um forte exército permanente, se escondendo atrás dos nobres ideais da luta pelos direitos das pequenas nações.

1917 – 1923

INFORME SOBRE A PAZ, APRESENTADA AO II CONGRESSO DOS SOVIETES DE DEPUTADOS OPERÁRIOS E SOLDADOS DE TODA A RÚSSIA

Publicado em 9 de novembro de 1917 no número 208 de *Izvestia do CEC*.

26 de outubro de 1917

O problema da paz é um problema candente, espinhoso, do momento atual. Muito foi falado e escrito sobre este problema e é certo que todos vocês já o discutiram não poucas vezes. Permitam-me, então, que leia a declaração que o governo eleito por vocês publicará.

Decreto de paz

O Governo Operário e Camponês, criado pela revolução de 24 e 25 de outubro e que se apoia nos Sovietes de deputados operários, soldados e camponeses, propõe a todos os povos beligerantes e a seus governos começar negociações imediatas para concluir uma paz justa e democrática.

O governo considera que a paz imediata, sem anexações (quer dizer, sem conquistas de territórios estrangeiros, sem incorporação de povos estrangeiros pela força) nem indenizações, é a paz justa ou democrática que anseia a maioria esmagadora dos operários e das classes trabalhadoras de todos os países beligerantes, esgotados, atormentados e martirizados pela guerra; a paz que os operários e camponeses russos reclamam do modo mais categórico e firme depois de derrubada a monarquia czarista.

Esta é a paz cuja assinatura imediata o Governo da Rússia propõe a todos os povos beligerantes, se declarando disposto a dar sem demora alguma quantos decisivos passos sejam necessários, até a ratificação definitiva de todas as condições de uma paz semelhante pelas assembleias competentes de representantes populares de todos os países e de todas as nações.

Em conformidade com a consciência jurídica da democracia em geral, e das classes trabalhadoras em particular, o governo entende por anexação ou conquista de territórios estrangeiros toda incorporação de uma nação pequena ou débil por um Estado grande ou poderoso, sem o desejo nem o consentimento da primeira, manifestado de maneira explícita, clara e livre, independentemente do momento em que essa anexação forçada tenha sido efetuada; independentemente, além disso, do grau de desenvolvimento ou de atraso da nação anexada ou mantida pela força nos limites de um Estado; independentemente, enfim, de se tal nação se encontra na Europa ou nos distantes países ultramarinos.

Se uma nação, qualquer que seja, é mantida pela força nos limites de um Estado; se, apesar do desejo expressado por ela – independentemente se através da imprensa, em assembleias populares, em acordos dos partidos ou em movimentos de rebeldia ou insurreições contra a opressão nacional –, não é concedido a ela o direito de decidir em votação livre, sem a menor coerção e com a retirada completa das tropas da nação conquistadora ou, em geral, mais poderosa, o problema de suas formas de existência como Estado, sua incorporação consistirá em uma anexação, quer dizer, uma conquista e um ato de violência.

O governo considera o maior crime contra a humanidade continuar esta guerra pela divisão, entre as nações fortes e ricas, dos povos fracos conquistados por elas, e proclama solenemente sua decisão de assinar sem demora cláusulas de paz que ponham fim a esta guerra nas condições indicadas, igualmente justas para todas as nações, sem exceção.

Ao mesmo tempo, o governo declara que as condições de paz antes indicadas não possuem, de maneira alguma, caráter de ultimato, quer dizer, que está disposto a examinar quaisquer outras, insistindo unicamente em que sejam apresentadas com a maior rapidez possível por qualquer país beligerante e estejam claramente redigidas, sem nenhuma ambiguidade e sem nenhum segredo.

O governo põe fim à diplomacia secreta, manifestando seu firme propósito de manter todas as negociações à luz do dia, perante todo o povo, e procedendo sem demora à publicação integral dos tratados secretos, ratificados ou acordados pelo governo dos latifundiários e capitalistas desde fevereiro até 25 de outubro de 1917. Declara anuladas de forma absoluta e imediata todas as cláusulas desses tratados secretos, pois na maioria dos casos tendem a proporcionar vantagens e privilégios aos latifundiários e capitalistas russos e a manter ou aumentar as anexações russas.

Ao propor aos governos e aos povos de todos os países iniciar imediatamente negociações públicas para acordar a paz, o governo declara, por sua vez, que está disposto a manter essas negociações por escrito, por telégrafo, mediante conversações entre os representantes dos diversos países ou em uma conferência de tais representantes. Com o objetivo de facilitar estas negociações, o governo designa seu representante plenipotenciário junto aos países neutros.

O governo propõe a todos os governos e povos de todos os países beligerantes estipular sem demora um armistício, considerando desejável, por sua parte, que este armistício dure três meses, pelo menos; ou seja, um prazo durante o qual tanto a conclusão das negociações de paz - com participação de representantes de todos os povos ou nações, sem exceção, empenhados na guerra ou obrigados e intervir nela - como a convocatória, em todos os países, de assembleias autorizadas de representantes do povo para ratificar definitivamente as condições de paz sejam plenamente possíveis.

Ao dirigir esta proposição de paz aos governos e aos povos de todos os países beligerantes, o Governo Provisório Operário e Camponês da Rússia se dirige também, e sobretudo, aos operários conscientes das três nações mais avançadas da humanidade e dos três Estados mais importantes que participam na atual guerra: Inglaterra, França e Alemanha. Os operários destes países prestaram os maiores serviços à causa do progresso e do socialismo; deram os magníficos exemplos do movimento cartista na Inglaterra[177], das revoluções de importância histórica

[177] Movimento cartista: movimento revolucionário da classe trabalhadora que existiu entre os anos 1830-1840 na Inglaterra. Os integrantes do movimento publicaram uma Carta Popular (*charter*, carta, de onde provém a denominação "cartistas"), onde reivindicavam o sufrágio universal, a abolição do censo eleitoral, que estipulava um nível mínimo de posses para compor a Câmara dos Comuns, entre outros temas. Durante vários anos organizaram comícios e manifestações, nas quais participaram milhões de operários e artesãos. Na ocasião da entrega ao parlamento pela III Convenção Nacional Cartista (abril de 1848), a petição contava com mais de cinco milhões de assinaturas.

O parlamento inglês, composto majoritariamente por representantes da aristocracia agrária e da grande burguesia, se negou a aprovar a Carta Popular e rechaçou todas as demandas cartistas. O governo desencadeou uma dura repressão contra os cartistas e prendeu seus líderes. O movimento foi esmagado, mas a influência do cartismo sobre

universal realizadas pelo proletariado francês e, por último, da heróica luta contra a Lei Antissocialista na Alemanha[178] e de grande, persistente e disciplinada obra – que serve de exemplo aos operários do mundo inteiro – de criar organizações proletárias de massas em dito país. Todos estes exemplos de heroísmo proletário e de iniciativa histórica nos garantem que os operários dos países mencionados compreenderão o dever que possuem hoje, de livrar a humanidade dos horrores da guerra e de suas consequências; que esses operários, com sua múltipla atividade, resoluta, abnegada e enérgica, nos ajudarão a levar até o fim a causa da paz e, com ela, a causa da libertação das massas trabalhadoras e exploradas de toda escravidão e de toda exploração.

***

O Governo Operário e Camponês, criado pela revolução de 24 e 25 de outubro e que se apoia nos Sovietes de deputados operários, soldados e camponeses, deve iniciar imediatamente negociações de paz. Nosso chamado deve dirigir-se aos governos e aos povos ao mesmo tempo. Não podemos desprezar os governos, porque isso afastaria a possibilidade de acordar a paz, e um governo popular não pode se atrever a fazê-lo. Mas tampouco temos o

---

o desenvolvimento posterior do movimento operário internacional foi muito grande.

[178] A Lei Antissocialista foi promulgada na Alemanha, em 1878, pelo governo de Bismarck. Em virtude desta lei foram proibidos o Partido Social-Democrata, todas as organizações operárias de massas e os jornais operários. A melhor parte da social-democracia, unida em torno de August Bebel e Wilhelm Liebknecht, empreendeu um grande esforço na condição da ilegalidade, fazendo com que a influência entre as massas trabalhadoras, ao invés de diminuir, apenas aumentasse. Nas eleições ao Reichstag de 1890, os social-democratas obtiveram cerca de meio milhão de votos. Nessa ocasião, o governo se viu obrigado a revogar a lei de exceção.

direito de deixar de nos dirigir, simultaneamente, aos povos. Os governos e os povos estão em desacordo em todas as partes, e por isso devemos ajudar os povos a intervir nos problemas da guerra e da paz. Como é natural, defendemos por todos os meios nosso programa íntegro de paz sem anexações nem indenizações. Não nos afastaremos deste programa, mas devemos privar nossos inimigos da possibilidade de dizer que suas condições são distintas e que, por consequência, é inútil iniciar negociações conosco. Sim, devemos privá-los dessa vantagem e não formular nossas condições como um ultimato. Por isso incluímos o ponto em que declaramos estar dispostos a examinar todas as condições de paz, todas as proposições. Examinar ainda não significa aceitar. As submeteremos à discussão com a Assembleia Constituinte, que terá plenos poderes para dizer onde se pode e onde não se pode ceder. Combatemos a enganação dos governos, que, em palavras, são todos partidários da paz e da justiça, mas que, de fato, mantém guerras de conquista e de rapina. Nenhum governo dirá tudo que pensa. Nós, ao contrário, estamos contra a diplomacia secreta e atuaremos à luz do dia, perante todo o povo. Não fechamos os olhos, nem hoje, nem nunca, perante as dificuldades. Não se pode encerrar a guerra simplesmente renunciando a ela; a guerra não pode ser encerrada apenas por uma das partes beligerantes. Propomos um armistício de três meses, mas não rechaçaremos um armistício mais curto, para que, pelo menos durante algum tempo, o exército fadigado possa descansar; além disso, é necessário convocar assembleias populares em todos os países civilizados, onde sejam discutidas as condições.

Ao propor um armistício imediato, nos dirigimos aos operários conscientes dos países que tanto fizeram pelo desenvolvimento do movimento proletário. Nos dirigimos aos operários da Inglaterra, que conheceram o movimento cartista; aos operários da França, que demonstraram em várias insurreições todo o vigor de sua consciência de classe, e aos operários da Alemanha, que saíram triunfantes da luta contra a lei sobre os socialistas e criaram potentes organizações.

No manifesto de 14 de março propusemos derrubar os banqueiros; mas, longe de derrubar os nossos, inclusive nos aliamos com eles. Agora derrubamos o governo dos banqueiros.

Os governos e a burguesia não medirão esforços possíveis para unirem-se e afogar em sangue a revolução operária e camponesa. Mas os três anos de guerra ensinaram muito às massas: o movimento soviético em outros países; a sublevação da esquadra alemã[179], que os junkers do carrasco Guilherme II esmagaram. É preciso recordar, por último, que não vivemos no centro da África, mas na Europa, onde se pode saber rapidamente de tudo.

O movimento operário triunfará e abrirá o caminho para a paz e o socialismo.

(***Clamorosos aplausos, que duraram muito tempo***)

---

[179] Em julho-agosto de 1917 os marinheiros da frota de Wilhelmshaven se insurgiram, exigindo o fim da guerra. O governo de Guilherme II reprimiu cruelmente os marinheiros, condenando os insurgentes à morte ou a trabalhos forçados.

Fragmento do artigo CARTA AOS OPERÁRIOS NORTE-AMERICANOS

Publicado em 22 de agosto de 1918 no número 178 do jornal *Pravda*.

Camaradas: um bolchevique russo, que participou na revolução de 1905 e que depois passou muitos anos em vosso país, se ofereceu para entregar-lhes minha carta. Aceitei sua oferta com o maior prazer, uma vez que, precisamente agora, os proletários revolucionários norte-americanos são chamados a desempenhar um papel de singular importância como inimigos irreconciliáveis do imperialismo norte-americano, o mais recente, o mais forte, o último incorporado ao massacre global de pessoas organizado pela repartição de lucros entre os capitalistas. Precisamente agora, os multi milionários norte-americanos, esses senhores de escravos contemporâneos, iniciaram uma página particularmente trágica na sangrenta história do sangrento imperialismo, ao darem sua aprovação – direta ou indireta, aberta ou velada pela hipocrisia, o que dá no mesmo – à intervenção armada empreendida pelas feras anglo-japonesas para estrangular a primeira república socialista.

A história da América do Norte moderna, da América do Norte civilizada, começa com uma das grandes guerras verdadeiramente libertadoras e revolucionárias, tão escassas frente à multiplicidade de guerras vorazes provocadas, como a atual guerra imperialista, pelas lutas entre reis, latifundiários e capitalistas pela divisão de terras usurpadas ou lucros obtidos como fruto da pilhagem. Foi uma guerra do povo norte-americano contra os bandidos ingleses, que oprimiram a América do Norte e a mantiveram sujeita a um regime de escravatura colonial, da mesma forma que aqueles vampiros "civilizados", que continuam oprimindo hoje e mantendo na escravidão colonial centenas de milhões de pessoas na Índia, no Egito e em todos os confins do mundo.

Cerca de 150 anos se passaram desde então. A civilização burguesa deu todos os seus esplêndidos frutos. A América do Norte passou a liderar os países livres e cultos no que diz respeito ao nível de desenvolvimento das forças produtivas do trabalho humano associado, ao emprego de máquinas e de todas as maravilhas da tecnologia moderna. A América do Norte se tornou, ao mesmo tempo, um dos países onde o abismo entre um punhado de multimilionários insolentes, atolados na lama e no luxo, e os milhões de trabalhadores que vivem sempre à beira da miséria, é mais profundo. O povo americano, que deu ao mundo um modelo de guerra revolucionária contra a escravidão feudal, caiu na escravidão capitalista moderna, na escravidão assalariada imposta por um punhado de multimilionários, e foi forçado a desempenhar o papel de carrasco mercenário, que estrangulou, em benefício da canalha opulenta, as Filipinas em 1898, sob o pretexto de "libertar-la", e em 1918 estrangula a República Socialista da Rússia sob o pretexto de "defende-la" dos alemães.

Mas os quatro anos de massacre imperialista dos povos não passaram em vão. A enganação do povo pelos miseráveis que formam as duas quadrilhas, tanto o grupo inglês como o grupo alemão, foi totalmente desmascarado por fatos incontestáveis e evidentes. Os resultados dos quatro anos de guerra mostraram a lei geral do capitalismo aplicada à guerra entre bandidos pela divisão do saque: os mais ricos, os mais fortes se tornaram mais ricos e saquearam mais do que ninguém; os mais fracos foram despojados, torturados, oprimidos e estrangulados sem piedade.

Os bandidos do imperialismo inglês eram os mais fortes devido ao número de "escravos coloniais". Os capitalistas ingleses não perderam um centímetro das "suas" terras (isto é, das terras por eles reunidas durante séculos como resultado da pilhagem) e tomaram todas as colônias alemãs na África, tomaram a Mesopotâmia e a Palestina, estrangularam a Grécia e iniciaram a pilhagem da Rússia.

Os bandidos do imperialismo alemão eram os mais fortes pela organização e a disciplina de "suas" tropas, porém mais fracos nas colônias. Perderam todas as colônias, mas saquearam meia Europa, estrangularam o maior número de pequenos países e de povos fracos. Que grande guerra "libertadora" por ambas as partes! Como "defendiam a pátria" bem os bandidos de ambos os grupos, os capitalistas anglo-franceses e alemães com seus lacaios, os social-chauvinistas, quer dizer, os socialistas que passaram para o lado de "sua" burguesia.

Os multimilionários norte-americanos eram, provavelmente, os mais ricos de todos e os que se encontravam na situação geográfica mais segura. Enriqueceram mais que ninguém; converteram todos os países em seus tributários, inclusive os mais ricos; reuniram como fruto da pilhagem centenas de bilhões de dólares. E em cada dólar são vistas marcas do lodo dos "vantajosos" suprimentos militares, que enriqueciam ainda mais os ricos e arruinavam mais os pobres de cada país. Em cada dólar há manchas de sangue, do sangue que lançaram aos mares os dez milhões de mortos e os vinte milhões de mutilados durante essa grandiosa e nobre luta, durante essa luta libertadora e sagrada em que se resolvia qual dos dois bandidos, o inglês ou o alemão, obteria o maior despojo, qual dos dois carrascos, o inglês ou o alemão, seria ***o que mais*** povos fracos estrangularia no mundo inteiro.

Para desmentir esta infame e vil mentira não faltam muitas palavras: basta mencionar um fato conhecido por todos. Quando os operários da Rússia derrubaram o governo imperialis de seu país em outubro de 1917, o Poder soviético, o poder dos operários e camponeses revolucionários propôs abertamente ***a todos*** os países beligerantes uma paz justa, uma paz sem anexações nem indenizações, uma paz baseada na igualdade plena de direitos de todas as nações.

Foram precisamente a burguesia anglo-francesa e a burguesia norte-americana as que recusaram nossa proposta; precisamente essas burguesias recusaram inclusive tratar conosco sobre a paz geral! ***Essas burguesias*** precisamente traíram os interesses de todos os povos; elas precisamente prolongaram a matança imperialista!

Foram precisamente elas que, especulando com a possibilidade de arrastar de novo a Rússia para a guerra imperialista, recusaram participar das negociações de paz, deixando, assim, as mãos livres a outros bandidos capitalistas de mesmo tipo, os da Alemanha, que impuseram à força para a Rússia a paz anexionista de Brest!

É difícil imaginar uma hipocrisia mais repugnante: a burguesia anglo-francesa e a burguesia norte-americana nos "culpam" *pela* paz de Brest[180] e são precisamente os capitalistas desses países, de quem dependia converter as negociações de Brest em negociações gerais de uma paz universal, os que se colocam como nossos "acusadores"! Os abutres do imperialismo anglo-francês,

---

[180] O Tratado de Paz de Brest foi assinado em Brest-Litovsk, em março de 1918, entre a Rússia Soviética e a Alemanha, em condições muito duras para os russos. De acordo com o tratado, Letônia, Estônia, Polônia e Ucrânia seriam controladas pelo Império Alemão e a Rússia se comprometeria a pagar compensações financeiras. O governo soviético se viu obrigado a aceitar tais termos, uma vez que o velho exército czarista havia desmoronado e o Exército Vermelho ainda estava se formando. Apesar das duras condições impostas, o acordo proporcionou ao país soviético uma trégua imprescindível, permitindo a retirada da Primeira Guerra Mundial e a organização e o acúmulo de forças para derrotar a burguesia contra revolucionária e as intervenções anglo-franco-americanas, que pouco depois atacaram a Rússia.

Depois da revolução na Alemanha (novembro de 1918), o Tratado de Paz de Brest foi anulado.

enriquecidos pelo saque das colônias e com a matança de povos, prosseguem a guerra quase um ano depois de Brest; e são eles que "acusam" ***a nós***, os bolcheviques, que propomos a todos os países uma paz justa, ***a nós***, que rompemos, que publicamos e expusemos ao mundo todo os criminosos tratados entre o ex-czar e os capitalistas anglo-franceses.

Os operários do mundo todo, qualquer que seja o país em que vivam, se congratulam e simpatizam conosco, nos aplaudem por romper os grilhões dos vínculos imperialistas, dos sujos tratados imperialistas, das correntes imperialistas; por haver alcançado a liberdade às custas dos maiores sacrifícios; porque, como república socialista que somos, ainda que martirizada e saqueada pelos imperialistas, ficamos ***fora*** da guerra imperialista e hasteamos perante o mundo inteiro a bandeira da paz, a bandeira do socialismo.

Não é de se estranhar que a quadrilha de imperialistas internacionais nos odeie por isso, nos "acuse", e que todos os lacaios dos imperialistas, sem excluir os socialistas revolucionários de direita e nem nossos mencheviques, nos "acusem" também. O ódio que esses cães de guarda do imperialismo, bem como a simpatia que os operários conscientes de todos os países têm pelos bolcheviques, nos deixa seguros do quão justa é nossa causa.

Não é socialista aquele que não compreende que em nome da vitória sobre a burguesia, em nome da passagem do poder às mãos dos operários, em nome do ***começo*** da revolução proletária internacional não se pode e nem se deve retroceder perante sacrifício algum, nem sequer ante o sacrifício de uma parte do território, ante o sacrifício de sofrer penosas derrotas nas mãos do imperialismo. Não é socialista aquele que não demonstra ***na prática*** que está disposto a que "sua" pátria faça os maiores sacrifícios para avançar de verdade a causa da revolução socialista.

Em nome de "sua" causa, quer dizer, em nome da conquista do domínio mundial, os imperialistas da Inglaterra e da Alemanha não vacilam em arruinar completamente e estrangular uma série de países, começando por Bélgica e Sérvia e seguindo por Palestina e Mesopotâmia. E os socialistas, em nome de "sua" causa, em nome da libertação dos trabalhadores de todo mundo do jugo do capital, em nome da conquista de uma paz universal duradoura deverão esperar que encontre um caminho que não exija sacrifícios, deverão se precaver de começar o combate antes de que esteja "garantido" um triunfo fácil, deverão colocar a segurança e a integridade de "sua pátria" – criada pela burguesia – sobre os interesses da revolução socialista mundial? Os canalhas do socialismo internacional e os lacaios da moral burguesa que pensem assim merecem o mais profundo desprezo.

As vorazes feras do imperialismo anglo-francês e norte-americano nos "acusam" de termos um "acordo" com o imperialismo alemão. Que hipócritas! Que miseráveis! Caluniam o governo operário, tremendo de medo ante a simpatia que sentem por nós os operários de "seus" próprios países! Mas sua hipocrisia será desmascarada. Fingem não compreender a diferença existente entre um acordo dos "socialistas" com a burguesia (a própria e a estrangeira) *contra os operários*, contra os trabalhadores, e um acordo *para a defesa* dos operários triunfantes sobre sua burguesia, um acordo com a burguesia de uma cor *contra a burguesia* de outra cor nacional a fim de que o proletariado aproveite as contradições entre os diferentes grupos da burguesia.

Na verdade, qualquer europeu conhece perfeitamente essa diferença, e o povo norte-americano, como demonstrarei agora, a "viveu" em sua própria história de maneira bem palpável. Há acordos e acordos, há *fagots et fagots*[181], como dizem os franceses.

Em fevereiro de 1918, quando as feras vorazes do imperialismo alemão lançaram suas tropas contra a desarmada Rússia, que havia desmobilizado seu exército, confiante da solidariedade

[181] N. T.: "Há casos e casos", em francês.

proletária internacional, antes de que tivesse amadurecido plenamente a revolução mundial, não vacilei minimamente em fazer um certo "acordo" com os monarquistas franceses. O capitão francês Sadoul, que de palavra simpatizava com os bolcheviques, enquanto na prática servia de corpo e alma ao imperialismo francês, me apresentou ao oficial francês De Lubersac. "Eu sou monarquista – me confessou De Lubersac –. Meu único objetivo é a derrota da Alemanha". É evidente, respondi (*cela va sans dire*). Isso não me impediu, absolutamente, de "convir" com De Lubersac quanto aos serviços que os oficiais franceses especialistas em explosões estavam dispostos a nos prestar para explodir as vias férreas e conter a invasão dos alemães. Foi um modelo de "acordo" que todo operário consciente aprovará, um acordo em benefício do socialismo. Um monarquista francês e eu apertamos as mãos sabendo que cada um teria gosto em enforcar seu "parceiro". Mas nossos interesses coincidiam temporariamente. *Nós* aproveitamos interesses opostos, igualmente ferinos, de outros imperialistas, em benefício da revolução socialista russa e da revolução socialista mundial, contras as feras alemãs que nos atacavam. Assim servíamos aos interesses da classe operária russa e de outros países; de modo a reforçar o proletariado e enfraquecer a burguesia do mundo inteiro; a empregar meios arquilegítimos e imprescindíveis em *toda* guerra: a manobra, a estratégia, a retirada na espera do momento em que mature a revolução proletária que vai amadurecendo rapidamente em vários países avançados.

E por muito que vociferar de raiva os tubarões do imperialismo anglo-francês e norte-americano, por muito que nos caluniem, por muitos milhões que gastem para subornar os periódicos dos socialistas revolucionários de direita, mencheviques e demais social-patrioteiros, *não exitarei um só instante* em estabelecer um "acordo" *idêntico* com as feras vorazes do imperialismo alemão, no caso de que um ataque das tropas anglo-francesas à Rússia o faça necessário. E sei muito bem que o proletariado consciente da Rússia, da Alemanha, da França, da Inglaterra, dos Estados Unidos, em uma palavra, de todo o mundo civilizado aprovará minha tática. Semelhante tática facilitará a revolução socialista, acelerará seu advento, debilitará a burguesia internacional, reforçará as posições da classe operária em sua vitoriosa luta contra aquela.

O povo norte-americano há muito tempo empregou essa tática à revolução com êxito. Quando fez sua grande guerra de libertação contra os opressores ingleses, teve também que enfrentar os opressores franceses e espanhóis, em cujas mãos se encontrava uma parte do atual território dos Estados Unidos da América. O povo norte-americano, em sua difícil guerra de libertação, também fez "acordos" com alguns opressores contra outros opressores para debilitá-los e reforçar os que implantavam uma luta revolucionária contra a opressão, em benefício das *massas* oprimidas. O povo norte-americano aproveitou as discórdias entre franceses, espanhóis e ingleses; em algumas ocasiões combateu, inclusive, ao lado das tropas dos opressores franceses e espanhóis contra os opressores ingleses; venceu primeiro os ingleses e depois se livrou (em parte mediante resgates) dos franceses e espanhóis.

A atividade histórica não é o passeio da Avenida Nevsky, dizia o grande revolucionário Tchernichevski[182]. Quem "admite" a revolução proletária apenas "com a condição" de que transcorra de forma tranquila e sem transtorno, de que os proletários de diferentes países atuem de forma combinada, de que exista uma garantia contra as derrotas, de que o caminho da revolução seja largo, reto e esteja limpo, de que para vencer não haja a

182 Referência a uma resenha de Tchernichevski do livro de G. C. Karey *Cartas político-econômicas ao Presidente dos Estados Unidos da América.*

necessidade de passar às vezes pelos mais penosos sacrifícios, de "permanecer em uma fortaleza sitiada" ou se abrir caminho pelas mais tortuosas, estreitas, impraticáveis e perigosas veredas montanhosas, não é revolucionário e nem superou a pedanteria intelectual burguesa e, de fato, cairá sempre para o campo da burguesia contra-revolucionária, como ocorre com nossos socialistas revolucionários de direita, com nossos mencheviques e inclusive (ainda que com menos frequência) a nossos socialistas revolucionários de esquerda...

20 de agosto de 1918.
N. Lênin

Fragmento do INFORME SOBRE O PROGRAMA DO PARTIDO, APRESENTADO AO VIII CONGRESSO DO PC(B) DA RÚSSIA

Publicado em março/abril de 1919 no jornal *Pravda*.

19 de março de 1919

Devo dizer o mesmo sobre o *problema nacional*. O camarada Bukharin também toma o desejo como realidade nesta questão. Diz que não se pode reconhecer o direito das nações à autodeterminação. A nação é a burguesia com o proletariado. Reconhecermos, nós, os proletários, o direito à autodeterminação dessa burguesia depreciável! Isso é uma incongruência cabal! Perdão, mas afirmo que isso converge com a realidade. Se não admitirmos, começaremos a fantasiar. Se apela ao processo de dissociação que se opera no seio da nação, ao processo de separação do proletariado e da burguesia. Mas ainda esperamos para ver como se produzirá essa dissociação.

Tomemos como exemplo a Alemanha, modelo de país avançado que, no sentido de organização do capitalismo, do capitalismo financeiro, se encontrava a um nível superior ao da América do Norte. Alemanha se encontrava em um patamar inferior em muitos sentidos, no da técnica e da produção, no sentido político; mas, no que diz respeito à organização do capitalismo financeiro, à transformação do capitalismo monopolista em capitalismo monopolista de Estado, a Alemanha estava acima da América do Norte. Um modelo, aparentemente. E o que vemos ali? Se dissociou o proletariado alemão da burguesia? Não! Foi noticiado que apenas em umas poucas cidades importantes a maioria dos operários se posiciona contra os adeptos de Scheidemann[183]. Mas como isso aconteceu? Mediante a aliança dos espartaquistas com os três vezes malditos mencheviques-independentes[184] alemães, que bagunçam tudo e querem casar o sistema dos Sovietes com a Assembléia Constituinte! Isso é o que acontece nessa mesma Alemanha! E se trata de um país avançado.

O camarada Bukharin disse: "Para que necessitamos do direito das nações à autodeterminação?" Repetirei a objeção que fiz quando ele, no verão de 1917, propôs tirar o programa mínimo

---

[183] Philipp Scheidemann (1865-1939): um dos líderes da ala de extrema direita da social-democracia alemã. Entre fevereiro e junho de 1919 foi chefe do governo burguês alemão; reprimiu cruelmente o movimento operário.

[184] Independentes (Partido Social-Democrata Independente da Alemanha): partido fundado pelos centristas ao separarem-se do Partido Social-Democrata Alemão em abril de 1917. Em dezembro de 1920, a ala esquerda do Partido Independente se fundiu com o Partido Comunista da Alemanha; os direitistas voltaram ao Partido Social-Democrata em 1922.

Depois da revolução de 1918 na Alemanha, os independentes se pronunciaram contra a transformação dos Sovietes de deputados operários, criados pelo proletariado, em órgãos de poder do Estado e propuseram que se "combinasse" os Sovietes com o parlamento burguês, de modo que os primeiros se transformaram, de fato, em órgãos inoperantes e carentes de independência do aparato estatal da burguesia.

e deixar unicamente o programa máximo[185]. Na ocasião respondi: "Não se vanglorie ao partir para a guerra; deixe para a volta". O faremos quando tivermos conquistado o poder e haja passado algum tempo. Hoje, conquistado já o poder e passado certo tempo, estou de acordo em fazê-lo. Passamos diretamente à construção socialista, repelimos a primeira investida que nos ameaçava; agora é tempo de fazê-lo. O mesmo cabe dizer sobre o direito das nações à autodeterminação. "Eu quero reconhecer unicamente o direito das classes trabalhadoras à autodeterminação", disse o camarada Bukharin. Isso significa que você quer reconhecer o que, na realidade, não foi alcançado em nenhum país, apenas na Rússia. É ridículo.

Veja a Finlândia: país democrático, mais desenvolvido, mais culto que o nosso. Ali se produz o processo de separação, de dissociação do proletariado, e se produz de uma forma peculiar, muito mais dolorosa que no nosso. Os finlandeses padeceram com a ditadura da Alemanha, e agora padecem com a da Entente. Mas graças ao nosso reconhecimento do direito das nações à autodeterminação, o processo de dissociação foi facilitado ali. Recordo muito bem a cena do Smolny[186], quando tive que

---

[185] O programa do POSDR, aprovado pelo II Congresso do Partido, era composto por duas partes: o programa mínimo e o programa máximo. O programa mínimo continha as reivindicações realizáveis no marco do regime capitalista: derrubada do czarismo, proclamação da república democrática, implantação da jornada de oito horas, etc. O programa máximo formulava os objetivos finais da classe trabalhadora: revolução socialista, implantação da ditadura do proletariado, instituir o socialismo.

[186] O governo soviético ocupou o edifício do Instituto Smolny, de Petrogrado (hoje São Petersburgo), até sua mudança para Moscou em março de 1918.

entregar a ata Svinhufvud[187] – que traduzido ao russo significa "cabeça de porco" –, representante da burguesia finlandesa, que cumpriu o papel de carrasco. Apertou minha mão amavelmente e trocamos cumprimentos. Que desagradável foi aquilo! Mas tinha que fazê-lo, porque naquela ocasião a burguesia finlandesa enganava o povo, enganava as massas trabalhadoras, dizendo que os moscovitas, os chauvinistas, os grão-russos queriam estrangular os finlandeses. Era necessário fazê-lo.

Por acaso, ontem não tivemos que fazer a mesma coisa com a República da Basquíria? Quando o camarada Bukharin dizia: "Se pode reconhecer este direito a alguns", pude inclusive notar que em sua lista figuravam os hotentotes, os bosquímanos e os hindus. Ao ouvir esta relação, pensei: como o camarada Bukharin pode se esquecer de uma ninharia, dos bashkirs? Na Rússia não existem bosquímanos, tampouco ouvi falar que os hotentotes tenham pretendido uma república autônoma, mas temos bashkirs, quirguizes e muitos outros povos a quem não podemos negar este direito. Não podemos negá-lo a nenhum dos povos que vivem dentro das fronteiras do que foi o Império russo. Admitamos inclusive que os bashkirs derrubassem os exploradores e nós ajudássemos a fazê-lo. Mas isto é possível unicamente se a revolução alcançar a plena maturidade. E é preciso fazê-lo com cautela para não frear com nossa intervenção esse mesmo processo de dissociação do proletariado que devemos acelerar. Agora bem, o que podemos fazer a respeito de povos como os

---

[187] Em 18 de dezembro de 1917, pouco depois da proclamação do poder soviético, o Conselho de Comissários do Povo aprovou um decreto onde se reconhecia a independência estatal da República Finlandesa. Nesse mesmo dia, Lênin entregou o decreto ao chefe do governo burguês da Finlândia, Svinhufvud, estadista reacionário que mais tarde, na primavera de 1918, esmagou com extrema crueldade a revolução proletária finlandesa.

quirguizes, uzbeques, tadzhikos e turcomanos, que até hoje se encontram sob influência de seus mulás? Na Rússia, depois de uma longa experiência com os patriarcas, a população nos ajudou a derrubá-los. Mas vocês sabem como vai mal até agora o decreto sobre o matrimônio civil na prática. Podemos nos dirigir a estes povos e dizer: "Nós vamos derrubar seus exploradores"? Não podemos fazer isso, porque se encontram totalmente dominados por seus mulás. É necessário esperar que se desenvolva a nação em questão e que o proletariado se dissocie dos elementos burgueses, o que é inevitável.

O camarada Bukharin não quer esperar. Se deixa dominar pela impaciência: "Por qual motivo? – diz –. Se nós derrubamos a burguesia e instauramos o Poder soviético e a ditadura do proletariado, por que vamos proceder assim?" Isto funciona como um chamado que entusiasma, é uma indicação do caminho que devemos seguir; mas se em nosso programa nos limitamos unicamente a proclamá-lo, mais que um programa resultará uma proclamação. Podemos proclamar o Poder soviético, a ditadura do proletariado e o maior desprezo à burguesia, que o merece mil vezes, mas nosso programa deve levar em conta com precisão absoluta a realidade. Então será indiscutível.

Não mantemos um ponto de vista estritamente de classe. O que reivindicamos no programa é o reconhecimento do que se produziu na realidade depois da época em que escrevemos sobre a autodeterminação das nações de uma maneira geral. Ainda não existiam repúblicas proletárias então. Quando surgiram, e só na medida em que surgiram, pudemos escrever o que formulamos no programa; "União federativa de Estados, organizados segundo o *tipo soviético*". O tipo soviético não são ainda os Sovietes, tal como existem na Rússia, mas está se tornando internacional. Podemos dizer apenas isto. Ir mais além, um passo adiante, um milímetro adiante, já seria errôneo e, por isso, não nos serviria de nada para o programa.

Dizemos: é necessário ter em conta o grau em que se contra uma nação determinada no caminho que vai do regime medieval à democracia burguesa e desta à democracia proletária. Isto é de uma certeza absoluta. Todas as nações têm direito à autodeterminação, e no que concerne aos hotentotes e os bosquímanos não cabe fazer uma referência especial. A imensa maioria da população da Terra, provavelmente nove décimos, ou talvez 95%, cabe nesta caracterização, pois todos os países se encontram no caminho que vai do regime medieval à democracia burguesa ou desta à democracia proletária. É um caminho completamente inevitável. Não é possível dizer mais, porque não seria exato, porque não corresponderia à realidade. Desfazer a autodeterminação das nações e substituí-la pela autodeterminação dos trabalhadores é totalmente errôneo, porque semelhante maneira de colocar as coisas não leva em conta as dificuldades, a via tortuosa que segue a dissociação no seio das nações. Na Alemanha acontece de uma forma diferente de nós: em alguns aspectos é mais rápida; em outro, o caminho é mais lento e cruento. Em nosso país nenhum partido aceitou uma ideia tão monstruosa como a de combinar os Sovietes e a Assembleia Constituinte. E temos que viver ao lado destas nações. Os adeptos de Scheidemann já dizem que queremos conquistar a Alemanha. Isto é, desde já, absurdo e ridículo. Mas a burguesia tem seus interesses e sua imprensa que o prega aos quatro ventos em centenas de milhões de exemplares, e Wilson[188], a partir de seus interesses, o apoia. Os bolcheviques, nas palavras deles, possuem um numeroso exército e querem implantar o bolchevismo na Alemanha mediante a conquista. Os melhores homens da Alemanha, os espartaquistas, nos disseram que os operários alemães são agitados contra os

188 Thomas Woodrow Wilson (1856-1924): estadista norte-americano. Presidente dos EUA em 1913-1921. Um dos organizadores da intervenção armada contra a Rússia Soviética.

comunistas, dizendo-lhes: "Vejam como vão mal as coisas com os bolcheviques!" E em efeito, não podemos dizer que as coisas estejam muito bem para nós. O argumento que ali utilizam nossos inimigos para influenciar as massas é de que a revolução proletária na Alemanha levaria a mesma desordem que na Rússia. Nossa desordem é uma doença nossa, de longa duração. Lutamos contra dificuldades tremendas, ao implantar em nosso país a ditadura do proletariado. Enquanto a burguesia ou a pequena burguesia, ou inclusive uma parte dos operários alemães, se encontre sob os efeitos deste espantalho: "os bolcheviques querem implantar seu regime à força", a fórmula "autodeterminação dos trabalhadores" não irá melhorar a situação. Devemos propor as coisas de modo que os social-traidores alemães não possam dizer que os bolcheviques impõem seu sistema universal, que, segundo eles, pode ser levado a Berlim na ponta das baionetas dos soldados vermelhos. E se negássemos o princípio de autodeterminação das nações, poderiam dizê-lo.

Nosso programa não deve falar de autodeterminação dos trabalhadores, porque isso é errôneo. Deve dizer as coisas tal como são. Posto que as nações se encontram em diferentes etapas do caminho que vai do regime medieval à democracia burguesa, e da democracia burguesa à proletária, esta tese de nosso programa é absolutamente exata. Neste caminho tivemos numerosos zigue-zagues. Cada nação deve obter o direito à autodeterminação, e isto contribui para a autodeterminação dos trabalhadores. Na Finlândia,o processo de separação entre o proletariado e a burguesia está se desenvolvendo de maneira muito clara, forte e profunda. Ali tudo marchará, em qualquer caso, não como entre nós. Se tivéssemos dito que não reconhecemos a nação finlandesa, apenas as massas trabalhadoras, seria o maior dos absurdos. Não se pode menos que reconhecer o que existe: a realidade se impõem por si mesma. Nos diferentes países, a demarcação dos campos entre o proletariado e a burguesia segue caminhos peculiares. Neste caminho temos que trabalhar com suma prudência. Devemos observar uma prudência especial com respeito às diferentes nações, porque não há coisa pior que a desconfiança de uma nação. Entre os poloneses está em curso o processo de autodeterminação do proletariado. Eis aqui os últimos dados sobre a composição do Soviete de deputados operários de Varsóvia: social-traidores poloneses, 333; comunistas, 297. Isso demonstra que ali, segundo nosso calendário revolucionário, outubro já não está longe. Ali se está em agosto ou setembro de 1917. Mas, primeiro, não existe ainda um decreto que obrigue todos os países a viverem conforme o calendário revolucionário bolchevique, e se existisse, não se cumpriria. Segundo, a maioria dos trabalhadores poloneses, mais adiantados e cultos que os nossos, mantém hoje o ponto de vista do social-defensismo, do social-patriotismo. Deve-se esperar. Aqui não se pode falar de autodeterminação das massas trabalhadoras. Devemos fazer propaganda em prol desta dissociação. O faremos, mas não cabe a menor dúvida de que devemos reconhecer já a autodeterminação da nação polonesa. Isso é evidente. O movimento proletário polonês segue o mesmo rumo que o nosso, marcha em direção à ditadura do proletariado, mas de uma maneira diferente da russa. E ali intimidam os trabalhadores, dizendo a eles que os moscovitas, os russos, que sempre oprimiram os poloneses, querem impor à Polônia seu chauvinismo grão-russo, disfarçado sob o nome de comunismo. Não é pela violência que se introduz o comunismo.Um dos melhores camaradas entre os comunistas poloneses, quando eu lhe disse: "Vocês procederão de forma diferente", me respondeu: "Não, nós faremos o mesmo, mas faremos melhor que vocês". Não tive absolutamente nada para objetar tal argumento. É preciso conceder-lhes a possibilidade de cumprir este modesto desejo: instaurar o Poder soviético melhor que em nosso país. Não é possível deixar de ter em conta que ali o caminho que se deve seguir tem algumas peculiaridades, e não se pode dizer: "Abaixo o direito das nações à autodeterminação! Concedemos o direito à autodeterminação exclusivamente às massas trabalhadoras". Esta autodeterminação segue uma via muito complicada e difícil. Não existe em nenhuma parte, com exceção da Rússia, e, prevendo todas as fases de seu desenvolvimento em outros países, não se deve decretar nada a partir de Moscou. Por isso esta proposta é inaceitável do ponto de vista dos princípios.

AOS CAMARADAS COMUNISTAS DO TURQUESTÃO

Publicado na edição comemorativa dos jornais *Turkestanski Kommunist*, *Izvestia do CEC dos Sovietes da República do Turquestão* e *Krasny Front*, entre 07 e 10 de novembro de 1919.

Camaradas:

Permitam-me dirigir-me a vocês não como Presidente do Conselho dos Comissários do Povo e do Conselho de Defesa, mas como membro do partido.

O estabelecimento das devidas relações com os povos do Turquestão tem agora para a República Socialista Federativa Soviética da Rússia uma importância que, sem exagero, poderíamos descrever como gigantesca, de transcendência histórica universal.

Para toda a Ásia e para todas as colônias do mundo, para milhares e milhões de seres, a atitude da República Soviética operária e camponesa perante os povos fracos, que até agora tinham sido oprimidos, terá importância prática.

Peço-lhes encarecidamente que prestem especial atenção a este problema e que dediquem todos os esforços para garantir que seu exemplo e suas obras contribuam para estabelecer relações de camaradagem com o povo do Turquestão, para lhe demonstrar com atos a sinceridade do nosso desejo de erradicar todos os vestígios do imperialismo da Grande Rússia, para lutar abnegadamente contra o imperialismo mundial e contra o imperialismo britânico que o lidera. Tenham a maior confiança na nossa Comissão para o Turquestão[189] e cumpram pontualmente suas diretivas, que, justamente no espírito indicado, lhe foram transmitidas pelo Comitê Executivo Central de toda a Rússia.

Agradeceria muito que me respondessem esta carta e me comunicassem vossa opinião.

Com saudações comunistas
V. Ulianov (Lênin)

[189] A Comissão para o Turquestão foi enviada a Tashkent, em outubro de 1919, pelo Comitê Executivo Central de toda a Rússia e o Conselho de Comissários do Povo com a missão de assegurar a aplicação de uma política nacional justa na Ásia Central. A comissão teve suas atividades regidas por uma disposição do Comitê Executivo Central e do COnselho de Comissários do Povo, escrita por Lênin, onde se indicava "que a autodeterminação dos povos do Turquestão e a abolição de toda desigualdade nacional e dos privilégios de um grupo nacional às custas de outro constituem a base de toda a política do governo soviético da Rússia e servem de diretriz para todo o trabalho de seus órgãos, e que apenas com esse trabalho pode ser definitivamente vencida a desconfiança das massas trabalhadoras nativas do Turquestão em relação aos operários e camponeses da Rússia, fomentada por longos anos de dominação do czarismo russo".

INFORME NO II CONGRESSO DE TODA A RÚSSIA DAS ORGANIZAÇÕES COMUNISTAS DOS POVOS DO ORIENTE

Publicado em 20 de dezembro de 1919 no número 9 de *Izvestia* do CC do PC(b) da Rússia.

22 de novembro de 1919

Camaradas: É para mim uma profunda satisfação poder saudar o congresso dos camaradas comunistas que representam as organizações muçulmanas do Oriente e dizer algumas palavras sobre a situação atual na Rússia e no mundo inteiro. O tema do meu relatório é o momento atual, e me parece que o mais essencial nesta questão hoje é a atitude dos povos do Oriente em relação ao imperialismo e o movimento revolucionário entre esses povos. É evidente que, atualmente, este movimento revolucionário dos povos do Oriente não pode se desenvolver com sucesso, não pode encontrar uma solução, se não estiver em ligação direta com a luta revolucionária da nossa República Soviética contra o imperialismo internacional. Devido a uma série de circunstâncias – incluindo o atraso da Rússia, sua imensa extensão e o fato de ser a divisória entre a Europa e a Ásia, entre o Ocidente e o Oriente – tivemos de suportar todo o peso – o que consideramos uma grande honra – que significa ser os iniciadores da luta mundial contra o imperialismo. Portanto, todo o curso dos acontecimentos no futuro próximo prenuncia uma luta ainda mais ampla e mais determinada contra o imperialismo internacional e estará inevitavelmente ligada à luta da República Soviética contra as forças unidas do imperialismo, contra a Alemanha, França, Inglaterra e América do Norte.

Quanto ao aspecto militar, vocês já sabem como as coisas se tornaram favoráveis para nós em todas as frentes. Não vou entrar em detalhes sobre esta questão: me limitarei a dizer que a guerra civil, que o imperialismo internacional nos impôs a força, causou no transcurso de dois anos inúmeras privações à República Socialista Federativa Soviética da Rússia, despejou sobre as costas dos camponeses e dos operários um peso tão insuportável, que, frequentemente, parecia que não poderiam suportá-lo. Mas, ao mesmo tempo, essa guerra, com sua violência brutal, com o ataque bestial e impiedoso daquelas feras que eram chamadas de nossos "aliados" e que nos saqueavam mesmo antes da revolução socialista, essa guerra, digo, fez um milagre, transformando o povo, cansado da matança e, aparentemente, incapaz de suportar outro conflito, em combatentes que não só resistiram a outra guerra no decorrer de dois anos, mas que, além disso, estão finalizando-a vitoriosamente. As vitórias que estamos obtendo agora sobre Kolchak[190], Yudenich[191]

---

190 Alexander Vasilievich Kolchak (1879-1920): almirante da marinha czarista. Em 1918, com o apoio de EUA, Inglaterra e França, se proclamou governante supremo da Rússia, colocando-se como líder da contra revolução burguesa-latifundiária na Sibéria. Suas tropas, que atacavam a Rússia Soviética pelo leste, através da Sibéria e dos Urais, foram derrotadas pelo Exército Vermelho em fevereiro de 1920, revés que levou Kolchak ao suicídio.

191 Nikolai Nikolaevich Yudenich (1862-1938): general czarista. Esteve à frente das forças contra revolucionárias no nordeste da Rússia durante a intervenção armada estrangeira e a guerra civil de 1918-1920. Testa de ferro dos imperialistas ingleses, norte-americanos e franceses. As tropas de Yudenich, que ameaçavam Petrogrado, foram derrotadas definitivamente pelo Exército Vermelho em dezembro de 1919.

e Denikin[192] representam a chegada de uma nova fase na história e da luta do imperialismo mundial contra os países e nações que se lançaram ao combate por sua libertação. Neste sentido, os dois anos da nossa guerra civil não só confirmaram plenamente o que a história observou há muito tempo: que o caráter da guerra e o seu sucesso dependem, acima de tudo, do regime interno do país que nela entra; que a guerra é o reflexo da política interna que aquele país tinha antes. Tudo isso repercute, inevitavelmente, em como se faz a guerra.

A questão de saber qual classe travou a guerra e a continua é de extraordinária importância. Somente graças ao fato da nossa guerra civil ser travada por trabalhadores e camponeses que se libertaram e é a continuação da luta política para emancipar os trabalhadores dos capitalistas do país e do mundo inteiro; apenas graças a isso, houveram homens com vontade suficiente para continuar a lutar durante dois anos no meio de dificuldades incríveis e sem precedentes num país tão atrasado como a Rússia, esgotado pelos quatro anos de guerra imperialista.

A história da guerra civil demonstrou isso com particular evidência no caso de Kolchak. Ele era um inimigo que contava com o apoio de todas as grandes potências do mundo e dispunha de uma linha férrea protegida por 100 mil soldados de potências estrangeiras, incluindo as melhores tropas dos imperialistas internacionais, como os japoneses, que se prepararam para a guerra imperialista, mas que mal participaram dela e, portanto, quase não sofreram qualquer perda; Kolchak se apoiava nos camponeses da Sibéria, os mais abastados, que não conheciam

192 Anton Ivanovich Denikin (1872-1947): general do exército czarista. Com a ajuda da Entente, implantou uma ditadura militar burguesa-latifundiária no sul da Rússia e na Ucrânia em 1919. No verão e no outono de 1919, Denikin empreendeu uma ofensiva contra Moscou. Foi derrotado pelo Exército Vermelho no início de 1920.

a servidão e eram, portanto, naturalmente, os que estavam mais distantes do comunismo do que ninguém; Kolchak parecia uma força invencível, porque suas tropas eram o destacamento de vanguarda do imperialismo internacional. Até hoje, tropas japonesas, checoslovacas e de nações imperialistas continuam a operar na Sibéria. Contudo, a experiência de mais de um ano de domínio de Kolchak sobre a Sibéria, com as suas imensas riquezas naturais; a experiência dessa dominação, que foi apoiada, no início, pelos partidos socialistas da II Internacional, pelos mencheviques e pelos socialistas-revolucionários – que criaram a frente do Comitê da Assembleia Constituinte[193] – e que, em tais condições, parecia sólida e invencível do ponto de vista do pancista e do curso habitual da história, mostrou, na prática, o seguinte: quanto mais Kolchak avançava no território da Rússia, mais se enfraquecia e, no final, assistimos à vitória completa da Rússia Soviética sobre ele. Sem dúvida, isto nos oferece uma demonstração prática de que as forças unidas dos trabalhadores e camponeses, libertadas do jugo dos capitalistas, fazem verdadeiros milagres. Isto nos oferece uma demonstração prática de que a guerra revolucionária, quando atrai efetivamente as massas trabalhadoras oprimidas para a sua órbita e faz com que se interessem por ela, quando as faz compreender que lutam contra os exploradores, desperta sua energia e a capacidade de fazer milagres.

Acredito que o que o Exército Vermelho fez, sua luta e a história do seu triunfo terão uma importância gigantesca e mundial para todos os povos do Oriente. Mostrará aos povos do Oriente que, por mais fracos que sejam e por mais invencível que possa parecer

---

[193] Comitê de membros da Assembleia Constituinte: denominação do governo contra revolucionário formado em Samara no verão de 1918. Quando o Exército Vermelho derrotou a contra revolução em outubro de 1918 e ocupou Samara, o Comitê fugiu com as tropas de guardas brancos e deixou de existir em pouco tempo.

o poder dos opressores europeus, que empregam na luta todas as maravilhas da técnica e da arte militares, a guerra revolucionária do povos oprimidos, se conseguir despertar efetivamente milhões de trabalhadores e explorados, contém em si tais possibilidades, acarreta tais prodígios, que a libertação dos povos do Oriente é agora, na prática, plenamente alcançável, não só do ponto de vista das perspectivas da revolução internacional, mas também do ponto de vista da experiência puramente militar, uma experiência que pudemos ver na Ásia, na Sibéria, uma experiência que nos oferece a República Soviética, invadida por tropas de todos os países poderosos do imperialismo.

Além disso, esta experiência da guerra civil na Rússia mostrou a nós e aos comunistas de todos os países que no fogo da guerra civil, ao mesmo tempo que o entusiasmo revolucionário ganha força, é criada uma poderosa força interna. A guerra testa todas as forças econômicas e organizacionais de cada nação. No final, depois de dois anos de experiência, apesar do quão imensamente difícil é a guerra para os operários e camponeses, que sofrem de fome e de frio; depois de dois anos de experiência, repito, pode-se dizer que estamos ganhando e que continuaremos a ganhar, porque temos uma retaguarda, e essa retaguarda é forte; porque os camponeses e operários, apesar da fome e do frio, estão unidos, se tornaram mais fortes e respondem a cada duro golpe com o aumento da coesão de suas forças e seu poderio econômico, e só por isso foram possíveis as vitórias sobre Kolchak, Yudenich e seus aliados, as potências mais fortes do mundo. Os últimos dois anos no mostraram, por um lado, a possibilidade de travar uma guerra revolucionária, e, por outro, o fortalecimento do Poder soviético apesar dos duros golpes da invasão estrangeira, cujo objetivo é extinguir rapidamente o foco da revolução, esmagar a República dos operários e camponeses, que ousaram declarar guerra ao imperialismo internacional. Mas em vez de esmagar os operários e camponeses da Rússia, tudo o que fizeram foi deixá-los mais duros.

Esses são os principais resultados, o conteúdo principal do momento que vivemos. Estamos nos aproximando de vitórias decisivas sobre Denikin, o último inimigo remanescente em nosso território. Nos sentimos fortes e podemos repetir mil vezes que não erramos quando dizemos que a construção interna da República foi fortalecida e que da guerra contra Denikin sairemos muitas vezes mais fortes e mais preparados para a construção do edifício socialista, construção à qual durante a guerra civil pudemos dedicar muito pouco tempo e muito poucas forças e a que só agora, tendo o caminho livre, conseguiremos, sem dúvida, nos entregar completamente.

Na Europa Ocidental observamos a decomposição do imperialismo. Sabem que há um ano, mesmo para os socialistas alemães – bem como para a grande maioria dos socialistas, que não compreendiam a situação – parecia que estava sendo travada uma luta entre dois grupos do imperialismo mundial, e acreditavam que esta luta era a totalidade da história e que não havia forças capazes de contribuir com nada de novo: lhes parecia que mesmo os socialistas não tinham escolha senão se juntar a um dos grupos de poderosos abutres mundiais. Era assim que parecia no final de outubro de 1918. Mas vemos que desde então, no decurso de um ano, ocorreram fenômenos sem precedentes na história universal, fenômenos amplos e profundos, que abriram os olhos de muitos socialistas que durante a guerra imperialista eram patriotas e justificavam seu comportamento dizendo que faziam frente ao inimigo, que justificavam a aliança com os imperialistas ingleses e franceses afirmando que libertariam o povo do jugo do imperialismo alemão. Veja quantas ilusões aquela guerra destruiu! Vemos a decomposição do imperialismo alemão, uma decomposição que não só levou à revolução republicana, mas também à revolução socialista. Vocês sabem que, atualmente, a luta de classes se tornou mais aguda na Alemanha e que a guerra civil é iminente, a luta do proletariado alemão contra os imperialistas alemães, que se disfarçaram com cores republicanas, mas continuam sendo representantes do imperialismo.

Todos sabem que a revolução social amadurece na Europa Ocidental não em dias, mas em horas, e que a mesma coisa acontece na América do Norte e na Inglaterra, entre estes supostos representantes da cultura e da civilização que derrotaram os hunos, os imperialistas alemães. Quando as coisas chegaram à paz de Versalhes, todo o mundo viu que era cem vezes mais espoliador do que a paz de Brest-Litovsk, que nos foi imposta pelos saqueadores alemães; que a paz de Versalhes é o maior golpe que os capitalistas e imperialistas desses malfadados países vitoriosos foram capazes de desferir. A paz de Versalhes abriu os olhos precisamente às nações vitoriosas e demonstrou que não nos encontramos perante representantes da cultura e da civilização, que a Inglaterra e a França são Estados, embora democráticos, governados por tubarões imperialistas. A luta interna entre estes tubarões se desenvolve tão rapidamente que podemos nos sentir jubilosos, pois sabemos que a paz de Versalhes é apenas uma vitória aparente dos imperialistas exultantes e que, na realidade, representa a falência de todo o mundo imperialista e faz com que as massas trabalhadoras se distanciem decisivamente dos socialistas que durante a guerra se aliaram aos representantes do imperialismo podre e defenderam um dos grupos de tubarões no conflito. Os trabalhadores abriram os olhos porque a paz de Versalhes é espoliadora e demonstra que, na realidade, França e Inglaterra lutavam contra a Alemanha para fortalecer seu próprio domínio sobre as colônias e aumentar seu poder imperialista. Com o passar do tempo, essa luta interna ganha proporções maiores. Hoje pude ver um radiograma de Londres, datado de 21 de novembro, no qual alguns jornalistas americanos – que não podem ser suspeitos de simpatizar com os revolucionários

– dizem que na França existe um ódio sem precedentes contra os americanos porque eles se recusam a ratificar o Tratado de Paz de Versalhes.

Inglaterra e França venceram, mas estão endividadas até às camisas com a América do Norte, que decidiu que, por mais vitoriosos que os franceses e os ingleses se considerem, deve levar a nata e receber, com lucros, os juros de sua ajuda durante a guerra; e isso deve ser garantido pela marinha norte-americana, que está em construção e que, por sua magnitude, supera a inglesa. Uma prova de que o imperialismo voraz dos norte-americanos se manifesta com muita brutalidade é o fato de agentes da América do Norte comprarem mercadorias vivas, mulheres e garotas, e as levarem para seu país, fomentando a prostituição. A livre e culta América do Norte abastece os prostíbulos com mercadorias vivas! Na Polônia e na Bélgica surgem conflitos com os agentes americanos. Este é um pequeno exemplo do que acontece, em grandes proporções, em cada pequeno país que recebeu ajuda da Entente. Vejamos, por exemplo, a Polônia. Se vê que agentes e especuladores americanos vão até lá para comprar todas as riquezas do país, que agora se orgulha de ser independente. A Polônia está sendo comprada por agentes norte-americanos. Não há ali uma só fábrica, nem um único ramo da indústria que os americanos não tenham no bolso. A América do Norte perdeu a tal ponto seu recato que começa a subjugar o "grande e livre vencedor", a França, que antes era um país de usurários e que agora está mais do que endividada com a América do Norte, uma vez que já não possui forças econômicas próprias, seu trigo e seu carvão já não são suficientes, não pode desenvolver as suas forças materiais em grandes proporções, e a América do Norte exige que todo tributos seja escrupulosamente pago. Assim, à medida que o tempo passa, a falência econômica da França, da Inglaterra e de outros países poderosos torna-se mais clara. As eleições na França deram a vitória aos clérigos. O povo francês, enganado por aqueles que diziam que deveriam dedicar todas as suas energias à luta contra a Alemanha, pela liberdade e pela democracia, foi recompensado com dívidas eternas, com os escárnios dos vorazes imperialistas norte-americanos e, além disso, com uma maioria clerical de representantes da mais furiosa reação.

A situação está incomensuravelmente mais confusa em todo o mundo. Nossa vitória sobre Kolchak e Yudenich, sobre estes lacaios do capitalismo internacional, é grande; mas a vitória que estamos a alcançar à escala internacional é muito maior, embora não seja vista com tanta clareza. Esta vitória consiste na decomposição interna do imperialismo, que não pode lançar as suas tropas contra nós. A Entente tentou fazer isso e não conseguiu nada, porque suas tropas desmoronam quando entram em contacto com as nossas e conhecem a nossa Constituição Soviética da Rússia, traduzida para seus idiomas. Apesar da influência dos líderes do socialismo podre, a nossa Constituição atrai sempre a simpatia das massas trabalhadoras. A palavra "Soviético" agora é compreendida por todos, e a Constituição Soviética foi traduzida para todas as línguas e é conhecida por todos os trabalhadores. Cada trabalhador sabe que a nossa Constituição é de trabalhadores; que nosso regime político é de trabalhadores e que apela à vitória sobre o capitalismo internacional; sabe que tudo isto é uma conquista que arrancamos dos imperialistas internacionais. Esta nossa vitória teve repercussões em cada país imperialista, pois retiramos as suas tropas, ganhamos elas, e os privamos da possibilidade de lançá-las contra a Rússia Soviética.

Tentaram fazer guerra com tropas alheias, com tropas da Finlândia, da Polônia e da Letônia, mas não conseguiram nada. Há algumas semanas, o primeiro-ministro britânico Churchill[194]

---

194 Winston Churchill (1874-1965): estadista inglês; primeiro ministro em 1940-1945 e 1951-1955. Aplicou a política de repressão desapiedada do movimento de libertação nacional nas colônias inglesas.

se vangloriou, num discurso no Parlamento – foram enviados telegramas ao mundo inteiro para anunciar isto – de que tinha sido organizada uma cruzada de catorze países contra a Rússia Soviética e que esta cruzada lhe traria a vitória no dia de Ano Novo. É verdade que muitos países participaram nisto: Finlândia, Ucrânia, Polônia, Geórgia, os checoslovacos, os japoneses, os franceses, os ingleses, os alemães. Mas sabemos o que aconteceu! Sabemos que os estonianos abandonaram as tropas de Yudenich, e agora uma controvérsia furiosa irrompeu nos jornais porque o povo da Estônia não quer ajudá-lo, e a Finlândia, por mais que sua burguesia desejasse, também não lhe ajudou. Dessa forma, falhou a segunda tentativa de nos atacar. A primeira etapa foi o envio de forças próprias da Entente, equipadas de tal forma com o melhor material bélico, que parecia que derrotariam a República Soviética. Estas tropas já abandonaram o Cáucaso, Arkhangelsk e a Crimeia e só continuam em Murmansk, como os checoslovacos na Sibéria, mas não passam de grupos dispersos. A primeira tentativa, de nos derrotar com suas próprias tropas, terminou com a nossa vitória. A segunda tentativa foi lançar contra nós as nações vizinhas, que dependem economicamente por completo da Entente, as obrigando a nos asfixiar como ninho do socialismo. Mas esta tentativa também falhou; resultou que nenhum desses pequenos países tinha condições de sustentar tal guerra. Além disso, em cada pequeno Estado o ódio à Entente se tornou mais pronunciado. Se a Finlândia não atacou Petrogrado quando Yudenich já tinha tomado Krasnoye Selo, foi porque hesitou e percebeu que ao lado da Rússia Soviética poderia viver de forma independente, mas que com a Entente não seria capaz de viver em paz. Isso acontece com todos os povos pequenos. Acontece com a Finlândia, a Lituânia, a Estônia e a Polônia, onde existe

---

Um dos organizadores da intervenção armada contra a Rússia Soviética em 1918-1920.

uma densa atmosfera de chauvinismo, mas onde se incentiva o ódio à Entente, que ali implantou sua exploração. E agora, sem nenhum exagero, tendo em plena consideração o curso dos acontecimentos, podemos dizer que não só fracassou a primeira fase da guerra internacional contra a República Soviética; falhou também a segunda etapa. Agora só nos resta vencer as tropas de Denikin, que já estão meio derrotadas.

Esta é a situação hoje na Rússia e no campo internacional, que caracterizei brevemente em meu informe. Me permitam, para concluir, falar sobre a situação que se cria para as nacionalidades do Oriente. Vocês representam as organizações e os partidos comunistas de diferentes povos do Oriente. Devo dizer que se os bolcheviques russos conseguiram abrir uma brecha no velho imperialismo, impondo-se a tarefa extraordinariamente difícil, mas extraordinariamente agradável, de abrir novos caminhos para a revolução, a vocês, representantes das massas trabalhadoras do Oriente , uma tarefa ainda maior e mais nova os espera. Se faz muito evidente que a revolução socialista, que se aproxima para todo o mundo, não consistirá de forma alguma apenas na vitória do proletariado de cada país sobre a sua burguesia local. Isso seria possível se as revoluções se desenvolvessem fácil e rapidamente. Sabemos que os imperialistas não permitirão isso, que todos os países estão armados contra o seu bolchevismo interno e só pensam em como derrotar o bolchevismo em sua própria casa. É por isso que a guerra civil amadurece em cada país, para a qual a burguesia mobiliza os velhos socialistas conciliadores. Dessa forma, a revolução socialista não será única e principalmente uma luta dos proletários revolucionários de cada país contra a sua burguesia; será uma luta de todas as colônias e de todos os países oprimidos pelo imperialismo, de todos os países dependentes, contra o imperialismo internacional. No Programa do nosso partido, adotado em março deste ano, dizemos, caracterizando a abordagem da revolução social em todo o mundo, que a guerra civil dos trabalhadores contra os imperialistas e exploradores em todos os países avançados começa a se fundir com a guerra nacional contra o imperialismo internacional. Isto se confirma pela marcha da revolução, e será cada vez mais confirmado. O mesmo acontecerá no Oriente.

Sabemos que as massas populares se levantarão no Oriente como participantes independentes e criadoras de uma nova vida, porque milhões e milhões de pessoas pertencem às nações dependentes, com direitos tolhidos, que até agora têm sido objeto da política internacional de imperialismo e que para a cultura e a civilização capitalistas existiam apenas como prêmio. E quando falamos da distribuição de mandatos sobre as colônias, sabemos perfeitamente que se trata de uma distribuição de mandatos para o roubo, para o saque, para conceder a uma parte insignificante da população da Terra o direito de explorar a maior parte da população mundial. Esta maioria, que até agora estava completamente à margem do progresso histórico porque não podia constituir uma força revolucionária independente, no início do século XX deixou de desempenhar, como sabemos, esse papel passivo. Sabemos que depois de 1905 houveram revoluções na Turquia, na Pérsia e na China, que o movimento revolucionário se desenvolveu na Índia. A guerra imperialista também contribuiu para o desenvolvimento do movimento revolucionário porque regimentos inteiros constituídos pelo povo das colônias tiveram de ser envolvidos na luta dos imperialistas da Europa. A guerra imperialista também despertou o Oriente, arrastando seu povo para a órbita da política internacional. Inglaterra e França armaram o povo das colônias e os ajudaram a conhecer o material de guerra e as máquinas modernas. Estes povos aproveitarão o conhecimento adquirido. Após o período do despertar do Oriente, na revolução atual começa um período em que todos os povos orientais participarão na decisão dos destinos do mundo inteiro, e o farão para não serem apenas uma fonte de enriquecimentos.

Os povos do Oriente despertam para atuar praticamente e para que cada povo decida a sorte de toda a humanidade.

Por isso acredito na história do desenvolvimento da revolução mundial, que, a julgar pelo início, durará muitos anos e exigirá muitos esforços, vocês são chamados a desempenhar um grande papel na luta revolucionária, no movimento revolucionário, e juntar-se à luta que travamos contra o imperialismo internacional. Sua participação na revolução internacional se apresenta como uma tarefa complexa e difícil, cuja solução servirá de base para o sucesso comum, porque no Oriente a maior parte da população se levanta pela primeira vez num movimento independente e será um fator ativo na luta para derrotar o imperialismo internacional.

A maioria dos povos do Oriente está numa situação pior do que a da Rússia, o país mais atrasado da Europa; mas conseguimos unir os camponeses e os operários russos na luta contra os resquícios do feudalismo e contra o capitalismo, e a nossa luta se desenvolveu tão facilmente precisamente porque camponeses e operários se uniram contra o capitalismo e o feudalismo. Neste caso, a ligação com os povos do Oriente é particularmente importante, já que a maioria destes povos são representantes típicos da massa trabalhadora; não são trabalhadores que passaram pela escola das fábricas capitalistas, mas sim representantes típicos da massa camponesa trabalhadora e explorada, que sofre a opressão medieval. A revolução russa mostrou que os proletários, vencedores do capitalismo, se levantaram vitoriosamente contra a opressão medieval, unidos à massa dispersa composta por milhões de camponeses trabalhadores. Agora, a nossa República Soviética tem de reunir em torno de si todos os povos do Oriente, que despertam, para lutar junto a eles contra o imperialismo internacional.

Vocês possuem uma tarefa que nunca foi posta antes aos comunistas do mundo todo: apoiando-se na teoria e na prática comuns a todos os comunistas, precisam saber como aplicar essa teoria e prática – adaptando-os às condições específicas que não ocorrem nos países europeus – às condições em que a massa fundamental é constituída pelo campesinato, e a tarefa a resolver não é a luta contra o capitalismo, mas contra as reminiscências da Idade Média. Esta é uma tarefa difícil e específica, mas extraordinariamente agradável, pois atrai para a luta uma massa que ainda não participou dela; por outro lado, graças à organização das células comunistas no Oriente, poderão estabelecer o vínculo mais próximo com a III Internacional. Vocês devem encontrar as formas específicas dessa união dos proletários avançados de todo o mundo com as massas trabalhadoras e exploradas do Oriente, que em muitos casos vivem em condições medievais. Em pequena escala, temos realizado em nosso país o que vocês realizarão em grande escala, em países grandes. Confio que concluirão esta segunda tarefa com sucesso. Graças às organizações comunistas do Oriente, aqui representadas por vocês, estão ligados ao proletariado revolucionário de vanguarda. Possuem a tarefa de continuar a se preocupar com o fato de, dentro de cada país, a propaganda comunista ser levada a cabo em uma linguagem compreensível para o povo.

É evidente que só o proletariado de todos os países avançados do mundo pode vencer definitivamente, e nós, os russos, começamos a obra que consolidará o proletariado inglês, francês ou alemão; mas vemos que eles não podem vencer sem a ajuda das massas trabalhadoras de todos os povos coloniais oprimidos e, em primeiro lugar, dos povos do Oriente. Devemos compreender que a vanguarda não pode levar a cabo a transição para o comunismo sozinha. A tarefa é despertar a atividade revolucionária para que as massas trabalhadoras mostrem a sua iniciativa e se organizem independentemente de seu nível; traduzir a verdadeira doutrina comunista, destinada aos comunistas dos países mais avançados, para a língua de cada povo; em realizar tarefas práticas, que devem ser realizadas sem demora, e se juntar à luta comum com os proletários dos demais países.

Essas são as tarefas cuja solução não encontrarão em nenhum livro comunista, mas sim na luta comum que a Rússia começou. Vocês mesmos terão que planejar e solucionar essa tarefa, com suas próprias experiências. Nisso os ajudará, de um lado, a estreita união com a vanguarda de todos os trabalhadores dos demais países, e, de outro, saber adotar uma posição correta entre os povos do Oriente, que aqui representam. Terão que apoiá-los no nacionalismo burguês que desperta nestes povos, nacionalismo que não pode deixar de despertar e que possui justificativa histórica. Ao mesmo tempo, devem abrir caminho até as massas trabalhadoras e exploradas de cada país e dizer a elas, em uma linguagem compreensível, que a única esperança de libertação é a vitória da revolução internacional e que o proletariado internacional é o único aliado de todos os povos trabalhadores e explorados do oriente, composto por centenas de milhões de homens.

Essa é a tarefa de extraordinárias proporções que possuem perante vocês e que, graças à época da revolução e ao desenvolvimento do movimento revolucionário – quanto a isso não cabe dúvida –, será resolvida com êxito e levada até a vitória completa sobre o imperialismo internacional pela união dos esforços das organizações comunistas do Oriente.

CARTA AOS OPERÁRIOS E CAMPONESES DA UCRÂNIA A PROPÓSITO DAS VITÓRIAS SOBRE DENIKIN

Publicada em 4 de janeiro de 1920 no número 3 do jornal *Pravda*.

Camaradas: Há quatro meses, no final de agosto de 1919, tive a oportunidade de endereçar uma carta aos operários e camponeses por ocasião da vitória sobre Kolchak.

Agora publico esta carta aos operários e camponeses da Ucrânia, por ocasião das vitórias sobre Denikin.

As tropas vermelhas ocuparam Kiev, Poltava e Kharkiv e avançaram vitoriosamente em direção a Rostov. Na Ucrânia ferve a insurreição contra Denikin. Todas as forças devem ser reunidas para derrotar definitivamente as tropas de Denikin, que tentaram restaurar o poder dos latifundiários e dos capitalistas. É preciso aniquilar Denikin para se precaver da mais remota possibilidade de uma nova invasão.

Os operários e camponeses da Ucrânia devem conhecer os ensinamentos que a experiência da conquista da Sibéria por Kolchak e da sua libertação pelas tropas vermelhas proporcionou a todos os operários e camponeses russos, após longos meses de opressão por parte dos latifundiários e capitalistas.

O domínio de Denikin na Ucrânia tem sido um teste tão difícil como o de Kolchak na Sibéria. Sem dúvida, as lições tiradas desta provação farão com que os trabalhadores e camponeses da Ucrânia – como no caso dos operários e camponeses dos Urais e da Sibéria – compreendam melhor as tarefas do Poder soviético e o defendam com maior firmeza.

Na Rússia, a propriedade dos latifundiários foi completamente abolida. É necessário fazer o mesmo na Ucrânia, e o Poder soviético dos operários e camponeses ucranianos deve consolidar a supressão total da propriedade senhorial sobre a terra, a completa libertação dos operários e camponeses ucranianos de toda opressão por parte dos latifundiários e dos latifundiários mesmos.

Mas, além desta e de muitas outras tarefas que estiveram e estão planejadas imediatamente perante as massas trabalhadoras de Rússia e Ucrânia, existem tarefas especiais para o Poder soviético na Ucrânia. Uma dessas tarefas especiais merece atenção extraordinária na atualidade. É o problema nacional, isto é, o problema de se a Ucrânia deveria ser a República Socialista Soviética da Ucrânia, independente e unida à República Socialista Federativa Soviética da Rússia apenas. Todos os bolcheviques, todos os operários e camponeses conscientes devem refletir atentamente sobre esta questão.

A independência da Ucrânia foi reconhecida pelo Comitê Executivo Central da RSFSR (República Socialista Federativa Soviética da Rússia) e pelo Partido Comunista (Bolchevique) da Rússia. Por isso é evidente – e tem sido reconhecido por todos – que apenas os trabalhadores e camponeses da Ucrânia, no seu Congresso dos Sovietes da Ucrânia, podem decidir e decidirão a questão da fusão da Ucrânia com a Rússia ou de deixar a Ucrânia como uma república independente e, neste último caso, que tipo de vínculo federativo deveria ser estabelecido entre esta república e a Rússia.

Como, então, esta questão pode ser resolvida do ponto de vista dos interesses dos trabalhadores, do ponto de vista do êxito de sua luta para libertar o trabalho de todo o jugo do capital?

Em primeiro lugar, os interesses dos trabalhadores exigem a mais completa confiança e a mais estreita união entre os trabalhadores dos diferentes países, das diferentes nações. Os partidários dos latifundiários e dos capitalistas, os partidários da burguesia, tratam de dividir os trabalhadores, exacerbar as querelas e os ódios nacionais, a fim de enfraquecer os trabalhadores e fortalecer o poder do capital.

O capital é uma força internacional. Para triunfar sobre ela faz falta a união internacional dos trabalhadores, sua fraternidade internacional.

Somos inimigos do ódio nacional, das disputas nacionais e do isolamento nacional. Somos internacionalistas. Aspiramos a uma união estreita e à fusão completa dos trabalhadores e camponeses de todas as nações do mundo numa única República Soviética mundial.

Em segundo lugar, os trabalhadores não devem esquecer que o capitalismo dividiu as nações, por um lado, num pequeno número de nações opressoras, imperialistas, soberanas e privilegiadas, e, por outro, numa imensa maioria de nações oprimidas, dependentes e semidependentes, que não gozam de igualdade de direitos. A mais criminosa e reacionária das guerras, a de 1914-1918, acentuou esta divisão, exacerbando assim o ressentimento e o ódio. Ao longo dos séculos tem se acumulado a indignação e a desconfiança das nações sem plenos direitos e dependentes perante as nações imperialistas e opressoras, de nações como a ucraniana frente nações como a russa.

Queremos uma união *voluntária* das nações: uma união que não tolere qualquer violência de uma nação contra outra, uma união que se baseie na mais plena confiança, na clara consciência da unidade fraternal, num acordo completamente voluntário. Tal união não pode ser alcançada de uma só vez; é preciso alcançá-lo com muito cuidado e paciência para não estragar a obra, para não provocar desconfianças, para dar tempo ao desaparecimento da desconfiança engendrada por séculos de opressão por parte dos latifundiários e dos capitalistas, pelo regime da propriedade privada e os ódios produzidos pelas sucessivas repartições desta propriedade.

Portanto, aspirando constantemente à unidade das nações, indo inflexivelmente contra tudo o que as divide, devemos ser muito prudentes, pacientes e tolerantes para com os resquícios da desconfiança nacional. Devemos ser intransigentes e intolerantes com tudo o que afete os interesses fundamentais do trabalho na sua luta para se livrar do jugo do capital. Quanto a como determinar agora, temporariamente, as fronteiras do Estado – já que aspiramos à sua destruição total – não é uma questão fundamental e importante, mas sim secundária. Esta questão deve esperar, porque a desconfiança nacional ainda está muito arraigada nas amplas massas de camponeses e pequenos proprietários, e toda precipitação pode acentuá-la, ou seja, pode prejudicar a causa da unidade total e definitiva.

A experiência da revolução operária e camponesa da Rússia, da Revolução de Outubro-Novembro de 1917, a experiência de seus dois anos de luta vitoriosa contra a invasão dos capitalistas internacionais e russos, demonstrou com clareza cristalina que os capitalistas souberam como explorar momentaneamente a desconfiança nacional dos camponeses e pequenos proprietários de terras poloneses, letões, estonianos e finlandeses em relação aos russos; conseguiram semear a discórdia entre eles e nós durante um certo tempo devido a essa desconfiança. A experiência tem demonstrado que esta desconfiança vai sendo superada e está desaparecendo, mas de forma extremamente lenta, e que quanto mais cuidado e paciência os russos, que durante muito tempo têm sido uma nação opressora, demonstrarem da sua parte, maior será a certeza de que ela será apagada. Precisamente por ter reconhecido a independência dos Estados polonês, letão, lituano, estoniano e finlandês ganhamos lenta, mas seguramente, a confiança das massas trabalhadoras mais atrasadas dos pequenos estados vizinhos, daqueles mais enganados e subjugados pelos capitalistas. Este é, precisamente, o caminho mais seguro para arrancar deles a influência dos "seus" capitalistas nacionais, a forma mais bem sucedida de ganhar a sua total confiança e de os conduzir em direção à futura República Soviética internacional única.

Enquanto a Ucrânia não estiver completamente libertada de Denikin e até que o Congresso dos Sovietes de Toda a Ucrânia se reúna, o seu governo será o Comitê Revolucionário de Toda a Ucrânia. Neste Comitê Revolucionário, ao lado dos comunistas bolcheviques ucranianos, os comunistas borotbistas ucranianos trabalham como membros do governo. O que distingue os borotbistas dos bolcheviques é, entre outras coisas, que os primeiros defendem a independência absoluta da Ucrânia. Os bolcheviques não fazem *disto* um objeto de divergências, de desunião, não vêem *nisto* nenhum obstáculo para um trabalho solidário dos proletários. O principal é que haja unidade na luta contra o jugo do capital, pela ditadura do proletariado, pois os comunistas não devem ter divergências por questões de fronteiras nacionais ou de relações federativas ou de qualquer natureza entre os Estados. Entre os bolcheviques há partidários da independência completa da Ucrânia, como também há os que defendem a união federativa mais ou menos estreita ou da fusão plena da Ucrânia com a Rússia.

As divergências por estas questões são inadmissíveis. Estas questões serão resolvidas pelo Congresso dos Sovietes de toda a Ucrânia.

Se um comunista russo insistir na fusão da Ucrânia com a Rússia, os ucranianos facilmente irão suspeitar que não defende tal política por considerações de unidade dos proletários na luta contra o capital, mas por preconceitos do antigo nacionalismo, do imperialismo russo. Tal desconfiança é natural e, até certo ponto, inevitável e justificada, pois ao longo dos séculos e sob a opressão dos latifundiários e dos capitalistas, os russos assimilaram os infames e abjetos preconceitos do chauvinismo russo.

Se um comunista ucraniano insiste na absoluta independência estatal da Ucrânia, pode-se suspeitar que ele não defende tal política a partir do ponto de vista dos interesses momentâneos dos operários e camponeses ucranianos na sua luta contra o jugo do capital, mas sob o peso dos preconceitos nacionais pequeno-burgueses, dos pequenos proprietários. Porque a experiência nos mostrou centenas de vezes que os "socialistas" pequeno-burgueses de diversos países – todos esses pseudo-socialistas, mencheviques, socialistas poloneses, letões, lituanos, georgianos, etc. – se disfarçaram de apoiadores do proletariado com o único propósito de fazer passar fraudulentamente a política de conciliação com a "sua" burguesia nacional contra os trabalhadores revolucionários. Vimos isto no exemplo da política de Kerensky[195], em fevereiro-outubro de 1917 na Rússia; vimos e seguimos vendo isso em todos os países.

Portanto, é muito fácil que surja a desconfiança mútua entre os comunistas russos e ucranianos. Como combatê-la? Como vencê-la e alcançar a confiança recíproca?

O melhor meio é o trabalho conjunto para defender a ditadura do proletariado e o Poder soviético na luta contra os latifundiários e capitalistas de todos os países, contra suas tentativas de restabelecer sua onipotência. Tal luta conjunta mostrará claramente, na prática, que qualquer que seja a solução para o problema da independência do Estado ou das fronteiras do Estado, uma estreita aliança militar e econômica é absolutamente necessária para os trabalhadores russos e ucranianos, uma vez que, do contrário, os capitalistas da "Entente", isto é, a coalizão dos países capitalistas mais ricos: Inglaterra, França, América do Norte, Japão e Itália, irão nos esmagar e estrangular separadamente. O exemplo de

---

[195] Alexander Fyodorovich Kerensky (1881-1970): líder do partido pequeno-burguês dos socialistas revolucionários, chefe do governo provisório burguês na Rússia em 1917.

nossa luta contra Kolchak e Denikin, ambos apoiados e armados por estes capitalistas, nos mostra claramente a existência de tal perigo. Quem rompe a unidade e a aliança mais estreita entre os operários e camponeses russos e ucranianos, ajuda os Kolchaks e os Denikins, ajuda os tubarões capitalistas de todos os países.

É por isso que nós, comunistas russos, devemos reprimir com extremo rigor a menor manifestação de nacionalismo russo que surja em nossas fileiras, uma vez que essas manifestações, que são uma traição ao comunismo, nos prejudicam enormemente, nos separando dos nossos camaradas ucranianos, e com isso fazem o jogo de Denikin e sua política.

É por isso que nós, os comunistas russos, devemos transigir em nossas diferenças com os comunistas bolcheviques e borotbistas ucranianos quando essas diferenças se referem à independência estatal da Ucrânia, às formas de sua aliança com a Rússia e, em geral, à questão nacional. Mas todos nós, russos, ucranianos e outros comunistas, devemos ser intolerantes e intransigentes nas questões da luta do proletariado que são fundamentais, cardeais e idênticas para todas as nações, nas questões da ditadura do proletariado, na inadmissibilidade da conciliação com a burguesia, na inadmissibilidade da divisão das forças que nos defendem contra Denikin.

Derrotar Denikin, aniquilá-lo, tornar impossível a repetição de uma invasão semelhante: tal é o interesse fundamental dos operários e camponeses russos e ucranianos. A luta é longa e difícil, pois os capitalistas de todo o mundo ajudam Denikin e ajudarão os Denikin de todo tipo.

Nesta longa e difícil luta, nós, os operários russos e ucranianos, devemos marchar, estreitamente unidos, pois não há dúvida que separadamente não poderemos sair vitoriosos. Seja qual forem as fronteiras entre Ucrânia e Rússia, seja quais forem as formas de suas relações como Estados, não são coisas tão importantes; nisto pode e deve haver concessões, é possível ensaiar isto, aquilo e aquilo outro; a causa dos operários e camponeses, a causa da vitória sobre o capitalismo não sucumbirá por isso.

Mas se não sabemos como conservar a união mais estreita entre nós, a união contra Denikin, a união contras os capitalistas e os kulaks de nossos países e de todos os demais, é certo que a causa dos trabalhadores sucumbirá nesse caso por longos anos, no sentido de que os capitalistas *poderão* esmagar e estrangular tanto a Ucrânia soviética quanto a Rússia soviética.

A burguesia de todos os países, todos os partidos pequeno-burgueses, todos os partidos "conciliadores" que admitem a aliança com a burguesia contra os trabalhadores, se esforçam ao máximo em dividir os trabalhadores de diferentes nacionalidades, em despertar entre eles a desconfiança e romper a estreita união internacional e a fraternidade internacional dos trabalhadores. Se a burguesia alcança esse objetivo, a causa dos trabalhadores está perdida. Que os comunistas da Rússia e da Ucrânia, com um trabalho conjunto, paciente, perseverante e tenaz, desmontem as intrigas nacionalistas de toda burguesia, os preconceitos nacionalistas de todo gênero e deem aos trabalhadores do mundo inteiro um exemplo de aliança verdadeiramente sólida dos operários e camponeses de diferentes nações na luta pelo Poder soviético, pela destruição do jugo dos latifundiários e capitalistas, pela República Federativa Soviética universal.

28 de dezembro de 1919
N. Lenin

À ASSOCIAÇÃO REVOLUCIONÁRIA DA ÍNDIA[196]

Publicado em 20 de maio de 1920 no número 108 do jornal *Pravda*.

Foi agradável saber que a proclamação dos princípios da autodeterminação e da libertação dos povos oprimidos da exploração a que os capitalistas estrangeiros e nacionais os submeteram pela República Operária e Camponesa encontrou um vivo eco entre os indianos conscientes, que lutam heroicamente por sua liberdade. As massas trabalhadoras russas acompanham com atenção permanente o despertar dos trabalhadores e camponeses da Índia. A organização e disciplina dos trabalhadores, a sua firmeza e a sua solidariedade com os trabalhadores de todo o mundo constituem uma garantia de sucesso definitivo. Saudamos a estreita união entre muçulmanos e não-muçulmanos. Esperamos sinceramente que esta união se estenda a todos os trabalhadores do Oriente. Apenas quando os trabalhadores e camponeses indianos, chineses, coreanos, japoneses, persas e turcos se aproximarem uns dos outros e marcharem juntos na luta comum pela libertação será assegurada uma vitória decisiva sobre os exploradores. Viva a Ásia livre!

---

196 A saudação de Lênin "*À Associação Revolucionária da Índia*" foi traduzida para o inglês e transmitida por rádio, em resposta à resolução aprovada em 4 de março de 1920 em um comício dos revolucionários indianos e enviada para ele, na Rússia. Em sua resolução, os indianos expressaram profunda gratidão à Rússia Soviética por sua luta em prol da libertação das classes e dos povos oprimidos.

ESBOÇO INICIAL DAS TESES SOBRE OS PROBLEMAS NACIONAL E COLONIAL (PARA O II CONGRESSO DA INTERNACIONAL COMUNISTA)

Publicado em 14 de julho de 1920 no número 11 da revista *A Internacional Comunista*.

Ao submeter a exame dos camaradas o seguinte projeto de teses sobre os problemas nacional e colonial para o II Congresso da Internacional Comunista, rogo a todos, e em particular aos que possuem um conhecimento concreto de um ou outro destes complexíssimos problemas, que deem sua opinião ou apresentem suas emendas, adições ou esclarecimentos concretos ***da forma mais concisa*** (***duas ou três páginas, no máximo***), principalmente no que diz respeito às seguintes questões:

Experiência austríaca;
Experiência polonesa-judia e ucraniana;
Alsácia-Lorena e Bélgica;
Irlanda;
Relações germano-dinamarquesas,ítalo-francas e ítalo-eslavas;
Experiência balcânica.;
Povos do Oriente;
Luta contra o pan-islamismo.
Relações no Cáucaso;
Repúblicas da Bachquíria e Tartária.
Quirguistão;

Turquestão, sua experiência;
Negros na América do Norte;
Colônias;
China-Coreia-Japão.

5 de junho de 1920
N. Lênin

1. À democracia burguesa é próprio, por sua natureza, um modo abstrato ou formal de pautar o problema da igualdade em geral, inclusive a igualdade nacional. A democracia burguesa proclama, a título de igualdade do indivíduo em geral, a igualdade formal ou jurídica entre o proprietário e o proletário, entre o explorador e o explorado, tornando assim as classes oprimidas vítimas do maior engano. A ideia de igualdade, que é em si um reflexo das relações da produção mercantil, é transformada pela burguesia numa arma de luta contra a supressão das classes, sob o pretexto de uma pretensa igualdade absoluta das pessoas. O verdadeiro significado da reivindicação de igualdade consiste apenas em exigir a supressão das classes.

2. De acordo com a sua tarefa fundamental de lutar contra a democracia burguesa e denunciar sua falsidade e hipocrisia, o Partido Comunista, intérprete consciente da luta do proletariado para derrubar o jugo da burguesia, deve também considerar fundamental, no que diz respeito ao problema nacional, não princípios abstratos ou formais, mas: 1) apreciar com exatidão a situação histórica concreta e, sobretudo, a situação econômica; 2) destacar os interesses das classes oprimidas, dos trabalhadores, dos explorados, distinguindo-os com absoluta clareza do conceito geral de interesses de toda a nação em seu conjunto, que significa os interesses da classe dominante; 3) estabelecer também uma clara diferença entre nações oprimidas, dependentes, carentes de igualdade de direitos, e nações opressoras, exploradoras e

soberanas, em oposição à mentira democrático-burguesa que encobre a escravização colonial e financeira – típica da era do capital financeiro e do imperialismo – da grande maioria da população da Terra por uma minoria insignificante de países capitalistas avançados e muito ricos.

3. A guerra imperialista de 1914-1918 trouxe a tona com particular clareza perante todas as nações e as classes oprimidas do mundo inteiro a mentira da fraseologia democrático-burguesa, demonstrando na prática que o Tratado de Versalhes, ditado pelas decantadas "democracias ocidentais", constitui uma violência ainda mais feroz e infame sobre as nações fracas que o Tratado de Brest-Litovsk, imposto pelos junkers alemães e o Kaiser. A Sociedade das Nações, assim como cota a política de pós-guerra da Entente, revela com mais evidência e de um modo ainda mais contundente esta verdade, intensificando por toda parte a luta revolucionária, tanto do proletariado dos países avançados como de todas as massas trabalhadoras das colônias e dos países dependentes, e acelerando o desvanecimento das ilusões nacionais pequeno-burguesas sobre a possibilidade da convivência pacífica e a igualdade das nações no capitalismo.

4. Dos princípios básicos expostos mais acima se deduz que a pedra fundamental de toda a política da Internacional Comunista, no que se refere ao problema nacional e colonial, deve consistir em aproximar os proletários e as massas trabalhadoras de todas as nações e de todos os países para a luta revolucionária conjunta pela derrubada dos latifundiários e da burguesia. Porque só uma aproximação deste tipo garante o triunfo sobre o capitalismo, sem o qual é impossível suprimir a opressão e a desigualdade nacionais.

5. A situação política mundial colocou como ordem do dia a ditadura do proletariado, e todos os fatos da política internacional convergem inevitavelmente em um ponto central: a luta da

burguesia mundial contra a República Soviética da Rússia, que agrupa necessariamente a seu redor, de uma parte, os movimentos de vanguarda dos trabalhadores de todos os países em prol do regime soviético e, de outra parte, todos os movimentos de libertação nacional das colônias e dos povos oprimidos, o quais se convencem por uma amarga experiência de que para eles não existe outra salvação que a vitória do Poder dos Sovietes sobre o imperialismo mundial.

6. Portanto, na atualidade não há que se limitar em reconhecer ou proclamar simplesmente a aproximação entre os trabalhadores das diferentes nações, mas é preciso aplicar uma política que converta em realidade a união mais estreita de todos os movimentos de libertação nacional e colonial com a Rússia Soviética, fazendo com que as formas desta união estejam em consonância com o grau de desenvolvimento do movimento comunista no seio do proletariado de cada país ou do movimento democrático burguês de libertação dos operários e camponeses nos países atrasado ou entre as nações atrasadas.

7. A federação é a forma de transição para a unidade completa dos trabalhadores das diversas nações. Ela já revelou na prática sua conveniência tanto nas relações entre a República Socialista Federativa Soviética da Rússia e as outras repúblicas soviéticas (da Hungria, da Finlândia e da Letônia, no passado, e do Azerbaijão e da Ucrânia, no presente) como dentro da mesma RSFR, no que se refere às nações que antes careciam de Estado próprio e de autonomia (por exemplo, as repúblicas autônomas da Basquíria e da Tartária na RSFSR, fundamentadas em 1919 e 1920, respectivamente).

8. Neste sentido, a tarefa da Internacional Comunista consiste em seguir desenvolvendo estas novas federações, que surgem sobre a base do regime soviético e do movimento soviético, e em estudar e comprovar sua experiência. Ao reconhecer a federação

como forma de transição para a unidade completa, é necessário tender ao estreitamento progressivo da união federativa, levando em consideração sempre, em primeiro lugar, que sem a aliança mais estreita das repúblicas soviéticas é impossível salvaguardar sua existência, cercadas pelas potências imperialistas do mundo inteiro, incomparavelmente mais poderosas no sentido militar; segundo, que é imprescindível uma estreita aliança econômica das repúblicas soviéticas, sem o qual não é possível restabelecer as forças produtivas destruídas pelo imperialismo nem assegurar o bem-estar dos trabalhadores, e terceiro, que a tendência à criação de uma economia mundial única, regulada de acordo com um plano geral pelo proletariado de todas as nações, se revela já com plena nitidez no capitalismo e deverá se desenvolver, sem dúvida alguma, até se realizar por completo no socialismo.

9. No terreno das relações dentro do Estado, a política nacional da Internacional Comunista não pode ficar circunscrita a um simples reconhecimento formal – puramente declarativo e que, na prática, não obriga a nada – da igualdade das nações, coisa que fazem os democratas burgueses, apresentados sem véu como tais ou encobertos pelo título de socialistas, à semelhança dos socialistas da II Internacional.

Não basta com que em todo trabalho de agitação e propaganda dos partidos comunistas – tanto desde a tribuna parlamentar como fora dela – se denunciem implacavelmente as contínuas violações da igualdade das nações e das garantias dos direitos das minorias nacionais em todos os Estados capitalista, a despeito de suas constituições "democráticas". Além disso, é preciso: 1) explicar de maneira constante que apenas o regime soviético proporciona verdadeiramente direitos iguais para todas as nações, unindo primeiro os proletários, e depois toda a classe dos trabalhadores, na luta contra a burguesia, e 2) que todos os partidos comunistas ofereçam uma ajuda direta ao movimento revolucionário nas nações dependentes ou que não gozam de igualdade de direitos (por exemplo, na Irlanda, entre os negros dos EUA, etc.) e nas colônias.

Sem esta última condição, de suma importância, a luta contra a opressão das nações dependentes e das colônias, bem como o reconhecimento do seu direito de se separarem e formarem um Estado separado, continuam a ser um palavrório falacioso, como vemos nos partidos da II Internacional.

10. O reconhecimento verbal do internacionalismo e sua substituição efetiva, em toda a propaganda, agitação e trabalho prático, pelo nacionalismo pequeno-burguês e pelo pacifismo é o fenômeno mais comum não apenas entre os partidos da II Internacional, mas também entre aqueles que abandonaram esta organização e, frequentemente, mesmo entre aqueles que agora se autodenominam comunistas. A luta contra este mal, contra os preconceitos nacionais pequeno-burgueses profundamente enraizados, ganha tanto mais importância quanto maior for a relevância da tarefa de transformar a ditadura do proletariado, convertendo-a de nacional (isto é, existindo num único país e incapaz de determinar a política mundial) em internacional (quer dizer, em ditadura do proletariado existente, pelo menos, em vários países avançados e capaz de influenciar decisivamente toda a política mundial). O nacionalismo pequeno-burguês chama de internacionalismo o mero reconhecimento da igualdade de direitos das nações (que tem um caráter puramente verbal), mantendo intacto o egoísmo nacional, enquanto o internacionalismo proletário exige: 1) que os interesses da luta proletária em um país sejam subordinados aos interesses desta luta em escala mundial; 2) que a nação que triunfou sobre a burguesia seja capaz e esteja disposta a fazer os maiores sacrifícios nacionais no sentido da derrubada do capital internacional.

Dessa forma, nos Estados já completamente capitalistas, onde atuam os partidos operários que são a verdadeira vanguarda do proletariado, a tarefa essencial e primordial é combater as deformações pequeno-burguesas, oportunistas e pacifistas da concepção e política do internacionalismo.

11. No que diz respeito aos Estados e nações mais atrasados, onde predominam as relações feudais ou patriarcais e patriarcal-camponesas, é necessário lembrar, em particular:

a) a necessidade de todos os partidos comunistas ajudarem o movimento democrático burguês de libertação nesses países; o dever de prestar a ajuda mais ativa incumbe, em primeiro lugar, aos trabalhadores do país do qual a nação atrasada depende financeiramente ou como colônia;

b) a necessidade de lutar contra o clero e outros elementos reacionários e medievais, que têm influência nos países atrasados;

c) a necessidade de lutar contra o pan-islamismo e outras correntes semelhantes, que tentam combinar o movimento de libertação contra o imperialismo europeu e norte-americano com o fortalecimento das posições dos cãs, dos latifundiários, dos mollahs, etc.;*

d) a necessidade de apoiar, especialmente nos países atrasados, o movimento camponês contra os latifundiários, contra a grande propriedade agrária, contra qualquer manifestação ou reminiscência do feudalismo, de lutar para dar ao movimento camponês o caráter mais revolucionário, estabelecendo a aliança mais estreita possível entre o proletariado comunista da Europa Ocidental e o movimento revolucionários dos camponeses no Oriente, nas colônias e nos países atrasados em geral; é preciso, em particular, orientar todos os esforços para a aplicação dos postulados fundamentais do regime soviético nos países em que

* Na prova de impressão, Lênin traçou uma chave em frente aos pontos 2 e 3 e escreveu "Unir 2 e 3".

predominam as relações pré-capitalistas, criando "Sovietes de trabalhadores", etc.;

e) a necessidade de combater decisivamente a tendência de disfarçar de comunista as correntes libertadoras democrático-burguesas nos países atrasados; a Internacional Comunista deve apoiar os movimentos democrático-burgueses nacionais nas colônias e nos países atrasados apenas com a condição de que os elementos dos futuros partidos proletários – comunistas não apenas no nome – se agrupem e eduquem em todos os países atrasados para se tornarem plenamente conscientes da missão especial que lhes incumbe: lutar contra os movimentos democrático-burgueses dentro das suas respectivas nações; a Internacional Comunista deve concluir uma aliança temporária com a democracia burguesa das colônias e dos países atrasados, mas não fundir-se com ela, e sim proteger a todo custo a independência do movimento proletário, inclusive em suas formas mais rudimentares;

f) a necessidade de explicar e denunciar de inflexivelmente perante as grandes massas trabalhadoras de todos os países, e em particular dos atrasados, o engano a que recorrem sistematicamente as potências imperialistas, que criam, sob o aspecto dos Estados independentes no campo político, Estados que dependem completamente deles no sentido econômico, financeiro e militar; na situação internacional atual, as nações dependentes e fracas não têm outra salvação senão a união de repúblicas soviéticas.

12. A opressão secular das colônias e dos povos fracos pelas potências imperialistas despertou nas massas trabalhadoras dos países oprimidos tanto o ressentimento como a desconfiança em relação às nações opressoras em geral, incluindo, também, o proletariado destas nações. A vil traição ao socialismo pela maioria dos líderes oficiais deste proletariado durante os anos de 1914 a 1919, quando, invocando "a defesa da pátria", encobriram

no melhor estilo social-chauvinista a defesa do "direito" de "sua própria" burguesia oprimir as colônias e espoliar os países dependentes no sentido financeiro, não fez mais que acentuar esta desconfiança, extremamente legítima. Por outro lado, quanto mais atrasado é um país, tanto mais fortes são nele a pequena produção agrícola, o estado patriarcal e o isolamento, que infunde de maneira inevitável um vigor e uma firmeza singulares aos mais profundos preconceitos pequeno-burgueses, a saber: os preconceitos do egoísmo nacional e da limitação nacional. A extinção desses preconceitos é sem dúvida um processo muito lento, pois apenas podem desaparecer quando desaparecerem o imperialismo e o capitalismo nos países avançados e quando mudar radicalmente toda a base da vida econômica dos países atrasados. Daí o dever do proletariado comunista consciente de todos os países de mostrar particular cuidado e atenção às reminiscências dos sentimentos nacionais nos países e nas nações que sofrem uma opressão mais prolongada; deverá fazer certas concessões assim mesmo, a fim de lograr que desapareçam com maior rapidez a desconfiança e os preconceitos indicados. A vitória sobre o capitalismo não pode ser conquistada, se o proletariado, e logo todas as massas trabalhadoras de todos os países e nações do mundo inteiro, não demonstrarem uma aspiração voluntária à aliança e à unidade.

Fragmento do artigo
AS CONDIÇÕES DE INGRESSO NA INTERNACIONAL COMUNISTA

Publicado em 20 de julho de 1920 no número 12 da revista *A Internacional Comunista.*

No problema das colônias e das nações oprimidas, é necessária uma linha singularmente precisa e clara nos partidos dos países cuja burguesia possui as referidas colônias e oprime outras nações. Cada partido que deseje aderir à Terceira Internacional tem o dever de denunciar impiedosamente os subterfúgios dos "seus" imperialistas nas colônias, de apoiar de fato, e não apenas em palavras, todos os movimentos de libertação nas colônias, de exigir que os seus próprios imperialistas saiam destas colônias, incutir nos corações dos trabalhadores de seu país um espírito de verdadeira fraternidade para com os trabalhadores das colônias e das nações oprimidas e realizar uma agitação sistemática entre as suas tropas contra toda a opressão dos povos coloniais.

Fragmento do INFORME SOBRE A SITUAÇÃO INTERNACIONAL E AS TAREFAS FUNDAMENTAIS DA INTERNACIONAL COMUNISTA, APRESENTADO AO II CONGRESSO DA INTERNACIONAL COMUNISTA

Publicado em 24 de julho de 1920 no número 162 do jornal *Pravda*.

19 de julho de 1920

(**Clamorosa ovação. Todos ficam de pé e aplaudem. O orador tenta falar, mas os aplausos seguem e as exclamações em todos os idiomas. A ovação dura por um longo tempo**).

Camaradas: As teses sobre os problemas relativos às tarefas fundamentais da Internacional Comunista foram publicadas em todos os idiomas e não representam algo substancialmente novo (especialmente para os camaradas russos), uma vez que abrangem em grande medida uma série de países ocidentais, a Europa Ocidental, certas características básicas da nossa experiência revolucionária e os ensinamentos do nosso movimento revolucionário. Por esta razão, no meu relatório me deterei mais detalhadamente, ainda que de forma breve, na primeira parte do tema que me foi atribuído: a situação internacional.

As relações econômicas do imperialismo constituem a base da situação internacional atual. Ao longo de todo o século XX, esta nova fase do capitalismo, a sua fase mais recente e elevada, foi completamente definida. Todos sabem, claro, que o traço mais característico e essencial do imperialismo é que o capital atingiu proporções imensas. A livre concorrência foi substituída por um monopólio gigantesco. Um número insignificante de capitalistas conseguiu, por vezes, concentrar em suas mãos ramos industriais inteiros, que passaram às alianças, cartéis, consórcios e trustes, muitas vezes de natureza internacional. Desta forma, os monopolistas se apoderaram de ramos inteiros da indústria no aspecto financeiro, no aspecto do direito à propriedade e, em parte, no aspecto da produção, não apenas em alguns países, mas no mundo inteiro. Sobre esta base se desenvolveu o domínio, até então desconhecido, de um número insignificante dos maiores bancos, reis financeiros e magnatas das finanças, que, na prática, transformaram até as repúblicas mais livres em monarquias financeiras. Antes da guerra, isto era publicamente reconhecido por escritores que não eram nada revolucionários, como, por exemplo, Lysis, na França.

Esta dominação de um punhado de capitalistas atingiu o seu pleno desenvolvimento quando o globo inteiro foi dividido não só no sentido da conquista das diferentes fontes de matérias-primas e meios de produção pelos capitalistas mais fortes, mas também no sentido de ter completado o processo preliminar de repartição das colônias. Há cerca de quarenta anos, a população das colônias subjugadas por seis potências capitalistas mal ultrapassava os 250 milhões de pessoas. Nas vésperas da guerra de 1914, já existiam perto de 600 milhões de habitantes nas colônias, e se somarmos países como a Pérsia, a Turquia e a China, que nessa altura já eram semi-colônias, o resultado será, aproximadamente, uma população de 1 bilhão, que foi oprimida pela dependência colonial perante os países mais ricos, mais civilizados e mais livres. E vocês sabem que, além da dependência jurídica direta de natureza estatal, a dependência colonial pressupõe toda uma série de relações de dependência financeira e econômica, pressupõe toda uma série de guerras, que não foram consideradas como tais porque se tornaram, muitas vezes, uma carnificina, consistiam nas tropas imperialistas europeias e norte-americanas, equipadas com as mais perfeitas armas de extermínio, reprimindo os habitantes desarmados e indefesos das colônias.

Desta divisão de toda a Terra, desta dominação do monopólio capitalista, deste poder absoluto de um insignificante punhado dos maiores bancos – dois, três, quatro ou, no máximo, cinco por Estado – nasceu, inelutavelmente, a primeira guerra imperialista de 1914-1918. Essa guerra foi feita para repartir novamente o mundo inteiro. Se fez para determinar qual dos grupos insignificantes dos maiores Estados – o inglês ou o alemão – teria a oportunidade e o direito de saquear, oprimir e explorar toda a Terra. Como sabem, a guerra decidiu a questão a favor do grupo inglês. E como resultado dessa guerra, nos encontramos perante uma exacerbação incomparavelmente maior de todas as contradições capitalistas. A guerra lançou subitamente cerca de 250 milhões de habitantes da Terra numa situação equivalente à das colônias. Lançou a Rússia nessa situação na qual devem contar cerca de 130 milhões, a Áustria-Hungria, a Alemanha e a Bulgária, que somam no total nada menos que 120 milhões. 250 milhões de habitantes de países que, em parte, estão entre os mais avançados, entre os mais cultos e instruídos, como a Alemanha, e que no aspecto técnico estão, como ela, ao nível do progresso contemporâneo. Através do Tratado de Versalhes, a guerra impôs condições a esses países condições tais que os povos avançados foram reduzidos à dependência colonial, à miséria, à fome, à ruína e à falta de direitos, uma vez que estão vinculados durante muitas gerações pelo tratado e colocados em condições que nenhum povo civilizado conheceu. Este é o quadro que o mundo oferece: assim que a guerra terminar, nada menos que 1,25 bilhão de pessoas serão vítimas da opressão colonial, vítimas da exploração do capitalismo feroz, que se vangloriava do seu amor pela paz e que tinha um certo direito de se vangloriar disso há cerca de 50 anos, quando a Terra ainda não estava dividida, quando o monopólio ainda não dominava, quando o capitalismo podia se desenvolver de uma forma relativamente pacífica, sem conflitos bélicos colossais.

Atualmente, depois daquela era "pacífica", assistimos a uma monstruosa exacerbação da opressão, assistimos o regresso a uma opressão colonial e militar muito pior que a anterior. O Tratado de Versalhes colocou a Alemanha, e toda uma série de Estados derrotados, numa situação que torna a sua existência econômica materialmente impossível, numa situação de total falta de direitos, e de humilhação.

Quantas nações tiraram vantagem disso? A população dos Estados Unidos da América – os únicos que ganharam plenamente com a guerra e foram completamente transformados de um país com uma grande dívida, num país ao qual todos devem – não passa de 100 milhões de almas. O Japão, que muito ganhou ao ficar fora do conflito europeu-norte-americano e se apoderar do imenso continente asiático, tem 50 milhões de habitantes. A Inglaterra, que depois desses países ganhou mais do que qualquer outro país, tem uma população de 50 milhões. E se somarmos os Estados neutros, cuja população é muito pequena e que enriqueceram durante a conflagração, obteremos, em cifras redondas, 250 milhões.

Assim temos, em linhas gerais, um quadro do mundo após a guerra imperialista. Colônias oprimidas com uma população de 1,25 bilhão de seres: países que foram dilacerados vivos, como a Pérsia, a Turquia e a China; países que, derrotados, foram reduzidos à condição de colônias. Não mais de 250 milhões em países que mantiveram sua antiga situação, mas que caíram, todos eles, sob a dependência econômica da América do Norte e que durante toda a guerra dependeram no aspecto militar, uma vez que o conflito abrangia o mundo inteiro e não permitia a nem um único Estado permanecesse neutro. E, finalmente, não mais de 250 milhões de habitantes em países nos quais, é claro, apenas os altos escalões, apenas os capitalistas, tiraram vantagem da distribuição da Terra. No total, cerca de 1,75 bilhão de pessoas que formam toda a população do globo. Gostaria de os recordar deste quadro do mundo por causa de todas as contradições fundamentais do capitalismo, do imperialismo, que conduzem à revolução; todas as contradições fundamentais no movimento operário, que levaram à luta mais feroz com a II Internacional, e do qual o camarada presidente falou, tudo isso está vinculado à distribuição da população da Terra.

É claro que os números citados ilustram em termos gerais, fundamentais, o quadro econômico mundial. E é natural, camaradas, que sobre a base dessa divisão da população de toda a Terra tenha aumentado em muitas vezes a exploração por parte do capital financeiro, dos monopólios capitalistas...

Camaradas: Para concluir, me deterei em examinar outro aspecto da questão. O camarada presidente tem dito aqui que esta assembleia merece o nome de Congresso Mundial. Creio que tem razão, sobretudo porque se encontram aqui não poucos representantes do movimento revolucionário das colônias e dos países atrasados. Este é apenas um começo modesto, mas o importante é que o primeiro passo já foi dado. A união dos proletários revolucionários dos países capitalistas, dos países avançados, com as massas revolucionárias dos países que carecem ou quase carecem de proletariado, com as massas oprimidas das colônias, dos países orientais, está sendo produzida neste Congresso. A consolidação desta união depende de nós e tenho a certeza de que a conseguiremos. O imperialismo mundial deve cair quando o impulso revolucionário dos trabalhadores explorados e oprimidos de cada país, superando a resistência dos elementos pequeno-burgueses e a influência da insignificante elite constituída pela aristocracia operária, se funda com o ataque revolucionário de centenas de milhões de seres que até agora permaneciam à margem da história e eram considerados apenas objeto desta.

A guerra imperialista ajudou a revolução. A burguesia tirou soldados das colônias, dos países atrasados, do estado de abandono em que se encontravam, para os fazer participar nessa guerra imperialista. A burguesia inglesa inculcou nos soldados indianos a ideia de que os camponeses hindus deveriam defender a Grã-Bretanha da Alemanha; a burguesia francesa inculcou nos soldados das colônias francesas a ideia de que os negros deveriam defender a França. E os ensinaram a manusear as armas. Esta aprendizagem é extraordinariamente útil e por isso poderíamos expressar à burguesia nossa profunda gratidão em nome de todos os trabalhadores e camponeses russos e, em particular, em nome de todo o Exército Vermelho russo. A guerra imperialista fez com que os povos dependentes se juntassem à história universal e uma das nossas principais tarefas hoje é pensar em como assentar a primeira pedra da organização do movimento soviético nos países *não* capitalistas. Ali os Sovietes são possíveis; não serão Sovietes operários, mas sim Sovietes camponeses ou Sovietes dos trabalhadores.

É necessário um trabalho sistemático, os erros serão inevitáveis e serão encontrados muitos obstáculos ao longo do caminho. A tarefa fundamental do II Congresso consiste em elaborar ou traçar os princípios de caráter prático, para que o trabalho realizado até agora de forma não organizada entre centenas de milhões de pessoas se realize de forma organizada, coesa e sistemática.

Passou pouco mais de um ano desde que foi realizado o I Congresso da Internacional Comunista e já figuramos como vencedores da II Internacional. As ideias soviéticas se difundem agora não apenas entre os trabalhadores dos países civilizados e são conhecidas e compreendidas não apenas por eles. Os trabalhadores de todos os países riem desses sabichões – muitos dos quais se autodenominam socialistas – que, com ar doutoral ou quase doutoral se lançam a divagações sobre "o sistema" soviético, como gostam de se expressar os sistemáticos alemães, ou sobre "a ideia" soviética, término usado pelos socialistas de "guildistas" ingleses. Tais divagações sobre o "sistema" soviético e "a ideia" soviética muitas vezes turvam a visão e a consciência dos trabalhadores. Mas os trabalhadores descartam este lixo pedante e empunham a arma fornecida pelos soviéticos.

O movimento soviético se iniciou em todo o Oriente, em toda a Ásia, entre os povos de todas as colônias.

A tese de que os explorados devem se rebelar contra os exploradores e criar os seus Sovietes não é muito complicada. Depois da nossa experiência, depois de dois anos e meio de República Soviética na Rússia, depois do I Congresso da II Internacional, a compreensão dessa tese está ao alcance de centenas de milhões de seres oprimidos pelos exploradores no mundo inteiro. E se agora, na Rússia, nos vemos com frequência obrigados a fazer compromissos e esperar, porque somos mais fracos que os imperialistas internacionais, sabemos, no entanto, que 1,25 bilhão de habitantes do globo constituem essa massa cujos interesses defendemos. Neste momento tropeçamos com os obstáculos, os preconceitos e a ignorância, que hora após hora vão sendo relegados ao passado. Mas quanto mais o tempo passa, mais nos tornamos os representantes e defensores efetivos desses 70% da população da Terra, dessa massa de trabalhadores e explorados. Podemos dizer com orgulho que no I Congresso éramos, no fundo, apenas propagandistas, que nos limitamos a lançar ao proletariado de todo o mundo algumas ideias fundamentais, um apelo à luta, e perguntávamos: onde estão os homens capazes de seguir esse caminho? Agora temos um proletariado de vanguarda em todas as partes. Em todas as partes existe um exército proletário, mesmo que por vezes seja mal organizado e exija reorganização, e se os nossos camaradas internacionais nos ajudarem agora a organizar um único exército, não haverá falhas que nos impeçam de realizar o nosso trabalho. Esse trabalho é a revolução proletária mundial, é a criação da República Soviética universal. (**Prolongados aplausos**).

INFORME DA COMISSÃO PARA OS PROBLEMAS NACIONAL E COLONIAL APRESENTADO AO II CONGRESSO DA INTERNACIONAL COMUNISTA

Publicado em 07 de agosto 1920 no número 6 do *Boletim do II Congresso da Internacional Comunista.*

26 de julho de 1920

Camaradas: Me limitarei a uma breve introdução, após a qual o camarada Maring, que foi secretário da nossa comissão, apresentará um relatório detalhado sobre as modificações que introduzimos nas teses. Tomará então a palavra o camarada Roy, que formulou algumas teses adicionais. A comissão aprovou por unanimidade tanto as teses originais, com as correspondentes modificações, como as teses adicionais. Assim, alcançamos a unidade absoluta de critérios em todos os problemas importantes. Farei agora algumas breves observações.

Primeiro. Qual é a ideia mais importante, a ideia fundamental das nossas teses? É a distinção entre nações oprimidas e nações opressoras. Enfatizamos esta distinção, em oposição à II Internacional e à democracia burguesa. Para o proletariado e para a Internacional Comunista, é particularmente importante na era do imperialismo observar os fatos econômicos concretos e tomar como base, na resolução dos problemas coloniais e nacionais, não teses abstratas, mas fenômenos da realidade concreta.

A característica distintiva do imperialismo é que atualmente, como podemos ver, o mundo está dividido, por um lado, num grande número de nações oprimidas e, por outro, num número insignificante de nações opressoras, que dispõem de riquezas colossais e com uma poderosa força militar. A grande maioria da população mundial, mais de 1 bilhão de seres – seguramente 1,25 bilhão se considerarmos um total de 1,7 bilhão –, quer dizer, em torno de 70% da população da Terra, corresponde às nações oprimidas, as quais se encontram submetidas a uma dependência colonial direta, ou são semi colônias (como, por exemplo, Pérsia, Turquia e China), ou, depois de terem sido derrotadas pelo exército de uma grande potência imperialista, foram obrigadas pelos tratados de paz a depender em grande medida da potência em questão. Esta ideia de diferenciação, de divisão das nações em opressoras e oprimidas orienta todas as teses; não só as primeiras, as que apareceram com a minha assinatura e foram publicadas originalmente, mas também as teses do camarada Roy. Estas últimas foram escritas levando em consideração, sobretudo, a situação da Índia e de outros grandes povos da Ásia oprimidos pela Inglaterra, e nisso reside a grande importância que possuem para nós.

A segunda ideia que orienta nossas teses é que, na atual situação do mundo, depois da guerra imperialista, as relações entre os povos, bem como todo o sistema mundial de Estados, são determinadas pela luta de um pequeno grupo de nações imperialistas contra o movimento soviético e contra os Estados soviéticos, encabeçados pela Rússia Soviética. Se não levarmos em conta este fato, não poderemos colocar corretamente nenhum problema nacional ou colonial, mesmo que se trate do rincão mais remoto do mundo. Só a partir deste ponto de vista os partidos comunistas serão capazes de levantar e resolver corretamente os problemas políticos, tanto nos países civilizados como nos países atrasados.

Terceiro. Gostaria de destacar de forma especial a questão do movimento democrático-burguês nos países atrasados. Precisamente esta questão deu origem a algumas divergências. A nossa discussão tem girado em torno de se é ou não correto, do ponto de vista dos princípios e da teoria, afirmar que a Internacional Comunista e os partidos comunistas devem apoiar o movimento democrático-burguês nos países atrasados. Após a discussão chegamos à conclusão unânime de que deveríamos falar de movimento nacional-revolucionário, em vez de movimento "democrático-burguês". Não há dúvidas que todo movimento nacional só pode ser um movimento democrático-burguês, uma vez que a massa fundamental da população dos países atrasados é composta por camponeses, que representam as relações capitalistas burguesas. Seria utópico supor que os partidos proletários, se é que podem se formar nesses países atrasados, sejam capazes de aplicar neles uma tática e uma política comunistas sem manter certas relações com o movimento camponês e sem o apoiar na prática. Contudo, neste ponto foi feita a objeção de que se falássemos de um movimento democrático-burguês, toda a diferença entre o movimento reformista e o movimento revolucionário seria apagada. No entanto, nos últimos tempos, esta diferença tem-se manifestado com total clareza nas colônias e nos países atrasados, uma vez que a burguesia imperialista tenta por todos os meios assegurar que o movimento reformista também se desenvolva entre os povos oprimidos. Entre a burguesia dos países exploradores e das colônias se produziu uma certa aproximação, devido à qual muitas vezes – e talvez na maioria dos casos –, a burguesia dos países oprimidos, apesar de dar o seu apoio aos movimentos nacionais, luta ao mesmo tempo de acordo com a burguesia imperialista, isto é, ao lado dela, contra todos os movimentos revolucionários e classes revolucionárias.

Na comissão, este fato foi demonstrado de forma irrefutável, pelo que consideramos que a única coisa justa era ter em conta esta diferença e substituir a expressão "burguês-democrático" por "nacional-revolucionário" em quase todos os lugares. O significado desta mudança é que nós, como comunistas, devemos e iremos apoiar os movimentos de libertação burgueses nas colônias apenas no caso destes movimentos serem verdadeiramente revolucionários, apenas no caso de seus representantes não nos impedirem de educar e organizar os camponeses e as grandes massas dos explorados num espírito revolucionário. Se estas condições não existirem, os comunistas devem lutar nestes países contra a burguesia reformista, à qual também pertencem os heróis da II Internacional. Nas colônias já existem partidos reformistas, e seus representantes se denominam às vezes social-democratas e socialistas. A diferença mencionada se estabeleceu em todas as teses, e graças a isso, nosso ponto de vista parece formulado, a meu ver, de um modo muito mais preciso.

Gostaria de fazer mais uma observação, com relação aos Sovietes camponeses. O trabalho prático dos comunistas russos nas antigas colônias do czarismo, em países atrasados como o Turquestão, etc., nos colocou o problema de como aplicar táticas e políticas comunistas em condições pré-capitalistas, uma vez que a característica mais distintiva mais importante destes países é a predominância de relações pré-capitalistas, razão pela qual não há espaço para sequer falar de um movimento puramente proletário. Nestes países quase não existe proletariado industrial. Porém, neles também assumimos e devemos assumir o papel de dirigentes. O nosso trabalho nos mostrou que nestes países devemos superar imensas dificuldades, mas os resultados práticos também nos ensinaram que, apesar destas dificuldades, mesmo em países que quase não têm proletariado, também se pode despertar nas massas o desejo de ter ideias políticas próprias e realizar a sua própria atividade política. Esta tarefa foi mais difícil para nós do que para os camaradas da Europa Ocidental, uma vez que o proletariado da Rússia está sobrecarregado pelo trabalho de organização do Estado. É perfeitamente compreensível que os camponeses, colocados numa dependência semifeudal, possam assimilar muito bem a ideia da organização soviética e sejam capazes de a pôr em prática. Assim mesmo, é evidente que as massas oprimidas - exploradas não apenas pelo capital mercantil, mas também pelos senhores feudais e por um Estado assentado sobre bases feudais - podem aplicar assim mesmo esta arma, este tipo de organizações, nas condições em que se encontram. A ideia da organização soviética é simples e capaz de ser aplicada não só às relações proletárias, mas também às relações camponesas feudais e semifeudais. Nossa experiência neste aspecto ainda não é muito grande; mas os debates na comissão - nos quais participaram vários representantes dos países coloniais - nos mostraram de um modo absolutamente irrefutável que nas teses da Internacional Comunista se deve indicar que os Sovietes camponeses, os Sovietes dos explorados, são um instrumento válido não apenas para os países capitalistas, mas também para os países com relações pré-capitalistas, e que é um dever indeclinável dos partidos comunistas, e dos que estão dispostos a organizá-los, propagar a ideia dos Sovietes camponeses, dos Sovietes dos trabalhadores, em todas as partes, tanto nos países atrasados como nas colônias. E onde quer que as condições permitam, deverão tentar, sem perda de tempo, organizar Sovietes do povo trabalhador.

Surge aqui, diante de nós, a possibilidade de realizar um trabalho prático de grande interesse e importância. Nossa experiência geral neste campo ainda não é muito boa, mas aos poucos vamos reunindo dados. É indiscutível que o proletariado dos países avançados pode e deve ajudar as massas trabalhadoras atrasadas, e que o desenvolvimento dos países atrasados será capaz de emergir da sua fase atual quando o proletariado vitorioso das repúblicas soviéticas estender a mão a essas massas e possa lhes prestar apoio.

Este problema suscitou debates bastante vivos na comissão, e não apenas em torno das teses que levam a minha assinatura, mas ainda mais em torno das do camarada Roy, que ele defenderá aqui e nas quais algumas alterações foram introduzidas por unanimidade.

A questão foi colocada nos seguintes termos: podemos considerar justa a afirmação de que a fase capitalista de desenvolvimento da economia nacional é inevitável para os povos atrasados que estão em processo de libertação e entre os quais agora, depois da guerra, um movimento rumo ao progresso é observado? Nossa resposta tem sido negativa. Se o proletariado revolucionário vitorioso realiza propaganda sistemática entre estes povos e os governos soviéticos os ajudam com todos os meios à sua disposição, é errado presumir que a fase capitalista de desenvolvimento é inevitável para os povos atrasados. Em todas as colônias e em todos os países atrasados não devemos nos limitar a formar os nossos próprios quadros de combatentes e as nossas próprias organizações partidárias, não devemos nos limitar a realizar uma propaganda imediata em prol da criação de Sovietes camponeses, tratando de adaptá-los às condições pré-capitalistas. Além disso, a Internacional Comunista haverá de formular, dando-lhe uma base teórica, a tese de que os países atrasados, com a ajuda do proletariado das nações avançadas, podem passar ao regime soviético – e, através de determinadas etapas de desenvolvimento, ao comunismo – desviando da fase capitalista em seu desenvolvimento.

É impossível indicar antecipadamente quais serão os meios necessários para que isso aconteça. A experiência prática vai sugeri-los para nós. Mas é um fato firmemente estabelecido que a ideia dos Sovietes está relacionada com todas as massas trabalhadoras dos povos mais distantes; que estas organizações, os Sovietes, devem ser adaptadas às condições de um regime social pré-capitalista, e que os partidos comunistas devem começar imediatamente a trabalhar neste sentido em todo o mundo.

Gostaria também de salientar a importância dos partidos comunistas levarem a cabo o seu trabalho revolucionário não só no seu próprio país, mas também nas colônias e, sobretudo, entre as tropas que as nações exploradoras utilizam para manter subjugada a população das suas colônias.

O camarada Quelch, do Partido Socialista Britânico, se referiu a este problema na nossa comissão. Ele disse que um trabalhador comum inglês consideraria uma traição ajudar povos subjugados quando estes se revoltassem contra o domínio inglês. É verdade que a aristocracia operária da Inglaterra e da América do Norte, imbuída de um espírito jingoísta e chauvinista, representa um grande perigo para o socialismo e fornece um apoio vigoroso à II Internacional. Aqui nos deparamos com uma tremenda traição por parte dos líderes e trabalhadores filiados a essa Internacional burguesa. Na II Internacional também foi discutido o problema colonial. O Manifesto de Basileia se referiu a isso em termos inequívocos. Os partidos da Segunda Internacional prometeram agir de forma revolucionária, mas não vemos nenhum verdadeiro trabalho revolucionário de sua parte, nem qualquer apoio às revoltas dos povos explorados e dependentes contra as nações opressoras. Como também não vemos, ao meu parecer, entre a maioria dos partidos que abandonaram a II Internacional e desejam ingressar na III. Devemos dizê-lo em voz alta, para que todos se enterem. Isto não pode ser refutado, e já veremos se há alguma tentativa de refutá-lo.

Todas estas considerações serviram de base para nossas resoluções, que são, sem dúvida, demasiado extensas; mas confio que, apesar de tudo, resultaram úteis e contribuirão para desenvolver e organizar um trabalho verdadeiramente revolucionário nos problemas nacional e colonial, que é, no fundo, nosso objetivo principal.

Fragmento das TESES DO INFORME SOBRE A TÁTICA DO PARTIDO COMUNISTA RUSSO PERANTE O III CONGRESSO DA INTERNACIONAL COMUNISTA

Panfleto publicado em 1921, editado em Moscou pela Seção de Imprensa da Internacional Comunista.

2. Correlação de forças das classes em escala internacional

Frente tal estado de coisas, a correlação de forças das classes em escala internacional é a seguinte:

A burguesia internacional, privada da possibilidade de travar abertamente a guerra contra a Rússia Soviética, permanece à espera, atenta ao momento em que as circunstâncias lhe permitirão retomá-la.

O proletariado dos países capitalistas avançados já formou em todas as partes sua vanguarda, os partidos comunistas, que estão se desenvolvendo, marchando firmemente rumo à conquista da maioria do proletariado em cada país, destruindo a influência dos velhos burocratas sindicais e da camada superior da classe trabalhadora da América e da Europa, corrompida pelos privilégios imperialistas.

A democracia pequeno-burguesa dos países capitalistas, representada em seu setor avançado pela II Internacional e pela II Internacional e meia[198], constitui atualmente o principal pilar do capitalismo, porque segue influenciando a maioria ou uma parte considerável dos trabalhadores e empregados da indústria e do comércio, que temem perder, em caso de revolução, o seu relativo bem-estar pequeno-burguês, criado pelos privilégios do imperialismo. Mas a crescente crise econômica por toda a parte agrava a situação das grandes massas, o que, somado ao fato cada vez mais evidente de que novas guerras imperialistas são inevitáveis se o capitalismo for mantido, torna cada vez mais inseguro esse pilar das quais viemos falando.

As massas trabalhadoras das colônias e semi-colônias, que constituem a grande maioria da população mundial, já foram despertadas para a vida política desde o início do século XX, especialmente pelas revoluções na Rússia, Turquia, Pérsia e China. A guerra imperialista de 1914-1918 e o poder soviético na Rússia fazem definitivamente destas massas um fator ativo na política mundial e na destruição revolucionária do imperialismo, embora os filisteus instruídos da Europa e da América, incluindo os líderes da II Internacional e da Internacional II e meia, seguem obstinados em ignorá-lo. A Índia Britânica lidera esses países, onde a revolução cresce tanto mais rapidamente quanto mais importância adquire ali, por um lado, o proletariado industrial e ferroviário e quanto mais brutal é, por outro lado, o terror dos ingleses, que recorrem cada dia

---

198 II Internacional e meia: assim se denominava a organização internacional fundada em Viena, em 1921, em uma conferência de partidos e grupos centristas, separados temporariamente da II Internacional por conta da pressão das massas trabalhadoras revolucionárias. Em 1923, a II Internacional e meia foi reincorporada à II Internacional.

com mais frequência a assassinatos em massa (Amritsar)[199], apenas de açoitamentos públicos, etc.

Moscou, Kremlin, 13 de junho de 1921.
N. Lênin

---

[199] Em 13 de abril de 1919, na cidade de Amritsar (Índia), as tropas inglesas abriram fogo contra uma multidão indefesa que se reunia em um comício, resultando nas cifras de 400 mortos e 1200 feridos, entre as quais havia muitas mulheres e crianças. Como consequência do massacre, se estendeu por toda a Índia o movimento popular de massas contra os colonizadores ingleses.

INFORME SOBRE A TÁTICA DO PARTIDO COMUNISTA RUSSO, APRESENTADO AO III CONGRESSO DA INTERNACIONAL COMUNISTA

Publicado integralmente pela primeira vez no livro *III Congresso da Internacional Comunista. Atas taquigráficas*. Editora da Internacional Comunista. Petrogrado.

Gostaria também de destacar aqui o significado do *movimento nas colônias*. Neste sentido, vemos em todos os velhos partidos, em todos os partidos operários burgueses e pequeno-burgueses da II Internacional e da II Internacional e meia, vestígios de antigas concepções sentimentais: segundo dizem, dedicam toda a sua simpatia aos povos oprimidos das colônias e semi-colônias. O movimento nas colônias ainda é considerado um movimento nacional insignificante e completamente pacífico. Mas não é assim. Desde o início do século XX, ocorreram grandes mudanças neste sentido, a saber: milhões e centenas de milhões de pessoas – na verdade, a maior parte da população mundial – intervêm hoje como fatores revolucionários ativos e independentes. E é perfeitamente claro que, nas futuras batalhas decisivas da revolução mundial, o movimento da maior parte da população do globo, inicialmente dirigido para a libertação nacional, se voltará contra o capitalismo e o imperialismo e desempenhará, talvez, um papel revolucionário muito mais importante do que esperamos. É importante destacar que, pela primeira vez na nossa Internacional, empreendemos a preparação desta luta. Naturalmente, nesta imensa tarefa existem muito mais percalços; mas, de qualquer forma, o movimento avança, e as massas trabalhadoras, os camponeses das colônias, embora ainda atrasados, desempenharão um papel revolucionário muito grande nas sucessivas fases da revolução mundial. (***Vivas e demonstrações de aprovação***).

NO DÉCIMO ANIVERSÁRIO DO *PRAVDA*

Publicado em 05 de maio de 1922 no número 98 do jornal *Pravda*.

Dez anos se passaram desde a fundação legal do Pravda, do jornal bolchevique legalizado (de acordo com as leis czaristas). Esse decênio foi precedido, aproximadamente, por outro: nove anos (1903-1912), a partir do momento em que surgiu o bolchevismo, ou treze anos (1900-1912), se contarmos desde a fundação do antigo *Iskra*[200] (1900), de orientação completamente "bolchevique".

O décimo aniversário de um jornal bolchevique editado na Rússia... Se passaram apenas dez desde então! Mas, pela natureza da luta e do movimento, foram vividos cem anos nesse período. A rapidez do desenvolvimento social durante os últimos cinco anos é verdadeiramente sobrenatural, se for medida pelo velho padrão, pelo padrão dos filisteus europeus do tipo dos heróis da II Internacional e da II Internacional e meia; daqueles filisteus civilizados, habituados a considerar "natural" que centenas de milhões de seres (mais de um bilhão, para ser exato) das colônias, países semi-dependentes e países completamente pobres se resignem a suportar serem tratados como os indianos ou os

---

200 *Iskra* (Centelha): primeiro jornal marxista ilegal russo. Fundado por Lênin em dezembro de 1900 no estrangeiro, de onde era enviado clandestinamente à Rússia. Desempenhou um grande papel na coesão ideológica dos social-democratas russos e nos preparativos para a unificação de várias organizações locais em um partido marxista revolucionário.

Era chamado de a "velha" *Iskra* para diferenciá-lo da "nova", menchevique, publicado em 1903-1905.

chineses; suportar uma exploração sem precedentes, saques flagrantes, fome, violência, a ridicularização, tudo, desde que o povo "civilizado" possa resolver "livremente", "democraticamente", "parlamentarmente" o problema da divisão pacífica do saque ou do extermínio de dez ou vinte milhões de pessoas para repartir a pilhagem imperialista: ontem entre a Alemanha e a Inglaterra, amanhã entre o Japão e a América do Norte (com uma ou outra participação da França e da Inglaterra).

A causa fundamental desta grande aceleração do desenvolvimento mundial é a incorporação de centenas e centenas de milhões de pessoas a esse processo. A velha Europa burguesa e imperialista, estava habituada a considerar-se o umbigo do mundo, se encheu de pus e rebentou no primeiro massacre imperialista como um abscesso fedorento. Por mais que os Spengler[201] e todos os pequeno-burgueses instruídos, capazes de se admirarem (ou, pelo menos, de preocuparem-se) sobre isso, se queixem, esta decadência da velha Europa nada mais é do que um episódio na história da decadência da burguesia mundial, repleta de pilhagem imperialista e da opressão da maioria da população da Terra.

Essa maioria acordou agora e começou a mover-se, um movimento que os países mais fortes e poderosos não conseguirão travar. Como poderão! Os atuais "vencedores" da primeira guerra imperialista são impotentes para derrotar sequer a Irlanda, pequena, de uma pequenez insignificante; são impotentes até mesmo para superar o imbróglio que surgiu entre eles mesmos em termos de problemas de finanças e divisas. Mas a Índia e a China estão em ebulição. São mais de setecentos milhões de seres. São, se somarmos os países asiáticos que os rodeiam, completamente semelhantes a eles, mais de metade da população

[201] Oswald Spengler (1880-1936): jornalista reacionário e filósofo idealista alemão; negava o progresso histórico, apresentava a putrefação da cultura burguesa como a morte da cultura em geral.

mundial. Aí avança, avança descontroladamente e mais rápido a cada dia, o ano de 1905, com a substancial e imensa diferença de que, em 1905, a revolução na Rússia ainda poderia ocorrer (pelo menos no início) de forma isolada, isto é, sem incorporar imediatamente outros países na revolução. Mas as revoluções crescentes na Índia e na China se incorporam e já foram incorporadas à luta revolucionária, ao movimento revolucionário, à revolução internacional.

O décimo aniversário do jornal legal bolchevique *Pravda* nos mostra claramente um dos marcos da grande aceleração da maior revolução mundial. Em 1906-1907, parecia que o czarismo tinha derrotado a revolução em todos os aspectos. Em poucos anos, o partido bolchevique soube penetrar – de outra forma, de outra maneira – na cidadela do inimigo e empreender todos os dias, legalmente, o trabalho de explodir por dentro a maldita autocracia czarista e latifundiária. Passaram alguns anos mais, e triunfou a revolução proletária organizada pelo bolchevismo.

Quando a antiga *Iskra* foi fundada em 1900, nela participaram uma dúzia de revolucionários. Quando o bolchevismo surgiu, cerca de quatro dezenas de revolucionários participaram nos congressos clandestinos de 1903 em Bruxelas e Londres.

Em 1912-1913, quando surgiu o *Pravda* bolchevique legal, ele era apoiado por dezenas e centenas de milhares de trabalhadores, que com as suas modestas arrecadações derrotaram a opressão do czarismo e a competição dos traidores pequeno-burgueses do socialismo, os mencheviques.

Em novembro de 1917, nas eleições para a Assembleia Constituinte, nove milhões de eleitores, entre trinta e seis milhões, votaram nos bolcheviques. Mas, na realidade, não na votação, e sim na luta, os bolcheviques contavam no final de outubro e início de novembro de 1917 com o apoio *da maioria* do proletariado e do campesinato consciente, personificado na maioria dos delegados no II Congresso dos Sovietes de toda a Rússia, a parte majoritariamente mais ativa e consciente do povo trabalhador: em um exército que tinha, então, doze milhões de homens.

Tal é, em números, um pequeno quadro da "aceleração" do movimento revolucionário mundial durante os últimos vinte anos. É um quadro muito pequeno e incompleto, que mostra muito aproximadamente a história de um povo de cento e cinquenta milhões de almas, enquanto nesses vinte anos a revolução começou e se transformou numa força invencível em países que têm bilhões de habitantes e ainda mais (toda a Ásia, sem esquecer também a África do Sul, cujos habitantes recordaram há pouco sua determinação de serem homens e não escravos, e que se lembraram disso com meios completamente não parlamentares)[202].

E se algum "cachorro spengleriano", perdoem a expressão, deduz disso (dos "sabichões" chefes das Internacionais II e II e meia pode-se esperar qualquer absurdo) que com este cálculo se exclui das forças revolucionárias o proletariado da Europa e da América, responderemos: como se o fato de o nascimento de uma criança dever ser esperado nove meses após a concepção nos permitisse determinar a hora e o minuto do nascimento, a posição da criança durante o parto, o estado da mulher em trabalho de parto ao dar à luz, o grau exato de dor e perigo que a criança e a mãe devem enfrentar... Que gente "sábia"! De forma alguma podem compreender que, do ponto de vista do desenvolvimento da revolução internacional, a passagem do

---

202 Em março de 1922 os trabalhadores da África do Sul se insurgiram. O governo reacionário, liderado pelo general Smuts, reprimiu cruelmente os insurgentes, utilizando canhões, tanques e aviões. A insurreição foi esmagada em 14 de março. Centenas de trabalhadores foram mortos, e outros milhares foram julgados por um conselho de guerra. O jovem Partido Comunista da África do Sul participou ativamente na insurreição; durante a luta armada muitos comunistas morreram heroicamente.

cartismo aos Henderson[203], que rastejam diante da burguesia, ou de Varlin[204] a Renaudel[205], ou de Wilhelm Liebknecht e Bebel para Südekum[206], Scheidemann e Noske[207], nada mais é do que algo semelhante à "passagem" do automóvel *de* uma estrada lisa e plana de centenas de verstas *a* um charco sujo e fedorento na mesma estrada, um charco de extensão considerável.

São os homens que fazem sua história. Mas os cartistas, os Varlin e os Liebknecht fazem-na com a cabeça e o coração. Por outro lado, os líderes das Internacionais II e II e meia "fazem" com partes do corpo completamente diferentes: abrem o caminho para novos cartistas. para novos Varlin, para novos Liebknecht.

No *dificílimo* momento atual, se iludir causaria os maiores danos aos revolucionários. Embora o bolchevismo *tenha se tornado* uma força internacional, embora em todos os países civilizados e avançados já tenham nascido novos cartistas, novos Varlins, novos Liebknechts, desenvolvendo-se na forma de partidos comunistas legais (como o nosso *Pravda* era legal sob o czarismo há dez anos), apesar de tudo isso, a burguesia internacional continua, por enquanto, incomparavelmente mais forte do que o seu inimigo de classe. Essa burguesia, que fez tudo o que estava ao seu alcance para impedir o nascimento, para

---

203 Arthur Henderson (1863-1935): um dos líderes oportunistas do Partido Trabalhista Inglês.

204 Louis Eugene Varlin (1839-1871): revolucionário francês, destacada personalidade da Comuna de Paris. Membro da I Internacional.

205 Pierre Renaudel (1871-1935): socialista de direita francês. Adotou posições sociais-chauvinistas durante a Primeira Guerra Mundial.

206 Albert Südekum (1871-1944): um dos líderes da ala oportunista da social-democracia alemã. Social-chauvinista durante a Primeira Guerra Mundial.

207 Gustav Noske (1868-1946): social-democrata alemão de extrema direita. Um dos mentores do assassinato de Karl Liebknecht e Rosa Luxemburgo em janeiro de 1919.

multiplicar dez vezes os perigos e sofrimentos do nascimento do poder proletário da Rússia, ainda está em posição de condenar milhões e dezenas de milhões de seres humanos ao tormento e à morte por meio de guerras contra-revolucionárias, imperialistas, etc. Não devemos esquecer isto. Devemos conceber com habilidade a nossa tática, levando em conta essa peculiaridade do momento. A burguesia ainda pode martirizar, atormentar e assassinar com liberdade. Mas não pode deter a vitória plena do proletariado revolucionário, inelutável e não muito distante, do ponto de vista da história universal.

RUSSOS E NEGROS

Escrito entre janeiro e fevereiro de 1913. Publicado no número 3 de *Krasnaya Niva* em 1925.

Que comparação estranha, o leitor pode pensar. Como pode uma raça ser comparada com uma nação?

É uma comparação admissível. Os negros foram os últimos a serem libertados da escravidão, e ainda carregam, mais do que ninguém, suas marcas cruéis – mesmo nos países avançados – pois o capitalismo não tem "lugar" para nada além da emancipação legal, e mesmo esta última é cerceada por todos os meios possíveis.

Em relação aos russos, a história diz que eles estavam "quase" libertos da escravidão *servil* em 1861. Foi mais ou menos na mesma época, após a guerra civil contra os escravocratas americanos, que os negros da América do Norte foram libertos da escravidão.

A emancipação dos escravos americanos se deu de forma menos "reformista" do que a dos escravos russos.

É por isso que hoje, meio século depois, os russos ainda mostram *muito mais* vestígios de escravidão do que os negros. De fato, seria mais correto falar de instituições e não apenas de traços. Mas neste pequeno artigo vamos nos limitar a ilustrar brevemente o que dissemos, ou seja, a questão da alfabetização. É sabido que o analfabetismo é uma das marcas da escravidão. Em um país oprimido por Pashas, Purishkeviches e afins, a maior parte da população não pode ser alfabetizada.

Na Rússia há *73% de analfabetos*, excluindo crianças menores de nove anos de idade.

Entre os negros americanos, havia (em 1900) *44,5%* de analfabetos. Uma porcentagem tão escandalosamente elevada de analfabetos é uma vergonha para um país civilizado e avançado como a República Norte-Americana. Além disso, todos sabem que a situação dos negros na América, *em geral*, é indigna de um civilizado. O capitalismo *não pode* tampouco dar a emancipação *completa* e nem mesmo a igualdade plena.

É revelador o fato de que entre os brancos da América a proporção de analfabetos não é mais do que 6%. Mas se dividirmos a América entre o que eram antigas áreas escravistas (uma "Rússia" americana) e áreas não escravistas (uma América não-russa), encontraremos 11–12% de analfabetos *entre os brancos* no primeiro e 4-6% nestas últimas áreas!

A proporção de analfabetos *entre os brancos* é *duas vezes maior* nas antigas áreas escravagistas. Não são só os negros mostram sequelas da escravidão!

Vergonha sobre a América pela situação dos negros!

Leia Também

Revolução Africana – Uma antologia do pensamento marxista
Jones Manoel e Gabriel Landi Fazzio (Org.)

Atravessando três décadas de luta revolucionária na África, os artigos desta antologia permitem uma visão não apenas de diversas experiências políticas, mas de toda a riqueza e variedade do pensamento marxista africano – apresentado pelos textos e discursos de seus representantes mais radicais. Entre os autores estão Frantz Fanon, Kwame Nkrumah, Amílcar Cabral, Eduardo Mondlane, Samora Machel, Agostinho Neto, Thomas Sankara e Samir Amin.

Os textos abordam temas como o racismo na sociedade de classes, a mentalidade colonial, a idealização do passado africano e a opressão patriarcal no continente, além de questões de tática e organização política; essa antologia oferece ao público algumas perspectivas teóricas que dizem respeito não apenas à Revolução Africana, mas também à própria luta contra o racismo no Brasil capitalista de nossos tempos.

Raça, classe e revolução – A luta pelo poder popular nos Estados Unidos
Jones Manoel e Gabriel Landi Fazzio (Org.)

Mais uma vez os protestos antirracistas eclodem no coração do imperialismo. O mundo é obrigado a lembrar que, na terra da "liberdade", a população negra nunca conseguiu respirar. Em meio a esse contexto, volta a se promover um antirracismo de mercado, com ampla aceitação midiática, financiamento empresarial e simpatia do liberalismo – mas incapaz de oferecer alternativas à dominação racial-classista que vítima povo negro trabalhador.

Reunindo escritos inéditos em português do Partido dos Panteras Negras, Jovens Senhores, Boinas Marrons, Jovens Patriotas e movimentos dos povos asiáticos e indígenas nos EUA, o livro *Raça, classe e revolução – A luta pelo poder popular nos Estados Unidos* é uma arma no combate a esse antirracismo liberal, que busca se apropriar e neutralizar o legado revolucionário e radicalmente anticapitalista da Coalizão Arco-Íris – um antirracismo socialista e adversário declarado do antirracismo de mercado.

Pátria socialista ou morte – marxismo latino-americano e caribenho
Jones Manoel e Gabriel Landi Fazzio (Org.)

Por que essa sensação de paralisia histórica? A luta de classes é o motor da história, disse Karl Marx e Frederich Engels. Enquanto a burguesia e o imperialismo tiverem controle absoluto dos países da América Latina, viveremos uma eterna reprodução da dependência e do subdesenvolvimento. Não somos sujeitos da história, mas objetos das tendências mundiais do sistema imperialista, vivendo ciclos eternos de modernização tardia e incompleta. Esse conceito de Darcy Ribeiro, fundamental na sua antropologia histórico-cultural da dependência, trata de países e regiões subordinados no sistema capitalista global, que operam dinâmicas de modernização seletiva e contraditória para atender aos interesses do mercado mundial, sob a gerência da burguesia interna.

Vivemos, enquanto latino-americanos, como um proletariado externo do sistema imperialista. Existimos para transferir riqueza para fora, em ciclos periodicos de destruição criativa de pessoas e recursos naturais, e a classe dominante interna garante sua acumulação de capital e taxa de lucro a partir da superexploração da força de trabalho – dependência, transferência de valor e superexploração se irmanam na economia política do capitalismo periférico. Nessa dinâmica, não estamos mais extraindo minério de Potosí ou plantando café no Vale do Paraíba com força de trabalho escravizada de negros e indígenas. Estamos, modernamente, com máquinas ultra-avançadas e tiques linguísticos anglófonos, exportando commodities, ampliando o agrobusiness e admirando traders do mercado financeiro.

Construindo a Comuna – democracia radical na Venezuela
George Ciccariello-Maher

Desde 2011, uma onda de levantes populares tem varrido o planeta, ganhando forma em movimentos como Occupy Wall Street nos EUA, a Primavera Árabe na África e Oriente Médio, o 15M na Espanha e os protestos anti-austeridade na França e Grécia. As demandas eram variadas e antes de serem esmagadas, neutralizadas ou capturadas pela direita anti-revolucionária, demandavam um comprometimento firme com as ideias da democracia radical.

Em um país a direita não conseguiu retomar ao poder em conluio com as forças imperialistas: na Venezuela. Exatamente onde, há trinta anos, surgiram movimentos semelhantes ao que sacudiram o mundo após a crise de 2008. No mesmo período em que a esquerda europeia entrava em declínio, moradores das favelas se levantaram em uma rebelião popular contra as crises do neoliberalismo – o *Caracazo* – fazendo surgir um governo que institucionalizou as comunas que já ganhavam forma organicamente. O livro *Construindo a Comuna*, de *George Ciccariello-Maher*, viaja por estes experimentos radicais, conversando com uma ampla gama de ativistas comunitários, trabalhadores, estudantes e funcionários públicos. Avaliando os erros e acertos do projeto, o livro traz ensinamentos e inspirações para os movimentos radicais dos dias de hoje.

Este livro foi composto em Minion Pro e Neue Haas Grotesk.